미·중 사이에서 고뇌하는 한국의 외교·안보
연미화중으로 푼다

미·중 사이에서 고뇌하는

한국의 외교·안보

연미화중으로 푼다

NEAR재단 엮음

매일경제신문사

NEAR-칭화(Tsinghua) 한·중 안보전략대화(Korea-China Security and Strategy Dialogue) 창립대회가 2011년 5월 중국 북경 칭화대학교에서 열렸다. 이번 한·중 안보전략대화는 중국 칭화대학교가 연평도 포격사건 직후 NEAR재단에 공식 제의하여 논의가 시작되었다. 비교적 빠른 속도로 진전을 보여 1년에 두 번씩 양국 고위급 안보전략 전문가가 대거 참석하는 고위 안보 전략대화로 출범하게 되었다.

이번 한·중 안보전략대화의 시작이 갖는 의미는 특별하다. 우선 천안함 폭침사건, 연평도 포격사건 이후 한반도를 둘러싸고 있는 안보 상황이 급변하고 있다. 중국 입장에서도 남한이라는 경제 파트너를 배제한 상태에서 계속 북한 편을 들기만 할 경우 국제사회의 복잡한 문제들을 원만하게 다루기 어렵다. 이에 따라 북한의 안정도 유지할 수 없다는 인식이 중국 지도층 내부에서 조금씩 자리 잡아가고 있지 않은가 하는 짐작을 가능하게 한다. 아울러 천안함과 연평도 사건 이후 최근 중국이 한반도에서 느끼는 위험 수준과 민감성 수위가 훨씬 더 높아졌기 때문에, 한반도의 비핵화보다는 한반도에서의 전쟁 가능성을 차단하고 북한 사태가 중국의 통제 불능 상황으로 넘어가는 것을 막아야겠다는 생각으로 그 우선순위가 바뀌고 있음을 감지할 수 있다.

지난 30여 년 동안 한국은 미국 등 해양세력과의 연합, 특히 한·미·일 안보 동맹 하에서 이 지역의 평화와 안정을 유지시키면서 중국의 개혁·개방에 발맞추어 한·중·일 경제협력구도 속에서 이익의 균형을 동시에 추구해 왔다. 이러한 세력 균형과 이익의 균형의 동반효과로 1만 달러 소득 시대를 지나 2만 달러 소득국가로 진입하는 데 성공했다. 또한 1997~1998년의 동아시아 위기 극복, 2008년 가을 이후의 글로벌 위기 극복에 있어서도 이러한 상황이 중요한 밑거름이 되었던 것이 사실이다.

그러나 지난 10여 년간 경제적으로는 중국화의 진행이 두드러지고 이러한 중국화에 대응하려는 국제외교·안보적 견제로 인하여 이 지역의 불안정성은 더욱 커지고 있다. 이러한 여건 하에서 세력 균형과 이익의 균형이 분리되는 추세에 있고 지역 내 협력 구도에 있어서도 경제 공간과 안보 공간의 괴리현상이 발생되고 있는 것으로 보인다. 즉, 한·중·일 간 탈냉전적 협력 구도는 한·미·일 간의 냉전적 안보 질서에 변화를 강요하고 있다고 하겠다. 중국에서 얻은 경제적 이익을 바탕으로 중국의 가상의 적인 미국과의 기존 동맹을 유지시키는 것에 대하여 중국 측이 심각하게 거부감을 갖고 있다는 것이 여러 각도에서 감지·표현되고 있다.

동아시아는 융성하는 경제력에 상응하는 외교·안보적 갈등이 분출되는 회랑지대로 부각되어가고, 결과적으로 경제 이익과 안보 이익 모두가 손상을 입을 수 있다는 우려를 자아내고 있다.

중국이 내부의 위험 요소를 잘 관리해나가 최소한 아시아의 중국으로 부상해나가는 과정에서 불가피하게 미국의 대아시아정책과 부딪치게 된다. 특히 그동안 동아시아 성장을 보장해주었던 말라카 해협에서 남지나해, 그리고 대만해협을 거쳐 황해와 동해로 이어지는 물류수송로의 자유 항해를 보장했던 서력 균형에 금이 가지 않을까 하는 우려까지 제기되는 상황이다.

전술한 바와 같이 중국은 한국과의 경제적 협력 관계와 안보 상의 이해 관계를 별개의 문제로 분리해 인식하려 하거나 중장기적으로 안보 상의 이해 상충이 경제적 이해 관계에 부정적 영향을 줄 수도 있다는 가능성을 열어두고 있다고 보는 것이 타당하다.

천안함 폭침사건이라든지 연평도 포격사건, 북한의 3대 세습과 경제 파탄, 미사일과 핵 개발 등 한반도를 둘러싸고 전개되는 북한의 움직임은 이 지역의 급변 가능성을 점치게 한다. 이러한 상황 인식 속에서 중국의 한반도정책은 북한 체제 유지와 조기 붕괴 예방에 역점을 두는 기존의 북·중 관계를 유지하는 방향으로 가닥을 잡고 있다고 본다.

한편 미국은 경제가 심각한 구조적 문제에 빠져 있어 미 정부가 그 해법에 골몰하는 가운데, 세계 속 경찰국가로서의 역할을 계속 유지하기 어려운 상황이 전개되고 있다. 이에 따라 미국의 대동아시아정책은 중국의 방어적 팽창주의와 불가피하게 충돌할 수밖에 없는 상황이다.

중국의 군비 확장, 특히 해군력의 증강이 계속되고 도처에서 영토 분쟁이 발생하며 동아시아의 자유 해상권을 놓고 미국, 일본, 중국 등이 첨예한 대립을 가시화하고 있다. 중국이 첨단 정보와 군사력으로 거듭나고 중국의 해상 방어선도 해안, 근해, 동중국해, 남중국해 등을 넘어 괌까지 포함하는 제2열도선으로 확장되는 등 이 지역의 평화와 안정에 위협적인 요소들이 커지고 있다. 이러한 여건 속에서 한국은 기존의 해양세력뿐 아니라 중국 등 대륙 세력을 모두 포용해야 하는 외교·안보적 전환기를 맞이하고 있는 것이다.

그동안 한국이 미국으로부터 제공받아왔던 3개의 우산, 즉 핵과 안보의 우산, 금융과 통화의 우산, 그리고 국제정치·외교적 우산이 심각하게 약화될 수 있는 여건 속에서 한반도를 둘러싼 동북아 외교·안보 상황은 세기적 급변기를 맞이하고 있는 것이다.

결론적으로 앞으로 전개될 미·중 관계의 진전 속에서 한국의 경제적 이익과 안보적 이익을 동시에 확보하기 위해서는 한·미 동맹의 유지와 함께 중국과의 친화가 절대적으로 중요한 시점에 있다고 하겠다. 소위 연미화중(聯美和中)의 외교·안보전략을 추구하는 것이 현실적인 신외교·안보전략의 골격이 되어야 한다고 믿는다.

우리가 계속해서 한·미 동맹 관계를 중시하더라도 그것이 한·중 관계를 훼손해서는 안 된다는 의미가 아닐까 생각한다. 미·중 관계가 미묘한 복합적인 상황에 처해 있을 때 어느 일방에 치우친 일변외교를 지양하고 쌍방 네트워크를 강화하는 외교를 해야 한다. 또한 대립보다는 공통의 이해 관계 영역을 확인하고 그 교집합을 넓혀가 쌍방 이익의 조합을 추구하는 전략이 바람직하다고 하겠다.

앞으로 북한 체제의 붕괴 가능성을 염두에 두면서 한반도의 평화와 안정을 유지하고 궁극적으로 한반도 통일 기반을 다져나가는 노력이 우리 세대, 그리고 다음 세대까지의 역사적 과업이 아닐 수 없다. 여기서 우리가 주목해야 하는 부분은 한반도 평화체제 유지를 위한 생존 방정식과 궁극적인 한반도 통일과업을 수행하기 위한 통일방정식이 다른 회로를 가질 수 있다는 점이다. 특히, 중국과 미국의 태도와 역학 관계에 따라 한반도의 분단이 고착화될 수도 있다는 잠재 위험을 간과해서는 안 된다. 한국이 독자적인 안보 역량을 어느 정도 갖추면서 우리 역사를 우리가 스스로 일구어 나가는 종합적인 국력을 갖추는 것이 역사가 우리에게 부여한 임무라 할 것이다.

이러한 문제의식 하에 한국의 관련 분야 최고전문가들이 모여 10여 차례의 라운드 테이블 토론을 가졌다. 지난 1년 반 동안 급변하는 한반도 정세 속에서 치열하게 토론하고 가장 현실적이고 지속 가능한 외교·안보전략을 제시하려고 노력했다. 그 결과물로서 앞으로 다가올 10여 년간의 한국의 외교·안보정책의 3대 기조와 5대 전략, 30대 정책과제를 정리하여 제시하게 된 것은 매우 의미 있는 성과라고

자부한다.

이 책은 'NEAR 동아시아 시대 준비 보고서' 제3권으로서 인고와 노력의 산물이다. 급격히 변화하는 세계, 동아시아, 한반도 주변·여건 속에서 우리나라의 생존방정식과 통일방정식을 동시에 풀어야 하는 명제를 놓고 고민에 빠졌던 지난 1년여의 시간과 전문가들의 노고는 정말로 값진 것이었다. 장달중 서울대학교 교수를 비롯한 7명의 집필자 여러분, 그리고 토론에 참여해주신 신각수 주일 대사 등 외교·안보전문가 여러분께 감사와 사랑을 전하고 싶다.

NEAR재단 이사장
정덕구

CONTENTS

Part 1

동아시아 시대의 도래

서론

 2000년대 들어서서 국제정치의 가장 중요한 이슈는 단연코 중국의 부상일 것이다. 개혁·개방에 성공한 중국은 놀라운 경제성장률을 보이면서 일본을 제치고 세계 제2의 경제대국으로 부상하였다. 이에 더하여 2008년 미국 발 금융위기는 중국을 미국과 더불어 G2 체제의 한 축으로 떠오르게 했다. 중국의 부상과 함께 동아시아가 세계의 중심으로 떠오를 것이라는 기대감도 동시에 팽배하고 있다. 우리의 일상에서 동아시아 혹은 동아시아 시대라는 용어의 사용이 빈번해졌고, 학계에서도 동아시아와 관련된 연구가 근래 들어 현저하게 늘어났다.

 그렇다면 동아시아 시대는 우리에게 무엇을 의미하는가? 동아시아 시대의 핵심 현상들은 무엇이며, 동아시아 시대 담론들은 어떻게 만들어지고 있는가? 동아시아 시대의 도래는 국제정치적으로 어떠한 국제질서를 상정하는가? 동아시아 시대가 우리에게 제공하는 기회와 도전

요인은 무엇인가? 다음에서는 이러한 문제들을 다루어 보고자 한다.

동아시아 지역 구분

동아시아 시대에 관한 논의를 진행하기 전에 먼저 동아시아 지역 구분에 관해 간단히 언급할 필요가 있다. 우리는 흔히 지역이란 이미 주어진 것이고 객관적으로 존재한다고 생각하지만, 실제 지역은 인식의 대상으로서 창조된다. 백영서 교수가 주창하는 '지적 실험으로서의 동아시아'처럼 동아시아란 고정되어 있는 게 아니라 어떤 시각과 관점에서 보는지에 따라 외연과 내포가 달라질 수 있는 실체인 것이다.[1]

우리가 일상생활에서 동아시아라는 용어를 많이 쓰고 있음에도 불구하고 동아시아 지역이 어디를 지칭하는지에 대해 적지 않은 혼란이 존재하고 있다. 한국의 경우 동아시아보다는 한·중·일을 중심으로 하는 동북아시아라는 용어가 많이 사용되었는데, 1990년대 이후 동아시아라는 용어도 함께 혼용되고 있다. 그런데 동아시아라는 용어가 사용되는 경우에도 실제 동북아시아를 염두에 두는 경우가 많다. 즉, 한국인의 '인식의 지도'에서는 동아시아가 한국을 중심으로 그 주변 아시아 국가(중국, 일본)를 포함하는 형태를 띠고 있는 것이다. 한편 정책적 차원에서 동북아시아는 한국, 북한, 중국, 일본, 미국, 러시아 등을 포함하는 반면, 동아시아는 주로 한·중·일과 동남

아 아세안(ASEAN, 동남아시아국가연합) 국가 등을 포함하는 것으로 간주되는 경우가 많다.[2]

중국에서는 동아시아라는 용어가 인도를 제외하고 한국, 중국, 일본, 동남아시아(베트남, 싱가포르 등) 모두를 포괄하는 의미로 사용되고 있다. 반면 동북 지역이라고 할 경우 중국 내 만주 지역을 지칭한다.

일본인의 아시아 인식은 조금 더 복잡하다. 20세기에 동아시아연맹, 또는 동아협력체라고 한 경우 동아시아는 일본(본토와 조선)·만주·지나(중국)를 지칭하는 것이었다. 이것이 대동아공영권으로 바뀌면서 동아시아는 남방 지역을 포함하는 것으로 확대되었다.[3] 그러나 패전 후 1990년대 말까지 일본에서는 동아시아 이외에는 자신들이 소속된 지역을 나타내는 말과 개념이 확립되지 않았다. 와다 하루키에 따르면 1990년대 중반부터 북동아시아 또는 동북아시아라는 말을 사용하는 사례가 늘어났는데, 그 자신은 한국, 중국, 일본, 러시아, 연해주 등을 포함하는 북동아시아보다는 한국, 북한, 중국, 몽골, 러시아, 일본, 미국 등을 포함하는 동북아시아를 선호하였다.[4]

이처럼 아시아 지역을 지칭하는 명칭들은 한국뿐 아니라, 다른 아시아 국가들 내에서도 다소 차별적으로 사용되고 있다. 따라서 동아시아 시대에 대한 본격적인 논의에 앞서 본 저서 집필에 참여하는 저자들은 동아시아 지역 구분에 대해 합의를 이룰 필요를 느껴 긴 논의 끝에 동아시아 지역을 ASEAN+3로 한정하였다. 동아시아 지역의 구성원으로 어느 국가를 넣고 어느 국가를 배제할 것인가를 결정하는 것은 매우 정치적인 함의를 가지는 행위이며, 동아시아 지역을 ASEAN+3로 한정하는 것에 대해 동의하지 않는 국가나 사람이 있을 수 있다. 예컨대 몽고나 러시아가 포함되지 않은 것에 대해 문제를 제기할 수 있다. 본 저서에서는 논의의 편의상 동아시아 지역을 현재 한국에서 일반적으로 받아들이는 범위인 한국·중국·일본과 동남아 10개국으로 한정하였으나, 동아시아 지역 범위가 변화·확대될 수 있는 가능성은 열어둔다.

동아시아 시대 현상들

요즘 동아시아 시대에 관한 논의가 눈에 띄게 늘어난 배경으로는 다른 무엇보다도 중국의 경제적 부상을 들 수 있다. 중국은 개혁·개방을 시작한 1978년부터 2011년 현재에 이르기까지 매년 거의 10%에 육박하는 성장률을 보이면서 고도성장하고 있다. 중국의 경제성장률이 2000년대에 들어서서도 늦춰지지 않고 높은 수준으로 유지되자 중국의 경제적 부상은 너무도 확연해졌다. 2010년 국제통화기금(IMF) 자료에 따르면 중국의 국내총생산(GDP)은 5조 7,451억 달러로서 미국에 이어 세계 2위를 차지하였다. 2007년 중국의 국내총생산이 독일을 추월하여 세계 3위로 올라선 지 불과 3년 만에 2위 일본을 제친 것이다. 중국은 2010년 현재 세계 제1의 제조업국이

며, 동시에 세계 최대 수출국, 제2의 수입국이다.[5] 이처럼 세계의 공
장과 세계의 시장을 겸하고 있는 중국은 세계 최대의 외환보유고를
가지고 있다. 2006년 말 1조 달러에 이르렀던 중국의 외환보유고는
2010년 말 2조 6,220억 달러로 급증하였다.[6]

중국 경제가 급성장하자 중국이 미국을 추월하여 세계 제1의 경
제대국이 될 것이라는 전망이 쏟아져 나왔다. 1990년대 중반만 해
도 2050년경 중국의 경제력 및 종합국력이 미국과 비등해질 것으로
예측되었지만, 이제 그 시점이 점차 2030년대 중반 또는 심지어 그
이전으로까지 지속적으로 앞당겨지고 있다.[7] 최근에는 중국이 일본
을 제치고 세계 제2의 경제대국으로 부상하자 2020년경이면 미국
을 따라잡을 것이라는 전망이 나왔다.[8]

이처럼 중국의 경제적 부상이 동아시아 시대의 핵심 내용을 이루지
만, 이를 '중국의 시대'라고 부르지 않고 '동아시아 시대'라고 지칭하는
이유는 중국의 부상으로 추동되는 동아시아 지역의 동반 성장 및 부
상까지를 포괄하고자 함이다. 주지하다시피 동아시아 지역은 타 지역
에 비해 높은 경제 성장률과 역동성을 보여주었던 지역이다. 1970년
대의 성공적인 산업화로 일본·한국·대만·싱가포르가 동아시아 신흥공
업국으로 부상하자, 동아시아 지역은 전 세계의 주목을 받았다.

1997~1998년 아시아 외환위기 이후 동아시아의 성공 신화는 깨
어지는 듯했으나, 동아시아 산업국가들이 2000년대에 들어서 빠른
회복세를 보이자 다시금 이 지역은 괄목할 만한 역동성을 보여주며

» **[표 1-1] 중국의 주요 무역상대국**

국가	수출	수입	총무역액
미국	2,523억 달러	813억 달러	3,337억 달러
일본	1,161억 달러	1,506억 달러	2,667억 달러
홍콩	1,907억 달러	129억 달러	2,036억 달러
한국	739억 달러	1,121억 달러	1,860억 달러
대만	258억 달러	1,033억 달러	1,292억 달러

자료: 중국국가통계국, 2008

성장하고 있다. 이 과정에 중국의 경제적 부상이 중심적 역할을 하였음은 주지의 사실이다. 일본에 이은 중국의 비약적인 경제성장은 동아시아 주변 국가들에게 기회와 혜택을 제공하여 반세기 이상 이 지역 전체를 세계 최고의 성장 지역으로 만들었다.

중국이 저임금 노동력과 광대한 수출시장을 제공하면서 역내 무역·생산·교육·투자네트워크의 구심점이 되자, 동아시아 국가 간 경제적 상호의존도는 현저하게 높아졌다.

[표 1-1]에서 볼 수 있듯이, 중국의 제1 무역상대국은 여전히 미국이나, 2~5위에 이르는 무역상대국은 모두 아시아의 산업국가들이다. 이들 4개국과의 무역 거래 총량은 미국과의 무역 거래량을 압도한다. 중국은 2008년을 기점으로 한국·일본·대만·북한의 최대 무역상대국이 되었다.[9] 이에 더하여 2010년 1월 1일 중국은 ASEAN과 자유무역지대를 전 품목으로 확대·발효함으로써, 총인구 20억 명에 육박하는 거대한 단일 시장을 탄생시켰다.

IMF 전망에 따르면, ASEAN 10개국과 한국, 일본, 중국 등 동아시아 13개국의 국내총생산 규모는 2010년 유로화를 쓰는 16개국 유로존의 경제규모를 넘어서고, 2014년에는 17조 3,445억 달러에 이르러 미국의 경제규모와 비슷해진다고 한다.[10] 최근에는 아시아 경제가 세계 경제에서 차지하는 비중이 2030년경 미국과 유럽을 합친 것보다 커져서 전 세계 GDP의 40%에 가까워질 것이라는 전망이 제시되었다.[11]

동아시아 국가 간 역내 경제협력 관계의 심화 현상과 더불어 지역 내 다자협력 기구를 통한 동아시아공동체 형성 노력이 더욱 가속되고 있는 현상은 매우 주목할 만하다. 특히 ASEAN은 동아시아 지역협력체를 구성하는 데 중심적 역할을 담당하였다. ASEAN은 1994년 안보문제를 다루는 아세안지역포럼(ARF)을 결성하는 데 핵심적 역할을 수행하였으며, 아·태 지역 29개 국가들이 여기에 참여하고 있다. 이어 한·중·일 동북아 3국을 초청하여 1997년부터 ASEAN+3(APT)의 형식으로 동남아와 동북아를 연결하는 동아시아만의 다자협력체를 형성하는 데 기여했다.

또 역내 외환위기 재발 방지를 위한 통화스와프 체결 협력인 '치앙마이이니셔티브' 아시아 채권 시장을 발주하고 통화스화프의 양을 늘리는 등 역내 통화협력체제로 발전하고 있다. ASEAN과 한·중·일 역내 국가들은 자유무역협정 체결에도 열을 올리고 있다. 이처럼 동아시아 지역 국가들은 필요에 따라 통화, 무역, 안보, 환경 제

반 영역에서 기능적인 협력 네트워크들을 여러 겹으로 만들면서 평화와 발전을 도모하고 있다.[12]

이와 더불어 사회·문화적으로도 역내 인적·문화적 교류가 더욱 활성화되고 있다. 동아시아 국가 간 역내 노동 이주는 말할 것도 없고, 유학 및 관광 등을 통한 인적 교류도 현저하게 늘어나고 있다. 한류 현상에서 볼 수 있듯이 동아시아 역내 문화 교류도 활발히 이루어지고 있다.

이처럼 동아시아 지역이 2000년대에 들어와서 경제, 정치, 문화 모든 측면에서 매우 역동적인 성장의 모습을 보이자 최근 이 지역의 국제정치적 위상이 높아지고 국제무대에서 발언권이 점차 확대되는 고무적 현상들이 나타났다. 무엇보다도 중국은 2008년 금융위기를 계기로 글로벌 거버넌스에서 미국과 함께 G2로 자리를 굳혀 정치적 발언권을 강화하였다. 뿐만 아니라 2008년 금융위기를 계기로 자리를 잡은 G20의 경우 중국, 인도, 일본, 한국, 인도네시아 등 5개의 아시아 국가가 포함되었다. 이처럼 G20에 아시아 국가가 다섯 나라나 포함된 것은 향후 21세기 경영에 있어서 동아시아가 지닌 지분의 규모를 여실히 보여주는 것이다.

동아시아 시대 담론

앞서 언급한 현상들을 배경으로 하여 동아시아 시대 담론들이 나타나기 시작하였다. 사실 이전에도 동아시아 시대와 유사한 논의인 아시아·태평양의 세기에 대한 논의가 있었다. 지구적 자본주의 속에서 이루어낸 최근의 성공을 아시아 전체 또는 아시아·태평양이라는 상상의 지역에 투영하고, 다가오는 세기를 아시아 또는 태평양의 세기로 과감히 주장하게 이끈 것은, 바로 아시아 경제에 대한 신뢰였다.[13] 그러나 1998년 아시아 금융위기 이후 일본 및 아시아 신흥공업국가들이 심각한 타격을 입게 되자, 태평양의 세기에 대한 논의는 빠른 속도로 무너져나갔다.

흥미롭게도 아시아 금융위기는 태평양 세기에 대한 논의를 현저히 약화시켰지만, 다른 한편 동아시아론이 배태되는 계기를 마련하였다. 아시아 금융위기를 겪으면서 미국 및 서구에 대한 실망감과 더불어 아시아 국가 간 상호 협력의 필요성이 더욱 부각되었기 때문이다. 한국의 경우 2000년경부터 동아시아론이 대두되기 시작하였는데, 대표적인 학자로는 사학자인 백영서 교수를 들 수 있다.[14] 한편 2000년대 들어서서 중국의 부상이 명백해지고 동아시아 국가들이 동반 성장하자, 서구에서도 '서양에서 동양으로의 권력 이동'에 대해 논하기 시작하였다.[15]

서양으로부터 동양으로의 권력 이동을 가장 대범하게 주장한 사람은 싱가포르국립대학교의 마후바니(Kishore Mahbubani)다. 그는 2008년 출판된 《*The New Asian Hemisphere: The Irresistible Shift of Power to the East*》에서 아시아 시대가 도래되었다고 공언하였다. 그에 따르면, 오랜 기간 역사의 방관자였던 아시아인들(중국인, 인도, 무슬림 외 다른 아시아인들)이 이제 세계사의 주역으로 떠올랐으며, 아시아인들은 많은 영역(자유시장경제, 과학과 기술, 실적 중심 사회, 법의 지배)에서 서구의 최고 관행들을 습득하였을 뿐 아니라 자신만의 방식으로 혁신적이 되었으며, 서구에서는 보지 못한 방식으로 새로운 패턴의 협력을 창출하고 있다는 것이다. 마후바니는 아시아인들의 부상은 피할 수 없으며 서구인들은 이제 IMF, 세계은행(World Bank), 유엔안전보장이사회 등과 같은 지구적 제도들에서의 압도적 지배를 양보할 때가 되었다고 주장하였다.[16] 자기 확신에 가득 찬 서구 지식인들을 설득하기 위해 책을 썼다고 마후바니가 밝힌 것처럼, 이 저서는 서구사회에 큰 반향을 불러왔다.[17]

다른 한편 동아시아 지역 수준에서의 권력 이동을 논한 것으로는 데이비드 강(David Kang)의 논의를 들 수 있다. 그는 21세기에 중국이 지리, 국력, 정체성 등 덕분에 동아시아의 중심국가가 될 것이라고 전망하였으며, 중국을 중심으로 하는 위계적 질서가 동아시아에 창출될 것으로 보았다.[18] 마찬가지로 로버트 카플란(Robert D. Kaplan)은 중국으로 인하여 동반구(Eastern hemisphere)의 세력균형이 변동되고 있다고 하면서, 중국의 영향력은 중앙아시아에서부터 남중국해, 러시아 극동지역에서부터 인도양에 이르기까지 확대되고 있다고 지적하였다. 다음 지도에서 굵은 선으로 울타리 쳐진

자료: 〈*Foreign Affairs*〉, Vol. 89, No. 3, 2010, p. 27, Robert D. Kaplan, "The Geography of Chinese Power: How Far Can Beijing Reach on Land and at Sea?"

곳이 중국의 영향권 하에 놓이게 되는 지역이며, 색이 칠해진 곳은 중국의 영향력에 저항할 수도 있는 국가다. 한국은 중국의 영향권 하에 놓여있는 반면, 인도나 일본은 저항 가능 국가로 설정되어 있 는 점이 흥미롭다.

동아시아 시대 도래의 국제정치학적 맥락

동아시아 시대의 도래는 대규모 지각변동에 비견할 만한 세계 정치의 변환을 의미한다. 19세기 서구 제국주의의 본격적인 동아시아 진출 이후, 동아시아는 세계 정치 및 경제의 핵심 지역이라기보다는 세계 패권국가의 힘이 직·간접적으로 미치는 주변 지역이었다. 세계 패권국가가 19세기의 유럽국가에서 20세기의 미국과 소련으로 변화하였을 뿐, 동아시아가 주변 지역이라는 사실 자체에는 변화가 없었다. 이러한 동아시아가 세계의 중심으로 떠오른다는 논의는 세계 정치 및 세계사의 거대한 변환을 의미할 수밖에 없다. 여기서 우리는 동아시아 시대 논의의 국제정치학적 맥락을 짚어보고, 동아시아 시대를 추동할 중국의 부상에 대한 국제정치학적 논의들을 점검해 보고자 한다.

의심의 여지없이, 동아시아 시대 논의의 등장은 탈냉전 이후의 세계 질서 재편에 관한 논의와 맞물려 있다. 1991년 소련의 해체 이후 냉전 시대를 특징 지었던 양극 체제(bipolar system)가 무너지게 되자, 학자들 사이에서 국제정치의 새로운 권력 판 짜기가 어떠한 모습을 띠게 될 것인지에 대한 열띤 논쟁이 있었다. 냉전 해체 직후 어떤 학자들은 미국이 냉전 시대와 마찬가지로 군사적·경제적 우위를 바탕으로 세계의 단일한 극으로 남게 될 것이라고 전망한 학자들이 있는가 하면, 혹자는 미국 우위의 단극체제가 독일과 일본의 부상과 더불어 다극체제(multipolar system)로 이행할 것이라고 예측하였다. 그러나 1990년대의 일련의 국제정치적 사태들은 미국이 세계 유일의 초강대국으로서 압도적 우위를 여전히 유지하고 있음을 입증하는 듯하였다. 당시 미국의 힘은 쇠퇴하는 것이 아니라 더욱 강화된 듯이 보였다.

그러나 국제체제 구조 자체의 변화를 예견하는 논의는 21세기에 들어와서도 수그러들지 않았다. 케네스 월츠(Kenneth Waltz)는 2000년 발표한 논문에서 중국의 부상으로 인해 이미 다극체제의 현실이 펼쳐지고 있다고 주장했다.[19] 새로운 국제질서에 관한 논의는 이후에도 계속되었다. 특히 2008년에 들어서면서 더욱 과감한 주장들이 펼쳐지게 되는데, 그중 하나가 앞서 소개된 마후바니의 논의다. 비슷한 맥락에서 파리드 자카리아(Fareed Zakaria)는 지금 세계는 포스트 아메리카 시대로 전환 중이며, 그 주요 특징은 미국의 쇠퇴가 아니라 중국, 인도, 브라질 등 일군의 국가들의 동반 부상이라고 주장하였다.[20]

한편 리처드 하스(Richard Hass)는 단극의 시대는 끝나고 무극 (nonpolarity)의 시대가 도래하였다고 진단하였다.[21] 그에 따르면 미국의 상대적 쇠퇴는 감출 수 없는 사실이나 이를 대체하는 것은 다극체제가 아니라 무극체제라는 것이다. 무극체제는 의미 있는 힘 (meaningful power)을 가진 다수의 중심(centers)을 가진 체제라 규정되는데, 여기서 중심은 국민국가(nation state)만이 아니라 지역 및 지구적 기구들, 비정부기구, 회사 등을 포함하는 것이다. 즉 다극체제와 달리 무극체제에서는 권력이 국민국가에 의해 독점되는 것이 아니라 지역 및 지구적 기구들, 비정부기구, 회사 등에 분산된다는 것이다.

이처럼 향후 국제체제의 성격과 구조에 대해 다양한 전망이 이어지는 가운데, 학자 및 논자들의 관심은 단연코 미국과 중국에 쏠리고 있는 것이 사실이다. 지구화가 진전되면서 하스가 강조하는 바와 같이 비(非)국민국가 행위자들의 중요성이 더욱 증대되었음에도 불구하고, 국민 국가는 여전히 국제정치의 주요 행위자이며 강대국의 숫자와 이들 간의 상대적 힘의 역학 관계가 국제정치의 구조를 결정하는 주요 요소라고 간주되고 있기 때문이다.

이런 관점에서 볼 때, 향후 국제체제 구조에 영향을 미칠 수 있는 강대국 및 강대국 후보군에 관심이 쏠리는 것은 자연스러운 일이다. 다음 [표 1-2]와 [표 1-3]에서 볼 수 있듯이, 국력의 주요 지표로 간주되는 경제력과 군사력의 상대적 크기를 국가별로 살펴보면 미국

» **[표 1-2] 국가별 국내총생산** (단위: 달러)

순위	국가	국내총생산
-	전 세계	61조 9,634억
-	유럽연합	16조 1,068억
1	미국	14조 6,241억
2	중국	5조 7,451억
3	일본	5조 3,908억
4	독일	3조 3,058억
5	프랑스	2조 5,554억
6	영국	2조 2,585억
7	이탈리아	2조 366억
8	브라질	2조 235억
9	캐나다	1조 5,636억
10	러시아	1조 4,769억

자료: 국제통화기금 통계자료, 2010

» **[표 1-3] 국가별 군사비 지출** (단위: 달러)

순위	국가	군사비 지출	2009년 GDP 대비 비중
1	미국	6,871억	4.70%
2	중국	1,143억	2.20%
3	프랑스	612억	2.50%
4	영국	574억	2.70%
5	러시아	525억	4.30%
6	일본	514억	1.00%
7	독일	468억	1.40%
8	사우디아라비아	429억	11.20%
9	이탈리아	381억	1.80%
10	인도	348억	1.80%
11	브라질	280억	1.60%
12	한국	242억	2.90%

자료: SIPRI, 2010

과 중국이 단연 선두를 차지한다. 미국이 세계의 여타 국가들에 비해 군사·경제적으로 압도적 우위를 차지하며 냉전 시대에 이어 탈냉전 시기에도 계속적으로 세계 강대국으로 존재할 것이라는 점은 분명해 보인다. 중국은 미국과 현저한 격차를 보이기는 하지만 국내총생산 및 군사비 지출에서 모두 2위를 차지하면서 새롭게 강대국으로 자리매김하고 있다. 프랑스, 영국, 독일 등의 유럽 국가와 일본, 그리고 러시아 및 브라질과 같은 브릭스(BRICs) 국가가 그 뒤를 잇고 있다.

그렇다면 경제적·군사적 압도적 우위에 기반한 미국 중심의 단극체제는 얼마나 오래 지속될 것인가? 이 점에 대해서는 논자들 간에 의견이 분분하다. 2000년대 들어서서 더욱 명백해진 중국의 부상은 새로운 강대국의 등장을 점쳐볼 수 있는 가능성을 부여하였고, 이로 인해 국제정치적 힘의 구도가 얼마나 변화할 것인지에 대한 논쟁을 불러일으키기에 충분한 것이었다.

실제 국제체제 구조 변동 가능성에 대한 보다 장기적 관점의 논의들은 주로 미·중 간의 힘의 역학 관계 변화에 초점이 맞추어져 있다고 해도 과언이 아니다. 이들 논쟁의 핵심은 과연 미국의 국력이 상대적으로 쇠락하고 있는가, 중국의 국력은 미국에 견줄 만큼 충분히 성장하였거나 성장할 것인가, 마지막으로 중국은 미국을 대신하여, 혹은 미국에 대항하여, 새로운 국제질서를 창출해낼 수 있는 능력 및 의지를 가지고 있는가 등으로 요약할 수 있다.

미국 쇠퇴론과 유지론

미국의 국력은 과연 쇠락하고 있는가? 역사상 유례를 찾아보기 힘들 정도로 막강한 국력을 가진 미국이지만, 이전의 패권 국가들이 그랬듯이, 미국의 국력도 여타 국가들에 비해 상대적으로 쇠락할 수 있다. 월남전 패전과 경제위기를 맞아 1970년대에 미국 쇠퇴론이 본격적으로 불거진 이후, 대략 10년 주기로 미국 쇠퇴론은 반복적으로 나타났다. 최근 들어서는 부시 정부 말기부터 미국의 경제위기와 이라크 전쟁에서의 실패를 배경으로 하여 다시금 미국 쇠퇴론이 힘을 얻고 있다.

20년 전 《강대국의 흥망》[22]을 집필하였던 예일대학교의 폴 케네디(Paul Kennedy) 교수는 2009년 논설에서 미국이 상습적 재정적자와 군사적 과대확장(overstretch)으로 인해 쇠락하고 있으며 중국 및 인도의 경제가 성장하는 반면 미국의 경제는 절대적 의미에서도 축소되고 있다고 주장하였다. 이어 그는 지구적 구조적 힘(tectonic power)이 서구에서 아시아로 변동되는 것은 피할 수 없다고 주장하였다.[23]

아시아의 부상을 강조하며 중국이 미국을 대신하여 글로벌 리더십을 이어받아야 한다고 주장한 마후바니[24]나, 소련제국과 마찬가지로 미국도 몰락할 것이라고 예견한 러시아 출신 작가 드미트리 오를로프(Dimitry Orlov)[25] 등이 대표적 쇠퇴론자라 할 수 있다.

하지만 이에 대한 반론도 만만치 않다. 예컨대 미국을 디폴트 파워(default power)라고 규정한 요제프 요페(Josef Jotfe)는 미국의 쇠퇴를 뒷받침할 근거가 빈약하다고 반박한다. 금융 위기가 발생한 2008년에도 미국의 GDP는 14조 2,646억 달러로 2위 일본의 3배에 달하였고, 군사력은 비교 자체가 무의할 정도로 압도적 우위에 있었다는 것이다. 더욱이 그는 미국 쇠퇴론이 거의 10년을 주기로 유행해 왔다고 지적하면서 부시 행정부 말기부터 다시 유행하고 있는 미국 쇠퇴론을 일축하였다.[26]

종합해보면, 미국 쇠퇴론자들은 미국과 타국들 간의 상대적 힘의 격차가 줄어들고 있음을 강조하는 반면, 쇠퇴론에 반대하는 학자들은 미국이 여전히 절대적 힘의 압도적 우위에 있음을 강조하고 있다는 사실을 알 수 있다. 쇠퇴론자들은 주로 경제 분야에 초점을 맞추어 보다 장기적 관점에서 힘의 격차가 줄어드는 경향성을 강조하는 반면, 반대론자들은 상대적으로 군사·정치 분야의 우위를 강조한다. 또 미국의 국력이 워낙 막강하였기 때문에 힘의 격차가 줄어드는 경향이 있다 하더라도 이것이 곧 미국의 쇠퇴를 의미하는 것은 아니라고 반박한다.

흥미로운 것은 미국 쇠퇴론이 상당 부분 미국 내부에서 만들어진다는 사실이다. 요페가 지적하였듯이, 주로 미국 쇠퇴론은 주로 미국의 쇠퇴를 막고자 하는 바람에서 나온 예언적 성격을 띠고 있다.[27] 따라서 미국 쇠퇴론은 역설적으로 미국의 패권을 가능한 한 오래도록 유지하고자 하는 바람과 연결되어 있는 것이다. 예컨대 나

머지의 부상을 강조하였던 자카리아는 미국이 제1차 세계대전 전
후의 대영제국과는 달리 아직도 경쟁력 있는 경제를 유지하고 있으
며 과학, 첨단기술, 교육 등의 분야에서의 압도적 우위를 계속 유지
하도록 현명한 정책적 선택을 하여야 한다고 조언하고 있다.[28] 앞서
언급한 폴 케네디 교수도 같은 논설에서 워싱턴이 재정 적자를 줄이
고 군사적 과대확장을 피하는 양식 있는 정책을 선택하기를 바라 마
지않고 있다.[29]

중국 국력 평가

　다음으로 중국의 국력과 관련된 논의들이다. 중국의 경제 성장 속
도가 놀랄 만큼 빠르다는 점에 대해서는 이론의 여지가 없지만, 과
연 이것이 중국을 명실상부한 세계강대국(특히 미국과 겨룰 수 있거
나, 혹은 미국을 능가하는)으로 부상하게 만들 것인지에 대해서는
아직 논란이 계속되고 있는 상황이다. 너무 당연하게도 중국의 부상
을 논하는 대부분의 경우 중국의 빠른 경제 성장률과 세계 경제에서
의 비중을 그 근거로 제시한다. 그러나 조금 더 깊이 들어가 보면 중
국의 경제력에 대한 평가 및 전망은 다소 복잡해진다. 무엇보다도
중국이 지금과 같은 경제성장률을 향후에도 지속할 수 있을지에 대
해 의문이 제기되고 있다. 중국의 부상을 강조하는 논자들은 중국이

높은 경제성장률을 향후에도 계속 유지할 것으로 가정하고 있지만, 다른 이들은 여타 선진산업 국가들이 겪어왔던 것처럼 향후 중국의 경제성장률이 감소할 수 있다고 지적한다.

반대론자들은 중국의 정치·사회적 격변이 일어나는 경우 경제성장은 일시적으로 중단되거나 경우에 따라서는 퇴보할 수도 있음을 지적한다. 이들은 예컨대 중국 내륙 저개발문제, 사회·경제적 격차의 심화와 그로 인한 사회적 갈등, 경제발전에 수반되는 민주화 요구 증대, 티베트 사태처럼 소수민족의 독립운동으로 인한 정치적 불안 등 중국의 분열과 불안정 요인이 상존하고 있음을 강조한다.[30] 이런 관점에서 볼 때 중국 내부의 취약성(정권의 비민주성, 도시와 농촌의 격차, 소득 불균형 등)은 중국 경제성장의 발목을 잡을 수도 있다.[31]

이에 더하여 일부는 중국의 경제성장률이 눈부시지만, 중국으로의 해외투자액을 감안한다면, 실제 창출되는 이윤의 많은 부분이 중국인의 것이 아님을 지적한다. 또한 중국의 무역 구조를 볼 때, 실제 중국에서 생산되어 해외로 수출되는 상품의 상당 부분이 중국으로 수입되어 들어간, 즉 타국에서 생산된 부품들임을 지적하고 중국 제조업의 실상을 지적하기도 한다.

설령 중국 경제력의 상당한 우위를 인정한다고 해도 중국의 군사력, 정치·외교력 등에 대해서도 같은 평가를 내리기는 힘들다. 폴 케네디가 지적하였듯이 경제력의 우위 확보는 강대국으로 부상하는 데 있어 핵심적인 요소다. 그러나 경제력 우위가 곧 바로 군사적 우위로 전환되는 것은 아니다. 또한 경제력과 군사·정치력이 일치하지 않은 경우도 존재한다. 예컨대 1970년대와 1980년대의 일본이 그러하다. 당시 일본은 세계 제2의 경제대국이었으나 일본의 경제력이 군사·정치력으로 전환되지는 않았다.

물론 중국은 해마다 국방비를 증강하면서 중국 인민해방군의 근대화에 치중하고 있고 일본과는 달리 핵무기도 보유하고 있다. 또한 최근에는 우주 부분에서도 현격한 성과를 거두고 있다. 그럼에도 불구하고, 중국의 군사력은 세계강대국으로 자처하기에는 충분하지 않다. 특히 세계 어느 곳에서나 영향을 미칠 수 있는 미국의 군사력과 비교해보았을 때 그 격차는 매우 현저하다. 중국의 군사력은 최대한으로 평가했을 때 중앙아시아, 인도양, 동남아시아, 서태평양 등에까지 영향을 미칠 수 있을 뿐이다.[32] 이런 관점에서 볼 때, 중국이 최근 해군력 증강에 박차를 가하고 있는 것은 의미심장한 일이다.

한편 카플란은 중국이 미국을 군사적으로 직접 도전하기까지는 오랜 시간이 걸릴 것이라는 점에 대해 동의하면서도, 중국 해군력 증강의 목적 자체가 미국 해군이 중국 연안에 언제 어디서나 원할 때마다 출몰하는 것을 막고자 하는 데 있다고 강조하고 있다. 바로 이와 같은 힘이 곧 중국 군사력의 힘이라고 주장한다.[33]

다른 한편, 존스홉킨스대학교 국제대학원(SAIS) 중국연구소 주임인 데이비드 램튼(David M. Lampton)은 중국의 국력을 강제력,

경제력, 문화·외교·지적 등 3개의 측면으로 나누어 설명하고 있다. 그는 미국이 중국의 수출국로서의 역할만 강조하고 수입국으로서의 역할은 과소평가하고 있으며, 또한 중국의 문화·외교·지적 권력을 과소평가하는 반면 중국을 군사력으로만 평가하려는 오류를 범하고 있다고 지적하였다.[34]

중국의 국력을 과대평가할 경우 중국은 견제하고 봉쇄해야 할 대상이 된다. 중국의 부상을 강조하는 여러 논의들에 대해 중국이 오히려 냉정한 반응을 보이는 이유가 여기에 있다. 중국은 글로벌 금융위기 와중에 G2나 차이메리카와 같은 용어들이 등장하는 것에 대해 한결같이 불편한 마음을 드러내고 있다. 중국은 자신들이 그런 자격도 능력도 갖고 있지 않음을 강조한다.

중국의 국제질서 창출 능력 및 의지

중국의 경제력·군사력 성장에 못지않게 중요한 문제는 중국이 과연 미국을 대신하여 새로운 국제질서를 만들어낼 수 있는가 하는 것이다. 즉, 국제정치 무대에서 규칙 만들기(rule-making)를 할 수 있는가 하는 점이다. 이것은 중국이 기존 질서를 수용하는가, 아니면 도전하는가, 도전할 경우 미국을 대체하여 국제질서를 창출할 의지와 능력을 가지고 있는가 하는 질문으로 연결된다.

이 문제에 대해 존 아이켄베리(John Ikenberry) 프린스턴대학교 교수는 매우 명확하게 자신의 견해를 피력했다. 그는 중국의 부상, 아시아의 잠재력 등을 인정하면서도 다음과 같은 점에서 아시아의 부상을 논한 마후바니를 비판하였다.

그는 전후 미국이 만들어낸 국제질서는 개방성과 비차별성 때문에 그 어떤 국제질서들보다 "쉽게 참여할 수 있고 전복시키기는 어렵다"고 주장한다. 또한 현 세계질서는 상대적으로 많은 나라들이 부와 경제 성장을 공유할 수 있는 호혜로운 질서이기 때문에, 중국을 포함한 아시아 국가들은 이에 편승하려고 한다는 것이다. 그의 견해에 따르면 아시아 국가들(더 정확히는 중국)이 미국이 창출한 국제질서를 전복하고 새로운 아시아적 국제질서를 제시하는 것이 아니라 오히려 기존 국제질서 속에 편입되어 그 혜택을 최대화하고자 한다는 것이다.[35]

중국이 기존 국제질서 속에 편입·편승할 것이라고 본 아이켄베리와는 달리, 미국 피터슨국제경제연구소장 프레드 베르그스텐(C. Fred Bergsten)은 세계 최대의 자본 잉여국가이며 제2의 수출대국인 중국이 IMF, WTO 등의 국제 다자기구들이 설정한 기존 무역·금융 질서를 훼손하고 있다고 주장하였다. 그는 아직까지는 중국이 포괄적인 전략을 통해 기존 경제질서를 도전한다고 믿을 만한 증거는 없다고 인정하면서도, 국제체제에 편입하고 국제질서를 따르려는 중국의 태도가 언제든지 바뀔 수 있다고 경고한다.[36]

엘리자베스 이코노미(Elizabeth C. Economy)는 보다 적극적으로 중국이 국제질서의 수정을 도모하고 있다고 주장한다. 그녀에 따르면, 이제 중국은 경제 성장과 정치적 안정을 계속 유지하기 위해서 그들에게 유리한 국제적 환경 형성을 원하고 있다. 무엇보다 자원의 안전한 공급을 확보하기 위해 아시아·아프리카·남아프리카에 이르기까지 적극적인 외교를 펼치고 있으며, 이들 국가와의 무역거래를 증대시켰다. 또한 기축통화 변경 필요성을 언급하는 등 IMF 등 기존 국제 경제질서의 변화를 도모하는 조짐들을 보이고 있다.[37]

그녀는 또한 중국의 경제력뿐 아니라 군사력도 눈에 띄게 증대하고 있음을 강조한다. 특히 중국 해군은 3단계에 걸쳐 그 능력행사 범위가 확대되도록 계획하고 있는데, 2050년에 이르러서는 중국 해군력이 괌·인도네시아·오스트레일리아까지 미칠 수 있다. 중국은 남지나해를 중국의 '핵심적' 국가이익 지역으로 설정하여 이 지역에 대한 중국의 이해관계를 확실히 하고자 한다. 이코노미는 이처럼 중국이 글로벌 파워로 부상하고자 노력하고 있으며 국제 규범과 제도들을 다시 만들기를 원하고 있다고 주장했다.[38]

여기서 다시금, 중국이 미국을 대신하여 새로운 국제질서를 창출할 수 있는 소프트 파워(soft power)를 가졌는가 하는 점이 문제시된다. 강력한 연성권력을 가진 미국은 중국의 소프트 파워에 대해 그리 큰 관심을 기울이지 않는 경향이 있다. 그러나 최근 중국의 소프트 파워가 점차 증가하고 있으며 지구촌 곳곳에서 중국의 이미지를

바꾸어 나가고 있다는 연구가 나타나 관심을 모으고 있다.[39]

램튼도 여론 조사 결과를 인용하면서 전 세계 여러 지역에서 중국이 미국보다 선호되고 있다고 지적하였다. 또한 여러 발전도상국에서 중국식 발전모델, 즉 초고속 성장과 안정을 동시에 도모하는 모델은 매우 선호되고 있다고 지적하였다.[40] 뿐만 아니라 오랫동안 동아시아의 중심으로 살아온 중국의 역사 및 찬란한 문화유산 등은 중국의 매력을 강화하는 데 일조할 수 있다.

이상에서 살펴본 것처럼, 중국의 부상을 둘러싸고 벌어지는 국제정치학계의 논의는 복잡다단하다. 무엇보다 미국과 중국 각각의 국력을 평가하는 일 자체가 매우 복잡하고 정치적인 함의를 가진다. 또한 미국과 중국의 국제정치적 의도, 그것도 지금뿐 아니라 향후 20~30년 후의 의도를 가름하는 일은 결코 만만한 과제가 아니다. 따라서 10년 또는 20~30년 후 미·중 관계가 어떤 모습과 형태를 보일지를 지금 명확히 판단하고 예측하기는 어렵다. 그럼에도 불구하고 향후 미래 세계의 변화 가능성을 그려보는 것은 장·단기 국가전략을 세우는 데 꼭 필요한 일이다.[41]

중국의 부상과 국제질서의 변화

국제질서 변화 가능성: 전 지구적 차원

앞서 살펴본 바와 같이 향후 전 지구적 차원에서의 국제질서는 현재의 패권국인 미국과 이에 도전할 가능성이 있는 중국 관계에 상당부분 달려있다. 특히 2000년대 들어서서 중국의 부상이 가속되고 국제 정치 및 경제의 운용에서 중국이 차지하는 비중이 커지자 미·중 관계의 미래에 대한 다양한 가능성들이 논의되고 있다. 미·중 관계에 대한 자세한 논의는 추후 보다 상세히 다루어질 것이기에, 여기서는 미국과 중국의 정책을 각각 변수로 삼아 가능한 시나리오를 설정해보고 그 실현 가능성을 간략히 전망해보고자 한다.

먼저 미국의 정책을 살펴보자. 앞서 언급하였듯이, 지금 패권국인 미국은 가능한 한 오랫동안 패권을 지속하고자 하는 강한 의지를 가지고 있다. 따라서 미국의 패권에 도전할 수 있는 중국의 부상에 대해 미국이 가장 민감하게 대응하고 있는 것은 놀랍지 않다.

미국 내 중국에 대한 시각은 크게 두 가지로 갈린다. 먼저 시카고 대학교 교수 존 미어세이머(John Mearsheimer)나 카네기국제평화재단 선임연구원 로버트 카간(Robert Kagan)과 같은 현실주의자들의 시각이다. 이들은 세력전이이론(power transition theory)에 이론적 기반을 두고 미국과 중국 관계가 갈등적으로 전개될 수밖에 없다고 예측한다.

세력전이이론에 따르면, 국제체제는 힘에 기초한 피라미드형 위계적 구조를 가지는데, 그 정점에 지배적 국가(dominant power)인 패권국가가 존재한다. 패권국가는 자신의 국가이익에 부합하는 방식으로 국제정치·경제질서를 창출한다. 이때 지배국가 및 동맹세력들은 현 체제에서 기득권을 확보한 현상유지 세력인 반면, 이러한 질서에 불만족하는 국가들은 현 상태를 바꿀 수 있는 기회가 주어지면 언제든지 현 체제를 전복시키기를 바라는 패권 도전국가가 될 수 있다. 불만족국가가 패권국가에 도전할 수 있는지 여부를 결정하는 것은 국가들 간의 상대적인 세력 우위다. 여기서는 상대적인 경제성장 속도, 군사력의 크기 등이 중요하다. 불만족국가의 기존 질서에 대한 도전은 전쟁을 야기할 수 있다.

이 세력전이이론은 지금의 미국과 중국의 상황에 매우 잘 들어맞는 듯 보인다. 미국은 국제질서를 창출하고 주도하는 패권국가로, 상대적으로 빠른 경제성장을 보이는 중국은 도전국가로 규정할 수 있다. 이 이론에 따르면, 중국의 성장은 미국 국력의 상대적 쇠퇴를 의미하며, 이것은 양 국가 간 불신과 좌절을 가져올 수밖에 없다. 즉, 중국이 어떤 전략적 의도를 갖고 있거나 가질 것인지와 상관없이 중국의 부상 그 자체가 국제정치 구조 안에서 미국의 전략적 운신의 폭을 줄일 수밖에 없기에 미·중 간의 충돌과 상호 갈등은 불가피하다는 것이다.[42]

현실주의자들은 경제력과 군사력의 급속한 증대로 대국화되고 있는 중국은 기존의 국제질서를 수정하는 세력(revisionist power)일 수밖에 없다고 보며, 따라서 이들은 중국위협론을 강조한다. 이 논리를 따르자면, 중국은 견제되거나 아니면 기존 질서에 순치되어야 할 존재이며, 바람직한 미국 외교정책은 대중국 봉쇄(containment) 정책이 된다.

물론 세력전이이론에 입각한 이러한 견해에 대해 비판도 다수 제기되고 있다.[43] 무엇보다 현재의 단극체제에서 중국이 부상할 경우 미국이 중국을 잠재적 도전국으로 지목하는 것이 어렵지 않기 때문에 중국은 주변국이나 미국을 위협하지 않은 채 국력 신장을 계속하기 어려울 것이라는 점이 지적되었다. 또한 미국과 중국 사이에는 태평양이라는 거대한 지리적 간극이 있기 때문에 중국의 부상이 미국에게 직접적인 위협으로 다가오지 않을 것이며 이것이 미국의 과도한 반응을 막아줄 것이라는 견해도 있다. 마지막으로 미국과 중국이 모두 핵무기 보유국이기 때문에 양국 간의 직접적인 군사적 충돌은 없을 것이라는 점이 지적되었다. 예컨대 존 아이켄베리는 핵이 존재하는 한 미국과 중국 사이의 직접적인 군사적 충돌은 쉽지 않을 것이라고 주장하였다.[44]

반면, 자유주의적 제도주의자들은 세력전이이론에 입각한 현실주의자들의 견해에 동의하지 않는다. 이들은 미국과 중국 사이의 금융 및 무역 상호의존도가 너무 높아서 양국이 서로에 대해 적대적 행위를 하기는 매우 어려울 것이라고 전망한다. 또한 중국의 부상 과정이 길어지면 길어질수록 국제사회의 보편적 규범과 가치관에 중국이 동화될 가능성도 더욱 커질 것이며 그 학습효과도 두드러질 것이기 때문에 미·중 간 갈등의 여지는 그리 크지 않을 것이라고 본다. 따라서 미국은 중국을 위협국으로 간주할 것이 아니라 중국의 국력 신장에 걸맞게 중국을 국제질서의 주요 당사자로 인정하고 책임을 다하도록 함께 이익을 조정하고 중국에 적극적으로 관여(engagement)해야 한다고 주장한다.

중국의 입장에서는, 궁극적으로 글로벌 수준에서 미국의 패권에 도전할 것인가, 미국이 주도하는 현재의 국제정치·경제 질서에 편승할 것인지를 선택하게 될 것이다. 아직까지 중국 정부가 대외적 도전보다는 국내적 경제 성장과 정치적 안정에 최우선적으로 역점을 두고 있는 것은 사실이지만, 향후 중국의 국력(경제력뿐 아니라 군사력까지)이 상당한 정도로 성장하게 될 경우 결국 도전이냐 편승이냐 사이의 갈림길에 놓이게 될 것이다. 많은 전문가들이 중국을 수

정주의적이라고 단정할 근거가 아직까지는 그리 많지 않다는 점에 동의하고 있다. 그러나 일부는 중국이 수정주의적 징후를 보이고 있다고 경각심을 불러일으키고 있다.

이상의 논의를 정리하면 [표 1-4]와 같은 가상 시나리오를 도출해 볼 수 있다. 시나리오I은 중국이 미국의 헤게모니에 도전하여 새로운 국제질서를 창출하고자 하나, 미국이 중국을 봉쇄하는 정책을 취할 때다. 이 시나리오는 미국 현실주의자들이 주장하는 바와 거의 같은 시나리오로서, 향후 미·중 관계의 악화는 불가피하며 최악의 경우 이들 간에 전쟁도 발발할 수 있다고 본다. 예컨대 중국이 서구 중심의 구조와 규범을 받아들이지 않고, 이를테면 '신중화주의적 세계질서(neo-sinocentric order)'의 구축을 선호할 경우 미국과의 충돌은 피하기 어려울 것이다.

시나리오II는 중국이 미국의 헤게모니에 도전하여 패권국으로 등장하였으나 미국이 대중국 관여 정책을 쓰는 경우, 중국이 점진적으로, 그리고 평화적인 형태로 패권국으로 부상하는 경우다. 20세기 초반 미국이 영국을 대신하여 패권국으로 등장하였던 사례에서도 볼 수 있듯이 이러한 가능성이 전무한 것은 아니다. 그러나 당시 미국은 다른 잠재적 도전국(예컨대 독일)과는 달리, 가치, 문화, 정치체제 등 여러 면에서 영국과 공유하는 부분이 많았기 때문에 영국과 미국 간에는 평화로운 권력 전이가 가능했다. 따라서 얼마나 중국이 미국이 수용할 만한 국제질서를 창출하고자 하는지에 따라 이러한

구분		미국	
		대중국 봉쇄 정책	대중국 관여 정책
중국	미국의 헤게모니에 도전	I	II
	미국의 헤게모니에 도전 안 함	III	IV

가능성이 현실화될 수 있다. 예컨대 민주주의, 인권, 자유무역 등의 기본 가치들에 중국이 동의할 때, 미국은 중국이 제시하는 새로운 국제질서를 용인할 가능성이 높다. 동시에 중국이 미국과 더불어 상호 인정할 수 있는 세력권을 설정할 수 있는지에 따라 이 시나리오의 가능성 여부가 달렸다. 즉, 미국이 서반구를, 중국이 아시아를 자신의 세력권으로 설정하여 지역 패권국으로 존재하는 것을 상호 인정할 경우 가능하다.

반면 시나리오III는 중국이 미국의 헤게모니에 도전하지 않음에도 불구하고 미국이 중국을 적대적으로 보고 봉쇄 정책을 쓰는 경우다. 이 시나리오는 미국이 중국의 의도를 오해하거나, 혹은 중국의 의도와 상관없이 잠재적 경쟁자인 중국을 예방적으로 약화시키려는 정책을 취할 때 나타난다.

마지막으로 시나리오IV는 중국이 미국의 헤게모니에 도전하지 않으며, 미국 또한 중국에 대해 관여정책을 쓰는 것으로써 현재의 미·중 관계와 상당히 유사한 국제질서를 상정한다. 중국이 계속적으로 미국이 설정해 놓은 자유무역질서 속에서 경제성장을 도모하고 미국의 패권을 인정할 경우 이 시나리오가 가능하다. 이 경우 미국은 국제무역 및 금융질서 등과 같은 특정 분야에서 중국을 주니어 파트너로 불러들여 국제질서 운용의 책임을 나누어지고자 할 수 있다. 예컨대 G2체제와 같은 것이 가능한데, G2체제는 미국이 허용하는, 그리고 요구하는 범위 안에서 중국이 국제질서 운용에 책임을 다하도록 불러들이는 것이다. 그러나 미국이 절대적 우위의 패권을 유지하고 있는 것에는 변함이 없다.

앞의 설정에 따르면 미국과 중국 간의 갈등과 충돌이 예상되는 것은 시나리오I > 시나리오III > 시나리오II > 시나리오 IV 순이다. 중국의 (변화된) 위상을 중심으로 정리해보면, 중국이 헤게모니 도전에 성공하여 미국을 제치고 세계 제1의 패권국이 되는 경우(시나리오I), 중국이 미국과 더불어 양대 세계 패권국 중 하나가 되는 경우(시나리오II), 중국이 미국의 주니어 파트너 내지 단순 강대국으로 존재하는 경우(시나리오IV), 중국이 강대국으로 성장하는 것이 원천봉쇄되는 경우(시나리오III)다. 이 중 시나리오IV가 현상유지에 가장 가깝고 시나리오I이 현상유지에서 가장 멀다.

이 중 어느 시나리오가 현실적 가능성이 가장 높을까? 지난 30년간의 미국의 대중국 정책을 돌이켜보면, 일시적 예외는 있었지만, 대체적으로 일관되게 관여 정책을 취해 온 것을 알 수 있다. 부시 정권 초기의 대중국 강경정책은 곧 대중국 관여 정책으로 변화하였다.

더욱이 2008년 미국 발 금융위기 발생 이후 미국의 자원력이 축소되고 지구적 문제를 해결하는 데 중국의 협력이 긴요해지면서 관여론자들의 입장이 강화되었다. 2009년 7월 말 미·중 사이에 처음으로 '전략과 경제대화'를 개최하여 명실상부한 전략 대화를 개최했으며, 2009년 말 오바마 미 대통령이 중국을 방문하면서 "미국은 중국을 봉쇄하지 않는다"고 밝히기도 했다. 따라서 당분간 미국의 대중국 관여 정책은 지속될 것으로 보인다.

중국의 경우도 당분간 현상유지정책을 지속할 것으로 보인다. 현재 중국 정부는 대국이기는 하나 강국은 아니라고 스스로 규정하고 있다. 또한 중국 정부는 중국이 미국을 대신하여 새로운 국제질서를 창출할 수 있는 가능성을 가지고 있거나 그럴 의사가 있다는 것을 한사코 부인하고 있다. 또한 G2와 같은 개념들을 중국위협론의 변종으로 치부하며 중국은 그런 자격이나 능력을 갖고 있지 않다고 강조하고 있다. 실제 중국의 군사력 발전 속도가 경제력 발전 속도에 미치지 못하고 있음을 감안할 때, 또 미국과 중국 간 군사력 격차가 매우 극심함을 감안할 때, 중국은 당분간 직접적으로 미국의 패권에 도전하는 행동을 하지 않을 것으로 보인다.

이런 관점에서 보면, 단기적으로는 시나리오IV가 가장 유력할 것이다. 그러나 여기에 시간 요소를 집어넣어 보면, 10년, 20년, 그리고 30년 후의 국제질서의 양상은 매우 달라질 수 있다. 예컨대 시간이 흐를수록 중국의 경제력·군사력·정치력이 더욱 증강된다고 가정하면 가능한 시나리오는 IV에서 I이나 II로 변화할 수 있다. 실제 세력전이이론에 기반한 중국위협론들은 20~30년 후를 전망하는 장기적 관점의 논의라 할 수 있다. 이를 감안하여 단기·중기·장기적으로 향후 국제정치의 향방이 어느 방향으로 움직이는지 주도면밀하게 관찰할 필요가 있다.

현재 한국에서는 전 세계적 차원에서 중국이 미국의 패권을 대체할 가능성은 희박하다고 판단하는 전망이 대세를 이루고 있다. 2010년 5월에 있었던 동아시아 시대 준비 세미나에서 일련의 국제정치학자들은 중국의 국력이 정치·경제·군사·문화의 제반 측면에서 미국의 국력을 넘어서기는 쉽지 않을 것이라고 지적하였다. 미국의 상대적 쇠퇴, 중국의 부상 등이 모두 사실이라고 해도, 미국과 중국 사이에 존재하는 국력의 간격은 그리 쉽게 극복될 수 없을 것으로 보인다는 것이다. 따라서 중국의 부상에도 불구하고 전 지구적 차원에서 중국이 미국의 패권을 대신하지는 않을 것으로 전망하였다.[45]

국제질서 변화 가능성: 동아시아 지역 차원

여기서는 동아시아 지역에 한정하여 중국의 부상으로 인한 새로운 지역질서 창출 가능성 여부를 간략히 살펴보고자 한다. 동아시아 지역 내 여러 국가들(예컨대 일본, 아세안 등)이 지역 질서 창출에 있어서 적극적인 역할을 하고 있는 것이 사실이지만, 논의의 편의상 주로 미국과 중국을 주요 행위자로 놓고 이들 간의 패권 장악 경쟁에 초점을 맞추어 동아시아 질서 변화의 가능성을 가늠해보고자 한다.[46]

미국의 동아시아 정책은 미국 외교 정책의 3개의 흐름에서 생각해볼 수 있다.

첫째, 동아시아 적극 개입 정책이다. 글로벌 헤게모니(global hegemony) 국가로서 미국은 세계 정치의 어젠더를 설정하고, 미국이 선호하는 바가 실현되도록 미국의 힘을 전 세계적으로 사용하는 정책의 일환이다. 이 정책에 따르면 미국은 자유민주주의 확산, 대량살상무기 확산 방지, 미국 패권에 대한 도전 방지 등을 위해 미국의 힘(군사력을 포함)을 사용할 수 있다고 본다. 이러한 정책은 미국이 이라크나 아프가니스탄에서의 전쟁을 결정하고 실제 적극 개입한 사례에서 찾아볼 수 있다. 이러한 정책을 동아시아 지역에도 적용한다고 하면, 미국은 자국이 원하지 않는 사태(예컨대 북한의 핵무기 확보 및 구축, 중국의 지역패권 추구, 중국의 대만 침공)가 발생할 경우 군사적 개입까지 감행할 수 있다.

둘째, 동아시아 해외균형(offshore balancing) 정책이다. 해외균형 정책의 핵심은 미국의 사활적 이익(vital interest)에 직접적 위협을 가하지 않는 곳에서는 직접 개입지 않고 해외에서 그 힘을 발휘하는 것이다. 해외균형 정책에서는 미국의 사활적 이익이 걸린 전략적 지역을 유럽, 페르시아만, 그리고 산업화된 아시아 지역으로 한정하고 있다. 그런데 해외균형 정책에서는 미국이 이들 지역에 대한 직접적인 통제를 시도하지 않는다. 이 지역이 적대적 강대국이나 경쟁 국가의 통제 하에 들어가는 것을 막고자 할 뿐이다. 경쟁국이 지역에서 영향력을 확대하는 것을 막기 위해 미국은 지역에 있는 동맹국을 활용하는 정책을 쓴다. 즉, 미국의 직접적 개입(특히 군사적 개입)보다는 동맹을 활용한 지역의 세력균형 유지 정책을 쓴다.

해외균형 정책을 동아시아에 적용해 본다면, 미국은 중국을 지역의 패권을 장악하려는 잠재적 경쟁국으로 상정하고, 중국의 지역패권 장악을 막고자 한다. 그러나 이를 위해 미국은 직접 개입하는 것이 아니라 동아시아 지역 내 동맹국, 예컨대 일본과 동맹을 강화한다. 이 정책은 직접 개입에 따른 미국의 위험부담과 비용을 줄이는 동시에 군사적 직접 개입으로 인한 반미주의의 확대를 막을 수 있는 장점이 있다. 즉, 중국의 부상으로 위협을 느끼는 아시아 동맹국가와 중국 견제의 부담을 나눔으로써 지역에서의 세력 균형은 유지하면서도 미국의 부담은 줄일 수 있다.

지금 미국에서는 아프가니스탄전쟁과 이라크전쟁의 여파로 해외 지역에 군사 개입을 하는 정책에 대한 반대 의견이 고조되어 있다. 이러한 흐름에서 해외균형 정책이 적극적으로 논의되고 있는데, 미어세이머, 스테판 왈츠(Stephen Waltz)가 대표적인 주자다.[47]

셋째, 동아시아 불개입 정책이다. 동아시아의 어떠한 사태가 일어나더라도 미국이 개입하지 않는 정책으로, 이는 미국이 19세기 고립주의 정책으로 돌아가는 것을 의미한다. 현실적으로 미국이 다시 고립주의 노선으로 돌아설 가능성은 매우 희박하지만, 고립주의 원칙에 따라 지역 분쟁에 개입하지 않으려는 정책을 취할 수 있는 가능성도 함께 고려하고자 한다.

한편 중국의 입장에서는 동아시아의 지역 패권을 추구하는 정책과 그렇지 않은 경우의 정책으로 나누어 생각해 볼 수 있다. 주지하다시피 아직까지 중국은 공식적으로 동아시아 지역패권을 주장하지 않는다. 그러나 향후 중국의 경제력 및 군사력이 더욱 증강되었을 때 중국이 동아시아 지역의 패권을 주장하고 나설 가능성은 얼마든지 있다.

미국과 중국의 정책을 중심으로 동아시아 지역에서의 가상 시나리오를 정리해 보면 다음과 같다.

시나리오I은 중국이 적극적으로 지역 패권에 도전하는 반면, 미국은 이를 저지하기 위해 적극적으로 개입하는 경우다.[48] 이 시나리오에 따르면 중국과 미국 간 지역 수준에서의 분쟁(전쟁을 포함하여)이 발발할 가능성은 매우 높다. 민주적 가치나 인권문제를 둘러싸고 미·중 간 갈등의 가능성은 항상 잠재되어 있고, 특히 중국과 대만 사이에 갈등이 고조될 경우 미·중 관계는 물리적 충돌로 치달을 수 있다.

시나리오II는 미국이 중국의 패권 도전을 일본 등의 동맹국을 이용하여 견제하는 것이다. 이 경우 미국의 입장에서는 일본, 한국 등과의 기존 동맹관계의 견고화가 중요하다. 중국의 부상에 불안해하

구분		미국		
		동아시아 적극 개입 정책	동아시아 해외균형 정책	동아시아 불개입 정책
중국	지역 패권 도전	I	II	III
	지역 패권 도전 안 함	IV	V	VI

는 일본과 패권적 지위를 고수하려는 미국의 공동 대중국 견제는 동아시아 지역 내에 중국과 일본 간 경쟁 내지 대립 구도를 만들어 낼 수 있다. 갈등 및 대립이 심화될 경우 동아시아 지역의 여러 국가들은 중국, 혹은 미국(혹은 미국과 일본) 중 어느 편에 설 것인지 결정해야만 할 것이다.

시나리오III는 중국이 지역 패권국으로 부상하고 미국이 동아시아에 전혀 개입하지 않는 경우다. 이 경우 미국과 중국 사이에 패권 경쟁으로 인한 분쟁 및 전쟁의 가능성은 전혀 없다. 그러나 중국이 지역 내 타 국가를 향해 군사력을 사용하거나 사용하겠다고 위협할 경우 역내 분쟁이 발생할 가능성이 존재한다. 특히 미국의 군사적 지원에 의존할 수 없을 경우 일본이 군비를 증강하고 핵무장을 할 가능성이 있다. 그러나 중국이 평화롭게 패권 장악에 성공할 경우 동아시아는 새로운 신중화주의적 질서로 재편될 가능성이 높다.

시나리오IV와 시나리오V는 모두 중국이 지역 패권에 도전하지 않는 경우다. 미국이 매우 강력한 의지로 동아시아에 개입할 경우

(IV)나 동아시아의 동맹국과 결속을 강화하여 중국을 견제할 경우(V), 미국 중심의 질서가 동아시아에 계속적으로 유지될 가능성이 높다. 중국은 미국 중심의 질서를 묵인하거나 편승할 것이다. 시나리오VI는 중국도 미국도 지역 패권을 발휘하지 않는 경우로 현실적 가능성은 매우 희박한 시나리오다.

앞의 시나리오 중 미국과 중국 간의 직접적인 갈등과 충돌이 예상되는 시나리오는 I·II라 할 수 있다. 미·중 간 직접적 충돌은 없더라도, 중국과 지역(예컨대 일본) 간의 분쟁 및 충돌이 예상되는 시나리오는 III다. 중국의 (변화된) 위상을 놓고 이야기하자면, 유일한 지역 패권국(III), 견제받는 지역 패권국가 내지 세력균형 속의 지역 강대국(I과 II), 미국의 견제 속에 지역 패권국으로 성장하지 못하고 남는 경우(V와 VI)로 나누어볼 수 있다.

현실적 가능성을 놓고 판단한다면, 미국의 동아시아 불개입 정책을 상정한 시나리오III와 시나리오VI가 가장 현실성이 떨어진다. 미국은 제2차 세계대전 이후부터 줄곧 동아시아에 균형자로 존재해왔다. 뿐만 아니라 산업화가 상당한 정도로 진전되었고 향후 세계에서 비중이 점점 더 커질 동아시아의 중요성을 감안한다면 미국이 동아시아 불개입정책을 취할 가능성은 거의 없다고 보인다.

향후 3~5년 정도의 단기적 시점에서 생각해보면, 시나리오V가 가장 현실성이 높은 것으로 보인다. 중국이 아직까지는 지역 패권을 노골적으로 주장하지 않고 있기 때문이다. 또한 미국은 아프가니스탄전쟁이나 이라크전쟁에 개입되어 있는 상황에서 동아시아 분쟁에 군사적으로 개입할 여유를 별로 갖고 있지 못하다. 따라서 일본이나 한국과의 동맹을 강화하거나 활용하여 중국을 견제하는 정책을 유지할 가능성이 매우 높다.

그러나 10~30년 후라는 중장기적 관점에서 보면 시나리오II나 시나리오I으로 변동할 가능성은 충분히 존재한다. 즉, 시간의 흐름과 더불어 중국의 국력이 더욱 신장된다면, 중국이 지역 패권을 장악하고자 할 가능성은 매우 높다. 따라서 가능한 시나리오는 현재의 V에서 II 또는 I으로 변동할 수 있다.

동아시아 시대의 준비

중국의 부상에 따른 세계 질서 재편의 가능성이 아직은 요원하다고 판단하더라도, 이것이 곧 동아시아 지역에 사는 우리들의 삶에 영향을 미치지 않는다는 의미는 아닐 것이다. 분석의 차원을 국제체제에서 지역적 수준, 즉 동아시아 지역으로 내려 본다면 중국의 부상이 갖는 현실적 의미와 잠재적 영향력은 무시하거나 간과할 수 없을 정도로 매우 크다는 것을 우리는 일상적 삶 속에서 체감하게 된다.

그렇다면 우리는 이미 지역의 강대국으로 부상한 중국에 대해 어떤 정책을 취해야 할 것인가? 중국의 확실한 부상에 따른 동아시아의 질서 판 짜기는 어떻게 변화할 것으로 예측하고 대비해야 할 것인가? 거의 모든 동아시아 지역 국가들이 이 문제들을 놓고 진지한 고민에 들어갔다. 모든 역내 국가들이 적극적인 '개입·교류(engagement)'를 통해 중국의 부상이 창출해내는 경제적 기회에 적극 참여하고 이를 통해 이익의 창출을 극대화하려 노력한다. 그러나 이와 동시에 중국의 부상이 몰고 올 안보 딜레마의 그늘에 대해서도 노심초사하고 있는 것이다.[49] 여기에서는 중국의 부상에 대한 동아시아 지역 국가들의 대응을 살펴본 후 한국에 초점을 맞추어 중국의 부상이 제기하는 당면 문제들에 대해 살펴보고자 한다.

동아시아 지역 국가들의 대응전략

중국의 부상에 대한 아시아 각국의 대응에 관해서는 활발한 논의가 진행 중이다.[50] 경제 영역에서와는 달리, 정치·군사적 측면에서는 중국의 부상에 따른 위협 요인 인식 차이에 따라 주변국들의 대응이 상이할 수 있다.

먼저 중국의 부상이 주변 아시아 국가들에게 주는 위협요인이 적다고 판단하는 논의가 있다. 대표적으로 데이비드 강의 논의를 들 수 있다. 그의 논의는 중국이 전 세계에서와 마찬가지로 동아시아에서도 평화롭게 부상할 수 있다는 가정에서 출발한다. 동아시아의 주변국들은 지난 30년간 중국의 빠른 성장에 적응하면서 동아시아의 상대적 안정을 경험했고, 대부분 중국의 평화적 의도에 대해 믿음을 가지고 있다는 것이다. 또한 그 어느 때보다도 경제적 상호 의존도가 높고, 다양한 다자기구를 통해 통합되고 있는 동아시아에서 중국의 부상은 당연한 것으로 받아들여지고 있다고 한다. 그는 중국의 경제적·군사적 힘이 증대됨에 따라 동아시아의 주변국들이 중국에 적응하고 있으며, 이러한 적응 정책이 동아시아의 안정에 기여하고 있다고 보았다.[51]

반면에 로버트 로스(Robert S. Ross)는 부상하는 중국에 대한 지역 국가들의 대응은 다양하다고 지적한다. 예컨대 그간 중국과 ASEAN 간 외교 관계가 현저하게 향상되었지만, 동시에 인도네시아, 필리핀, 싱가포르 등과 같은 ASEAN 국가들은 미국과의 군사적 협력을 강화함으로써 중국에 대한 위험부담을 줄이고 있다는 것이다. 따라서 그는 동아시아 국가들이 아시아의 문화적 특성 때문에 중국의 부상을 수용할 것이라고 보는 데이비드 강 류의 논의는 경험적 연구에 의해 뒷받침되지 않는다고 반박한다.[52]

로버트 수터(Robert G. Sutter) 역시 중국의 부상에 대한 아시아 국가들의 반응에는 편차가 있음을 지적한다. 그는 중국에 적응하는 것처럼 보이는 한국조차도 미국과의 군사동맹이 있기 때문에 그렇게 할 수 있다고 주장한다. 즉, 중국의 힘이 더욱더 커질수록 지역 국가들은 미국과의 더 견고한 관계를 추구하게 될 것이라는 것이다.[53]

한편 정재호 교수는 2004~2007년 사이의 15개 동아시아 국가들의 반응을 경험적으로 조사한 결과, 크게 4개의 패턴이 나타났다고 밝혔다.[54] 즉 편승(bandwagoning), 마지못한 방지책(hesitant hedging), 적극적 방지책(active hedging), 균형(balancing)의 패턴을 보인다는 것이다.[55] 예컨대 미얀마나 북한처럼 중국의 지원과 보호막에 기대고 있는 국가들은 편승 정책을 취한다. 그러나 대부분의 동아시아 역내 국가들은 편승보다는 시간을 두고 전략의 조율과 선택을 하고자 하는 적응 또는 미리 최악의 상황에 대비하는 대응의 모습을 보인다는 것이다. 그러나 중국의 부상 속도가 너무도 빠른 만큼 역내 국가들의 대중국 인식과 대응전략도 여러 번의 시행착오와 함께 일련의 변화 과정을 겪을 수밖에 없을 것이라는 점도 지적되었다.[56]

앞선 연구에서 볼 수 있듯이, 동아시아 역내 국가들은 비록 규모의 게임에서 중국과의 경쟁이 불가능하지만, 중국의 부상에 대해 나름 최선의 방식으로 대처하고자 노력하고 있다. 이들에게 중국 문제는 결코 "전략적 선택지가 별로 없는", 그래서 "일방적 적응만이 필요한" 그러한 문제는 아닌 것이다. 현실적으로 역내 국가들이 취할 수 있는 전략은, 첫째 미국과의 관계를 이용하여 대중국 견제 혹은 균형 정책을 취하는 방법, 둘째 다자기구들을 통해 중국의 영향력을 지역 내 제도적 틀 속에서 제한하는 방법을 생각해 볼 수 있다.

미국을 대중국 견제자 국가로 활용하는 방식은 일본을 위시하여 실제 여러 역내 국가들이 추구하고 있는 정책이다. 빠르게 부상하는 중국에 대해 정치·군사적 측면뿐 아니라 경제·문화적 측면에 이르기까지 견제자, 혹은 균형자 역할을 할 수 있는 나라는 현실적으로 미국밖에 없기 때문이다. 특히 지역 내 패권을 두고 중국과 경쟁할 수 있는 유일한 위치에 있는 일본은 정치·군사적으로 미·일 동맹을 강화하면서 대중국 견제에 나서고 있다. 중국과의 영토 분쟁까지 안고 있는 일본에게 중국의 부상은 위협일 수밖에 없기 때문이다. 이에 미국에게 모든 것을 걸었다는 표현이 나올 정도로 일본은 미국과의 관계를 강화하고 있다. 그러나 일본도 갈등이 없는 것은 아니다. 일본과 중국 간의 경제적 상호의존성이 점차 심화됨에 따라 일본에게도 중국과의 우호적인 관계를 유지하는 일이 점차 중요해지고 있다.

마찬가지로 역내 국가들은 경제적인 동기에서라도 중국과의 일정한 협력관계를 유지하겠지만, 동시에 중국 중심의 동아시아 질서가 짜이지 않도록 미국의 아시아 관여를 계속 희망하고 있다. 설령 중국이 동아시아의 패권국가로 부상하더라도, 새로운 동아시아의 질서가 전통적 중화질서의 복귀, 즉 중국을 중심으로 하는 위계적 지역질서의 복귀를 의미하지 않도록 미국을 활용하고자 할 것이다. 즉 자유민주주의에 입각한, 평화와 번영을 보장하는, 그러한 지역질서 창출에 중국이 노력을 기울이도록 미국이 압력을 행사해줄 것을 바랄 것이다.

두 번째 방식은 다자기구를 활용하는 방식인데, 대표적으로 ASEAN 국가들의 정책을 들 수 있다. 중국과 지리적으로 가까운 동남아 소국들은 그 경제력이나 군사력에서 중국과 경쟁을 할 만한 위치에 있지 못하다. 이들은 대신 ASEAN이라는 다자협력 체제를 활용해 자유무역지대의 창설이나 안보포럼을 만들어 중국을 포용하고 있다. 아시아 지역에 존재하던 여러 경쟁적 지역 기구들 중 가장 역동적이고 의미 있는 기구로 떠오른 ASEAN은 이제 동아시아의 핵심적 다자기구로 자리 잡고 있다. 따라서 ASEAN의 주도 세력인 ASEAN의 동남아의 소국들은 제도적 힘을 십분 활용하고 있다.

동아시아 지역 내의 다자기구의 중요성은 이미 모든 역내 국가들이 주목하고 있다. 무엇보다 중국은 ASEAN+3의 틀을 통해 지역 다자기구에 참여하고 있을 뿐 아니라 그 안에서 주도적 지위를 차지하고자 노력하고 있다. 반면 일본은 중국의 영향력을 희석시키는 방향으로 외교정책을 펼치고 있다. 예컨대 일본은 호주, 인도, 뉴질랜드 3개국을 더한 16개국 협력체인 ASEAN+6의 발전을 지지하고 있는데, 이는 ASEAN 내 중국의 상대적 중요성을 희석시키는 효과를 가진다. 최근에는 일본 하토야마 유키오 총리가 인도, 호주, 뉴질랜드 3국을 포함한 동아시아공동체 창설을 주장한 바 있다. 이처럼 기존의 지역 다자기구 내에서 주도권을 장악하기 위해, 그리하여 지역공동체 창설에서 유리한 고지를 점하기 위해, 중국과 일본 사이에서는 치열한 경쟁이 벌어지고 있다.[57] 동아시아공동체 형성과 관련된 논의는 이후에 보다 자세히 다루어지게 될 것이다.

한국의 대응과 준비

동아시아 역내 국가들은 한결같이 중국의 부상이 제공하는 기회를 최대한 활용하고 위협 요인을 최소화하기 위해 다양한 방식으로 대응하고 있다. 그렇다면 우리는 부상하는 중국에 대해 어떠한 전략적 선택을 해야 하는가?

사실 동아시아 역내 국가들 중에서 중국의 부상이 가져올 전략적 딜레마가 한국만큼 큰 나라도 없을 것이다. 10여 년 전만 해도 한국의 안보 및 경제의 양대 중심축은 공히 미국이었으나, 이제 한국은 미국과 중국 사이에 애매하게 놓이게 되었다. 예전 냉전시기에는 적과 우방이 분명하게 구별되었고 경제와 안보 논리가 같이 갈 수 있었지만, 이제 더 이상 이러한 환경이 유지되지 않는다.

무엇보다 경제 영역에서의 변화가 극심하다. 중국은 미국을 제치고 한국의 최대 교역국이 되었으며, 이제 대중국 교역량은 미국, 일본 양국과의 교역량을 다 합친 것보다도 더 크다. 더욱이 중국은 한국의 최대 투자국이기도 하다. 따라서 이제 중국을 떼어놓고 한국의 경제를 논하기 어려운 수준에 이르고 있다. 더욱이 이미 20퍼센트를 상회하는 대중국 교역의존도는 앞으로도 심화될 가능성이 크다. 이제 한국에게 중국의 경제적 중요성은 미국의 경제적 중요성과 견줄 만큼 커져 버렸다.

그러나 다른 한편, 안보 영역에서는 미국이 여전히 가장 중요한 동맹국으로 작동하고 있다. 한·미 동맹의 미래에 대해 여러 다른 시각과 논의들이 있지만, 안보의 영역에서 한·미 동맹을 대체할 대안적 방안을 쉽게 생각하기 어렵다. 이러한 상황 하에 중국의 부상은 우리에게 심각한 안보 위협을 제기한다. 중국의 증대되는 군사력,

특히 해군력은 동아시아에서 힘의 균형을 깨뜨릴 것이다. 이럴 경우 한반도의 안보에 직·간접적인 영향을 미칠 수 있다. 물론 중국이 남한을 상대로 직접적으로 군사도발을 할 가능성은 적다. 그러나 중국의 군사력 증강이 동아시아 내의 군비 증강을 촉발한다면, 한국은 그 여파로부터 자유롭지 못할 것이다. 또한 미국과 중국 사이에 대만이나 기타 다른 지역 내 문제로 갈등이 발생할 경우 미국의 동맹국인 한국은 수수방관만 하기 어려울것이다.

그런가 하면, 한반도문제로 들어오면 중국은 미국과 더불어 중요한 이해상관자(stakeholder)로 이미 자리매김하였다. 북핵문제를 다루는 6자 회담에서의 중국의 중요성에서도 볼 수 있듯이 정치적 측면에서 중국의 존재감은 확연해졌다. 이제 북한문제 해결을 위해서는 대북한 레버리지를 갖고 있는 중국과의 정치적 협력이 필수적이되어 버렸다. 동시에 북한의 급변 사태 발생 시 중국의 대북한 개입이 한반도 통일을 방해하지 않을까 염려되는 것도 사실이다. 또한 한반도의 미래를 결정할 중요한 문제들이 한국을 배제한 채 미국과 중국 사이에서 결정될 가능성에 대해서도 염려하지 않을 수 없다.

상황이 이러하다 보니, 한국은 고난도의 줄 타기를 해야 하는 형국에 빠져있다. 미국과 긴밀한 동맹관계를 유지하면서도 다른 한편으로는 중국과 경제적·정치적 협력을 도모해야 하는 것이다. 따라서 원만한 미·중 관계가 유지되는 것이 우리에게 유리하지만 미·중 관계가 지나치게 가까워지는 것은 불리할 수도 있다. 또한 안보 영역과 경제 영역의 이해관계가 불일치함으로써 발생할 수 있는 문제들을 최소화해야 하는 어려움에 직면해 있다. 예컨대 2010년 봄 천안함 사건을 겪으면서 "한·중 관계는 소위 경제는 여전히 뜨겁고, 외교는 그나마 미지근하지만, 안보는 점차 냉랭해지는 국면으로 진입"하였던 것을 우리는 경험한 바 있다.[58]

그렇다면 이제 우리는 중국의 부상과 동아시아 시대의 도래라는 분명한 현실에 직면하여 보다 장기적 관점에서 미래의 비전을 그려 보고 이에 걸맞은 전략을 짜고 구체적인 정책들을 생각해 볼 필요가 있다. 동아시아 지역, 그리고 세계가 급변하고 있는데 과거의 전략과 정책으로 무사안일하게 대처할 수는 없는 것이기 때문이다. 이 책은 이러한 문제의식에서 시작하여 한국의 입장에서 능동적으로 동아시아 시대를 맞이하기 위한 준비의 일환으로 기획되었다.

본 저서에서 다루고자 하는 기본 질문은 다음과 같다. 향후 10년, 20년, 50년 후 세계 속의 동아시아의 위상은 어떻게 변해 있을 것인가? 동아시아의 세력권 지도는 어떤 모습을 띨 것인가? 한국에게 가장 유리한 동아시아 질서는 무엇이 되겠는가? 이러한 질서 창출을 위해 한국은 무엇을 해야 하는가? 향후 한국의 전략은 어떤 방향으로 설정되어야 할 것인가? 보다 구체적으로 우리는 미국과 중국 사이에서 어떤 전략을 모색할 것인가? 즉 한국은 여전히 미국과의 동맹 관계에 의존해야 하는가, 아니면 미국과의 관계를 희생하고 중국과 더 친해져야 하는가? 혹은 미국이냐, 중국이냐 양자택일을 상정하는 것

자체가 21세기 탈근대 세계에는 걸맞지 않은 질문인 것인가?

이러한 질문 하에 각 세부 영역별로 구체적인 문제들이 추후 다루어질 것이다. 먼저 동아시아 질서 재편성에 결정적 역할을 할 미·중 관계의 변화를 각각 중국의 관점과 미국의 관점에서 다룰 것이다. 이어서 동아시아공동체 논의 및 지역 내 다자협력문제, 북한 및 한반도 통일문제, 마지막으로 한국의 동맹전략과 외교전략이 각기 다루어질 것이다. 각 영역별로 중국의 부상이 가져오는 지역적 환경의 변화를 진단하고 가능한 시나리오를 점검한 다음 대응책이 제시될 것이다.

Part 2

중국의 부상, 동북아 안보, 그리고 한국의 전략

중국의 부상과 대동북아 외교

21세기 들어 중국의 대동북아 전략은 여전히 '힘을 기르고 때를 기다리라는' 도광양회식 외교가 주가 되고, '해야 할 바를 추진하는' 유소작위적인 외교는 보조적인 특성을 지녔다. 중국은 이미 1990년대부터 국제무대에서 미국의 단극주의가 쇠퇴하면서 다극주의로 전환하고 있는 추세라 평가하면서, 보다 '민주적'인 대안이 필요하다는 현상변경적인 입장을 피력하였다. 그러나 중국의 외교는 실제에 있어서는 국제정치 현실과 자국 국력의 한계를 인식하면서 기존 국제체제 내의 개혁을 추구하는 것이었지, 기존 체제를 대체하고자 하는 입장은 아니었다. 특히 동북아 지역에서 중국의 입장은 국제무대에서의 외교행태보다도 더욱 신중하고 현상 유지적이었다.

그러나 2008~2009년 세계적인 금융위기 이후 국제무대에서 G2라 불릴 정도로 성장한 중국의 외교는 보다 적극성을 띠는 형태로 전환하고 있다. 2010년 초 미국과의 외교적 갈등, 한반도의 천안함 및 연평도 사태, 일본과 센카쿠 열도(중국 명 댜오위다오) 분쟁에서 드러난 중국 외교는 기존에 비해 보다 공세적인 형태로 전환하는 것이 아닌가 하는 의구심마저 들 정도로 변모하였다. 한국 일각에서는 이러한 중국의 외교 정책 변화가 한반도에서는 북한과의 동맹강화 형태로 진행되는 것이 아닌가 하는 지적도 제기되었다.

중국의 현 동북아 전략을 논의할 때, 과연 지리적 공간으로서 동북아는 어떻게 구성되며, 중국 외교에서 지연(地緣)전략으로서 대동북아 전략은 존재하는가 하는 가장 초보적인 의문부터 제기된다.

결론부터 이야기하자면, 지리적으로 동북아에 대한 일반적 합의는 존재하지 않는다. 그러나 통상적으로는 남북한·일본에 추가하여, 중국의 동북 지역, 러시아의 아무르강 동 부, 대만지역, 몽고의 동부를 통칭한다고 이야기할 수 있다. 국제정치적으로 혹은 지정학적으로는 이들 대부분의 지역이 미국과 불가분의 관계를 형성하고 있어 미국을 배제하기 어렵다. 현상적으로는 중국의 동부와 북부 지역을 중심으로 남북으로 에워싼 호의 형태를 취하면서 강대국들과 중소국이 혼재해 있고, 대륙과 섬들로 분리되어 있어 복잡한 형태를 띠고 있다.

이들 지역을 하나의 단위로서 구체화한 중국의 대외전략은 존재하지 않았다는 것이 사실에 가까울 것이다. 한때 냉전시기 동북아를 양대 진영으로 구분하여 대립적으로 인식하던 시기가 존재하였다. 그러나 1970년대 초부터 중국은 소련을 최대의 위협으로 평가하고 미국과 대소 전략적 협력 관계를 수립하면서, 흔히 말하는 동북아의 남방 삼각과 북방 삼각이라는 냉전적 구도는 이미 소멸되었다. 이후 중국은 동북아 지역에서 중·일, 중·러, 중·미, 중·한, 중·북 관계 등 다양한 형태의 양자 관계를 발전시켰다. 이를 편의상 동북아 지역 외교라 부르기는 하지만 정체성 있고 일관된 지역외교 전략은 존재하지 않았다고 할 수 있다.

중국의 외교용어상, 동북아 지역은 강대국 외교와 주변국 외교가 혼재하는 지역이다. 중국은 개혁과 개방 정책을 채택하면서 경제발전을 추진하기 위해 유리한 국제환경을 조성하는 외교를 가장 중시하였다. 특히 1989년 천안문 사태 이후 서방 강대국들로부터 고립되었을 때, 국제적 고립을 탈피하고 정치·경제적 완충지역을 확보하기 위해 주변국 외교가 가장 중요한 외교의 대상이 되었다. 그중에서도 소위 말하는 동북아 지역 국가들과의 우호적인 관계 수립이 크게 중시되었고 그간 꾸준히 역내 양자 관계를 발전시켜왔다.

다음 [표 2-1]은 중국이 동북아 지역의 국가들과 최근 수립하고 있는 공식적 외교 관계를 유형화한 것이다. 2010년의 관계유형에서 나타난 형식논리로 설명한다면, 중국의 주요한 외교 관계는 '중·러 〉중·한 〉중·북 〉중·몽 〉중·일 〉중·미' 관계의 순이라 할 수 있다. 다만, 2011년 중국의 후진타오 주석이 미국을 방문하여 미 오바마 대통령과의 정상회담에서 상호존중·호혜공영에 입각한 협력동반자 관계를 체결함으로써 중·미 관계는 중·일 관계보다는 앞자리에 놓이

» [표 2-1] 21세기 중국의 역내 대외관계 유형[1]

국가관계	관계 유형	내용
중·미 관계	21세기 적극·협력·전면적 관계(2009년)에서 상호존중, 호혜공영에 입각한 협력 동반자 관계로	강대국 관계(2011년 후진타오·오바마 정상회의에서 합의)
중·러 관계	전략적 협업동반자 관계	강대국 관계(1996년 건설적 전략동반자 관계에서 승격)
중·일 관계	전략적 호혜 관계	강대국 관계(2006년 아베 수상 방중 시 합의)
중·한 관계	전략적 협력동반자 관계	주변국 관계(2008년 전면적 협력동반자 관계에서 승격)
중·북 관계	(전통적) 선린우호협력 관계	주변국 관계(2002년 후진타오 공식화)
중·몽 관계	선린신뢰의 동반자 관계	주변국 관계(2003년 선린우호협력관계에서 승격)

게 되었다. 그러나 실제는 단지 형식으로 다 설명할 수 없는 보다 복잡한 관계를 형성하고 있다.

예를 들자면, 형식상으로는 미국이 중국에 대해 전략적 관계로 설정하는 것을 꺼리기 때문에 미·중 관계를 전략적 관계로 규정하지는 않는다. 그러나 실제에 있어서는 미·중 양국이 모두 미·중 관계를 21세기 초 가장 중요한 양자 관계로 인정하고 있고, 오바마 행정부 역시 중국과 '전략경제대화'를 시작하였다.

중국은 역내에서 기존의 강대국 관계, 주변국 관계, 그리고 역내 다자 관계의 균형적 발전(兼顧三維平衡)을 모색하고 있다.[2] 그러나 중국의 부상과 더불어 주목할 점은 중국이 점차 강대국 관계를 더 중시하는 강대국화가 되어 간다는 점이며, 중국이 부상하면 할수록 이러한 추세는 더 강화될 것으로 보인다. 주변국 관계는 강대국 관계의 하위개념으로 자리매김하면서 강대국 관계에 따라 영향을 받게 되며 이는 한반도도 예외는 아니다. 중국의 입장에서 보면 강대국 관계에서는 '중·미 〉 중·러 〉 중·일' 순으로 중요하다. 주변국 관계에서는 논쟁의 여지가 존재하겠지만, '중·한 〉 중·북 〉 중·몽' 관계 순으로 자리매김해가고 있는 것으로 평가된다.

중국 외교에서 동북아 지역은 그간 안보적 경쟁의 공간개념에서, 1990년대 이후 발전을 위한 활로 공간개념으로 변모하였다. 이후 점차 지정학적 안보 공간뿐만 아니라 동시에 지경학적 협력과 발전의 확장을 위한 공간으로 인식하기 시작하였다. 지금은 지정학과 지경학적 공간을 결합한 지전략적 공간을 구체화하려 노력하고 있다.

중국의 동북아 공간에 대한 재인식은 1990년대 중반 이후 중국의 대외 문제에 대한 인식의 전환을 담은 '신안보관'의 채택과 무관하지 않다. 중국은 대립을 피하고 협력을 중시하는 비영합적(non zero-sum) 국제정치관을 통하여, 보다 유연하면서도 넓은 시야를 가지고 강대국과의 관계는 물론이고 주변국과의 관계를 인식하기 시작하였다. 이는 덩샤오핑이 강조하였던 도광양회적인 외교관을 체현한 것이며, 그간 안보 중심의 사고에서 벗어나 지경학적인 사고를 담으면서, 경제협력 공간의 주요성을 긍정적으로 이해한 것이다. 이에 따라 동북아와 동남아는 완전히 분리된 공간이 아니라 하나의 큰 틀에서 상호 연계될 수 있는 전략공간으로 인식하기 시작하였다.

21세기 초 중국은 동북아 지역에서 중·일 간 경쟁, 미국 동맹체제의 완고함, 남북한 간의 냉전적 대치, 한·일 간의 마찰, 미·중 간의 불신과 전략적 갈등 등으로 더 이상 지역적인 경제협력의 확대와 역내 경쟁력을 확보할 조치를 추진하기 어렵다고 판단하였다. 이에 따라 중국은 동북아 지역에서는 현상을 유지하되, 동남아 지역에서는 현상을 타파하고자 하는 보다 적극적인 외교로 전환하였다.

중국은 ASEAN에 가입하는 한편, 2002년에는 아세안 국가들과 2010년까지 자유무역협정(FTA)을 체결하기로 합의하여 경제적 협력을 적극적으로 강화하였다. 동시에 정치적 영향력의 확대를 시도하고 있다. 2003년에는 아세안 국가들과 무력사용을 포기하고 모든 분쟁의 평화적 해결을 골자로 하는 우호협력공약(TAC)에도 조인하였다. 2004년에는 말레이시아와 협력하여 동아시아 정상회의를 창설하고 주도하려는 의지를 드러내어 미국과 일본의 경각심을 불러일으키기도 하였다.

21세기 들어 중국 외교에서 동북아 지역은 점차 동남아 지역에 비해 우선순위에서 밀리는 양상을 보여주었다. 중국 외교부의 인사에서도 그 일면이 보이는데, 중국 외교부에서 2006~2008년까지 아주국 국장을 역임했고 지금 아주 담당 외교부 부장조리인 후정웨(胡正跃)나 현 아주국 국장, 양옌이(杨燕怡)는 모두 동북아와는 관계가 없는 전형적인 동남아 지역의 전문가다. 중국은 '신안보관'을 전제로 한 대동남아 정책의 성공을 바탕으로 중국에 대한 긍정적 인식을 점차 확산시켜 세계적인 강국으로서의 이미지를 구축하고자 노력하였다. 그러나 중국의 동아시아 외교에서 동북아 지역을 주요 관심지역으로 전환시킨 것은 북핵문제 때문이었다.

지금 중국에게 가장 주요한 역내 외교 사안은 양안 관계 및 북핵문제다. 그리고 이 두 문제의 배후에는 미국과의 관계가 자리 잡고 있다. 21세기 초 양안 관계는 대만 민진당 출신 총통 천수이볜의 독립 노선 추구로 점차 긴장이 고조되면서 전쟁 촉발의 가능성마저 우려되는 상황으로 전개되었다. 장쩌민은 이러한 위기상황을 이유로 제16차 당대회에서 후진타오에게 당 총서기 직위를 넘겨준 이후에도 당 중앙 군사위원회 주석직을 보유하면서 군권을 장악하고 있었다.

그러나 중국은 21세기 중반 이후 기존의 대만에 대한 현상변경 정책을 무기한 연기하였다. 대만에 대한 위협과 강압적인 방식에서 탈피하여 보다 중장기적이고 유화적인 통일정책으로 전환하였으며, 그 구체적인 정책 전환의 표현이 역설적이지만 2005년 제정된 '반국가분열법'에서 나타났다. 이후 중국은 스스로 대만을 압박하는 정책 대신, 미국과 협력을 바탕으로 대만의 독립 추구를 억지하려는 정책을 채택하였다. 그리고 2008년 이후 대만의 독립을 반대하고 중국과 관계 개선을 지지하는 국민당 마잉지우(馬英九)의 집권을 계기로 양안 관계를 안정시킬 수 있었다.

2002년 발생한 북한의 핵문제는 중국의 동북아 지역 외교에 중대한 도전을 안겨주었다. 이는 중국이 가장 중시하는 중·미 관계를 불안정하게 하면서, 중국의 대외 협력적 이미지 및 국가 발전전략에 중대한 손실을 안겨 줄 수 있는 사안이었기 때문이다. 북한의 핵문제는 중국 외교에서 동북아의 위상을 일시적으로나마 제고시킨 효과를 가져왔다. 북핵 위기는 중국 외교부의 부부장이 매일 직접 챙겨야 하는 사안이 되었으며, 중국의 최고 지도자의 주요 관심 사안 중 하나가 되었다.

그러나 이러한 중국의 대응은 일반적으로 인식하는 것처럼 중국과 북한의 관계가 동맹에 준하는 '특수 관계'로서 북한의 전략적 가치가 높기 때문에 이뤄진 것은 아니었다. 오히려 중국에게 북한의 전략적 가치는 중국이 개혁과 개방정책을 채택한 이후 계속 감소하고 있다. 그리고 이러한 국제적 고립상황이 북한의 핵개발을 추진하는 주요 원인 중 하나가 되었다.

북한은 중국의 강력한 반대 표명에도 불구하고 2006년과 2009년 두 차례의 핵실험을 통해 핵무장의 의지를 강하게 드러내었다. 이에 대한 중국의 대응은 현상을 유지하는 정책으로 귀결되었다. 특히 북한의 제2차 핵실험 이후 중국 내 과반수에 달하는 전문가들의 강력한 대북제재 요구에도 불구하고, 중국 당국은 2009년 여름 이후, 북핵과 북한 문제를 분리하는 정책을 강화한 것으로 평가된다. 북한의 핵무장을 현실적으로 저지하기 어려운 상황에서, 북한과의 관계를 악화시키고 더욱 통제하기 어려운 상황으로 몰고 가기보다는 북핵

포기를 위한 압력을 가하면서도, 북한과의 관계 강화를 지속하여 궁극적으로는 대북 영향력을 확대하겠다는 정책을 채택한 것이다. 중국은 북핵 위기가 악화되자 역설적으로 북핵문제의 우선순위를 오히려 낮추는 조치를 취한 것으로 보인다.

이러한 중국의 입장 정립은 현실적 실현가능성에 대한 판단뿐만 아니라 보다 다목적적인 전략적 선택을 담고 있는 것으로 보인다. 즉, 미국과 전략적 협력 관계를 강화하고는 있지만 여전히 강한 불신이 존재하며, 궁극적으로 대만문제가 존재하는 한 대만 관련 카드로 사용할 수 있는 북한을 포기하지는 않겠다는 의미로 보인다. 동시에 북한이 북핵 협상 및 한반도 평화체제로의 전환과정에서 한·미동맹의 약화, 주한미군 철수, 주한미군 포함 주변지역의 비핵화를 달성하게 해준다면 이는 남의 힘을 빌어서 목적을 달성하는 36계의 제3계 차도살인(借刀殺人)계가 되는 것이다.

북한은 미·중 간의 전략적 불신을 활용하여 상호 이간을 통해 자신의 핵무장을 달성하려는 전략을 구사하려 하고 있다. 미국에 대해서는 여러 경로를 통해 중국에 대한 견제 역할을 제의하면서도, 중국과는 군사교류를 강화하여, 자신들이 국제적으로 고립되어 있지 않으며, 군사적으로도 우방이 존재한다는 것을 과시하려 하고 있다.

중국은 지난 30여 년간 눈부신 경제발전으로 동북아 지역은 물론이고 세계적으로 새로이 부상하였다. 중국을 '전략적 경쟁자'로 규정하였던 미국의 부시 행정부조차도 2005년 중국을 역내 이해상관자(stakeholder)로 인정하였다. 특히 2008~2009년에 발생한 세계적인 금융위기는 예상보다 빨리 미·중 간의 전략적 협력 관계를 진전시켰다.

미국은 2009년 제1차 미·중 전략·경제대화를 개최하면서 대내외적으로 중국을 세계적인 의미의 이해상관자로 인정하는 조치를 취하였다. 중국 역시 자신의 급속한 부상에 따라 어떠한 대외정책을 정립해야 할지 고민하고 있는 상황이다. 중국 내에는 이미 변화하는 국제정치적 위상에 대한 인식을 바탕으로 다양한 전략적 사고들이 경쟁하고 있다. 특히 중국을 발전도상국으로 인지하면서 '도광양회'적 외교를 중시하는 집단과 새로이 부상하는 강대국으로 인지하면서 국제적으로 더 적극적인 행보를 주장하는 '유소작위'적 외교를 강조하는 집단들이 제각기의 처방을 제시하고 있다.

중국 외교는 세계적 금융위기 이후 G2라 불릴 정도로 부상하면서 새로운 도전에 직면하게 되었다. 금융위기 과정에서 미국의 취약성이 부각되면서 세계 헤게모니 국가로서의 지도력이 흔들렸고, 중국은 스스로 예상했던 것보다 더 빠르게 국제적 지위가 부상하였다.

후진타오 국가 주석은 이를 반영하여 2009년 중국 내 대외 관련 주요회의에서 중국의 대외정책 방침은 '도광양회, 적극적 유소작위'라고 표현하여 후자에 힘을 더 싣는 표현을 한 것으로 알려졌다. 중국 위협론이 부상하자 원자바오 총리는 2010년 직접 나서서 G2의 존재를 부인하였고, 미국과의 마찰강화 가능성에 대한 우려와 경고의 메시지를 계속 내보내었다. 중국 외교부장 양제츠는 중국 외교는 '도광양회'와 '유소작위'를 동시에 추진해야 한다고 하면서 후진타오의 발언에 비해 다소 완화된 방침을 언명하였다. 분명한 것은 중국이 이제 새로운 강대국의 입장에서 해야 하는 외교를 더욱 적극적으로 준비하고 있다는 것이다.

향후, 중국의 대동북아 지역 외교는 그 구조적 변화의 어려움과 복잡성으로 인하여 당분간 중국의 일반 외교방침보다는 더 신중한 형태를 띠면서 현상 유지정책을 위주로 이뤄질 것이다. 그러나 동시에 동북아 지역에서 새로운 변화를 담지한 지전략적 고려와 준비를 보다 적극적으로 진행할 것이다.

이 기간은 한국 외교에 있어 분명히 기회의 공간이면서도 동시에 북핵문제와 관련해서 심각한 도전의 공간이 될 것으로 보인다. 중국이 지정전략과 지경전략을 결합한 새로운 전략을 형성할 때, 어떻게 중국이 한국의 이해에 긍정적인 세력으로 자리매김을 할 수 있을지에 대한 고민과 노력이 배가되어야 한다.

중국 전략사고의 분화 및 대북정책

북·중 관계를 이해하기 위해서는 더 이상 단일모델로 설명할 수 없을 정도로 분화하고 있는 중국 내 다양한 대외전략사고들을 이해할 필요가 있다. 중국의 개방과 국력 증대에 따라 변화하는 자국의 국제적 위상에 대한 이해를 바탕으로 다양한 대외전략사고들이 존재한다. 이들 전략사고들은 정책적 영향력의 확대를 위하여 서로 경쟁하고 있으며, 중국의 대북 정책에 대해서도 깊은 함의를 지닌다.

중국의 대외전략 사고는 대략 전통적 지정학론, 발전도상국 외교론, 신흥강대국 외교론 등 세 부류로 분류할 수 있을 것이다. 개인 전략가들은 이러한 세 정향의 사고가 복합적으로 얽혀 있다고 봐야 한다.

전통적 지정학파는 과거 강한 중국에 대한 향수를 강하게 공유하고 있으며, 이의 부활을 희망한다. 미국과 협력이나 조화보다는 구조적 경쟁 관계에 더 주목하면서, 지정학적으로 중국의 세력권과 완

구분	전통적 지정학론	발전도상국론	신흥강대국론
국제적 지위인식	(전통) 강대국	발전도상국	신흥강국
미국과 관계	경쟁	협력	견제적 관여(헤징)
중국의 동북아 위상	전통 강국	지역 강국	세계적 강국
일본과 관계	적대적	협력 → 견제 및 대립	포용 대상
한반도 정책	영향력 회복	현상유지	현상유지 원칙, 변화 가능성도 내포
대한국 정책정향	비우호적	외교적 견인의 대상	적극 포용 혹은 배제
북한에 대한 인식	전통우방, 전략적 자산	문제아	전략적 자산이자 부담의 이중성
대북 정책수단	정치적 지원과 경제 원조	경제적 지원과 외교적 설득	압력을 포함한 복합적 수단
급변사태 대응	군사적 개입	신중함 속 한미와 양자적 해결 모색	다자주의 선호, 기회주의적
대표 개념	순망치한(脣亡齒寒), 완충지대), 돌돌핍인(咄咄逼人)	도광양회(韜光養晦)	유소작위(有所作爲), 대유작위(大有作爲)

충지대의 확보를 중시한다. 이들의 관점에서 북한은 중국의 전통적인 세력권이면서 미국을 견제할 완충지대로서 전략적 중요성을 띤다. 따라서 북한에 유사사태가 발생할 경우, 중국은 미국을 견제하면서 어떠한 형태로든 적극 개입하여 북한을 보호하고 영향력을 유지할 것이라고 주장하고 있다. 전통적 지정학파의 핵심개념과 언어는 비록 중국의 공식적인 외교수사에서는 대부분 사라졌지만, 노년세대, 군부, 네티즌 및 대다수 한반도 전문가들이 그 주요 담지세력이다.

2010년 '중국의 핵심이익' 개념을 대외 관계에 적용시키면서 미국과 알력을 빚은 것도 이러한 사고를 반영하는 것이다. 또 천안함 사태를 통해 한반도 서해 지역이 '중국의 핵심이익'에 속한다고 주장하면서 미 항모의 서해 진입을 저지하기도 하였다.

발전도상국 외교론은 후진타오 지도부를 포함한 중국 외교전략 사고의 주류를 형성하였다. 이들은 중국을 강대국이 아니라 발전도상국으로 자리매김하면서 이에 합당한 대외전략과 대외정책 구사를 주장한다.

능력을 기르면서 때를 준비한다는 도광양회(韜光養晦)론은 이러한 전략적 사고를 잘 설명한다. 이 전략사고는 중국이 적어도 2020년 중등 생활수준에 도달하기 전까지는 미국을 위시한 강대국과의 관계는 물론이고 주변국과의 관계를 우호적으로 유지할 것을 요구하고 있다. 이들에게 있어 북한은 동북아 정세를 불안정하게 하고, 미국과는 물론이고 한국과도 갈등과 마찰을 불러일으킬 문제아적인 성격이 강하다. 북핵문제를 다루는 데 있어서도 갈등보다는 대화와 타협을 통해 문제를 해결하기를 원하는 입장이다. 대한반도 정책은 중국에 불리할 불안정성 및 불확실성의 증가를 방지하기 위하여 현상유지정책을 선호한다.

발전도상국론은 문화대혁명의 폐해를 가장 잘 경험하고, 혼란의 두려움을 강하게 안고 있는 중국의 현 주요 정치 지도자들과 지식인들에 의해 공유되고 있다. 최근 중국 총리 원자바오가 UN총회에서 중국이 발전도상국이라는 언명에서부터 연설을 시작한 것은 바로 이러한 시각을 잘 드러내고 있다. 세계적인 금융위기와 2010년 중국의 공세적인 외교로 인해 새로운 중국 위협론이 부상하고 있는 상황에서 2010년 12월 중국 외교의 수장인 다이빙궈 국무위원이 향후 5년간 중국 외교의 방향을 제시한 '평화적 발전의 길'이란 장문의 글은 이러한 시각을 잘 담고 있다.[3]

신흥강대국 외교론은 최근 중국의 성공적인 경제발전과 국력의 신장, 이에 따른 자신감의 증대를 반영하면서 중국 일반인과 엘리트들 사이에서 지지층을 확대하고 있으므로, 국제무대에서 이제 중국이 성장하고 있는 신흥 강대국으로서 자신의 목소리를 내고 자국의 이해를 보다 적극적으로 개진해야 한다는 입장이다. 중국 외교가 해야 할 바를 해야 한다고 주장하는 유소작위(有所作爲)적인 특성을 더 강조하는 사고다.

제17차 당대회 보고는 이러한 사고를 반영하는 수사들이 부각되고 있다. 세계적 금융위기 이후 중국의 정치국 상무위원 중 일부도 기존의 '발전도상국론'적 사고를 넘어 이러한 사고로 전환했다는 전언도 존재한다. 이는 최근 중국의 대외정책 관련 정책결정의 환경을 더욱 복잡하게 하는 주요 요인 중 하나다.

이러한 전략적 사유는 세계 최강국인 미국에 대한 직접적인 도전을 피하면서도 다자주의나 국제기구들을 통해 보다 적극적으로 중국의 국익을 개진해나갈 것을 요구하고 있다. 이슈에 따라서 필요할 경우 미국과 일정한 정도의 마찰도 감수할 것을 주장한다.

이들에게 북한은 발전도상국 외교론과 마찬가지로 문제아의 성격이 강하다. 그러나 발전도상국론과의 차이점은 중국의 전략적 이해에 따라 필요하다면 북한을 전략적 자산으로 활용할 의지를 더 강하게 지니고 있으며, 역으로 더 강력한 제재나 기존 대북전략의 변화를 고려할 수도 있다는 입장이다. 그리고 기회의 창이 열리면, 중국의 전략적 이해를 증진시킬 기회로 적극 활용해야 한다는 입장이다.

중국의 공식적인 외교수사는 '발전도상국 외교론'의 입장이 주류를 이루고 있지만 점차 '신흥강대국 외교론'적 입장과 절충하는 현상이 강화되고 있다. 중국은 한반도의 안정과 현상유지를 지키는 것이 자국의 전략적 이해에 부합된다고 믿으면서도, 한국과의 관계를 고려하고 국제사회에서 책임 있는 강대국으로서 이미지를 고양하기 위하여 부심하고 있다.

우리가 우려하는 것은 강한 민족주의 정서를 담은 '전통적 지정학파'의 주장이나 '신흥강대국론자'들이 과도하게 중국 외교정책에 영향력을 행사하면서 중국이 보다 공세적이고 대립적인 외교정책을 채택하는 상황일 것이다. 이는 북한 급변사태를 포함하여 한반도의 장래에 중요한 영향을 끼치게 될 것이다. 향후, 중국의 민주화과정, 중·미 관계, 한국의 대중 및 대북정책이 어떻게 형성되느냐에 따라 이러한 시나리오를 배제할 수 없다.

2010년 센카쿠 열도 분쟁의 함의

동북아 국제 관계는 미·중 간의 전략적 협력과 미·일 동맹에 기초하여 중국을 견제하는 군사안보 위주의 냉전구도가 혼재된 상황이다. 미·중 간에는 한동안 협력과 갈등이 동시에 공존할 수밖에 없는 상황이며, 새로운 변화에 입각한 행위준칙 및 관계 설정을 위한 갈등의 폭이 더 강화될 수도 있다. 그럼에도 불구하고 미·중 양자 관계는 파국으로 가지 않는다는 전제(묵계)를 지니고 있다. 결국은 큰 틀에서는 다차원적으로 상호 양자적 협력 관계를 강화해 나가는 미·중 공동제휴(consortium) 혹은 미·중 콘서트(concert) 체제의 방향으로 발전해 나갈 것으로 전망된다.

중국의 대외정책은 세계적인 강국은 아니지만 지역 강국이라는 인식에 기반하고 있었다. 미국과는 협력을 기조로 하면서, 지역 경쟁국인 일본은 일정 정도 견제하고, 북한은 관리하고, 한국과는 우호적으로 견인하려는 정책을 취하는 것이 중국 주류 발전도상국론

자들의 전략인식으로 평가되었다. 그렇지 않으면 동북아 안보구조
는 신냉전 체제로 회귀할 것이고 이는 중국이 결코 원하지 않는 결
과다. 이러한 상황에서 중국은 한·중 간에 남아 있는 깊은 불신과 행
태적인 갈등요인에도 불구하고, 구조적으로 한국과의 관계를 강화
해야 할 강한 동기를 갖고 있다. 이는 한국에게 전략적으로 시간적·
공간적 여유를 제공하는 것이기도 하다.

그러나 2010년 센카쿠(댜오위다오) 분쟁은 이러한 기본적인 구
도를 크게 흔들어 놓았다. 중국 외교의 전반을 평가할 때 이번 분쟁
은 중국이나 일본 어느 쪽도 의도하지 않았던 분쟁이었지만, 센카쿠
전후 외교로 분류할 수 있을 만큼 중국 외교에 큰 영향을 줄 것이다.

중국의 압력에 너무나 무기력하게 굴복함으로써 일본은 동북아
지역에서 중국에 대응하여 일정 정도 세력균형을 유지해 줄 것이라
는 전제가 허물어졌다. 향후 일본은 더 이상 이러한 세력균형의 역
할을 수행하기는 어려운 상황으로 보인다. 더구나 센카쿠 분쟁을 통
해 미국이 보여준 중국과의 안정중시전략은 동북아에는 더욱 분명
하게 G2의 시대가 도래되었음을 보여주는 것이라 할 수 있다.

이러한 상황은 중국 역시 본래 예상하지 못했던 것으로 보인다.
중국을 지역강대국으로 인식하면서 일본을 견제하고자 하는 주류
전략사고가 더 이상 큰 의미를 지니지 못하게 되었다. 신흥강대국론
이 새로이 급격히 부상하는 계기가 되었으며, 중국은 의도하든 하지
않았든 간에, 어느 누구의 예측보다도 빨리 미국과 직접적으로 대면

해야 하는 상황이 도래되었다. 아직 이에 대한 내부적인 준비가 되지 않은 중국의 대외정책은 대단히 혼돈스런 모습을 보여주었다.

이를 수습하기 위해 중국은 2010년 12월 다이빙궈의 중국 대외정책에 대한 장문의 입장 표명 및 2011년 1월 후진타오 주석의 방미를 계기로 미·중 협력체제를 중시하겠다는 기존의 '발전도상국론'적 외교방침을 대내외에 재확인하였다. 그럼에도 불구하고, 중국의 내부 권력구조, 주요 지도자들 및 조직들의 대외환경에 대한 자율성 확대, 고양된 민족주의 정서 등을 고려하면 중국의 외교는 분명히 새로운 조류를 타고 있다. 아마 센카쿠 이전의 외교로 돌아가기는 어려울 것으로 보인다.

혼돈의 시기에 들어선 중국 대외정책

원자바오 총리가 이번 UN 총회의 연설에서 언급한 것처럼, 중국의 공식적인 입장은 중국이 아직도 발전도상국이라는 것이다. 그럼에도 불구하고 후진타오 주석이 2009년 7월 대외공관장 회의에서 천명한 '도광양회 원칙견지, 적극적 유소작위'의 방침이 센카쿠 분쟁을 통해 새로운 해석이 가능할 수 있다는 것을 증명하였다.

중국은 이제 다이빙궈 국무위원이 2009년 7월 미국과 전략·경제대화에서 스스로 천명한 3대 핵심이익, 즉 당의 집정능력, 영토 및 주권, 지속적인 경제발전 및 사회안정과 관련한 사안에 대해서는 양보를 하지 않을 것이라는 점을 분명히 하고 있다. 금융위기를 겪으면서 중국은 달라진 스스로의 위상을 자각하기 시작하였으며, 센카쿠 분쟁을 통해 이를 확인하였다.

2010년 중국 내 대외정책을 둘러싼 논쟁에서 발전도상국론파나 신흥강대국론파보다는 전통주의자들이 크게 우위를 점하고 있는 것으로 평가된다. 천안함 사태 이후 이러한 분위기는 더욱 크게 강화되었다. 기존의 세계적 맥락 속에서 중국을 바라보던 전략적 비전은 약화되고, 오히려 중국 속에서 중국을 바라보는 편협성이 부각되었다.

중국의 관료정치적 이해에 따라 국제정치 사안이 왜곡되게 해석될 수도 있다는 나쁜 선례도 남겼다. 연이어 발생한 센카쿠 열도 분쟁은 중국 외교의 공세성을 크게 부각시켰고, 이에 따라 동북아에서 미국과 동맹의 가치는 동시에 부각되었다. 중국 외교가 지난 10여 년간 쌓아온 외교적 소프트 파워가 일거에 흔들리고 있다. 상호 밀접하게 결합해 돌아가던 상호의존과 공존의 비영합적 세계가 영합적 세계로 분리되면서 갈등이 증폭되고 있다.

2011년, 중국 외교가 혼돈의 시기로 들어가지 않았나 하는 평가까지 가능할 정도로 기존과는 다른 양상을 보여주고 있다. 그만큼 예측도 더 어려워지고 있다. 이는 물론 중국의 대북 및 한반도 외교에도 큰 영향을 미친다. 그 원인으로는 금융위기 과정을 거쳐 더욱 급속하게 부상한 중국의 국제적 지위와 능력에 대한 자신감에서 기인하는 것도 크다. 중국의 새로운 위상에 대한 내외부의 혼란과 갈등은 논외로 하더라도 다른 한편으로는 다음과 같은 국내적 요인들도 이 혼돈상황을 강화하고 있다.

우선, 중국은 권력의 전환기에 있으며, 어느 누구도 대외정책의 주도권을 장악하지 못하고 있는 것으로 보인다. 후진타오나 시진핑

어느 누구도 독자적인 지도력을 발휘하기 어려운 상황이다. 정치국 상무위원회의 각 지도자들은 각기 자신들의 지분을 지니고 목소리를 내고 있다. 의견일치나 타협이 쉽지 않은 상황이다. 특히 향후 권력의 주도권을 놓고 후진타오 세력과 장쩌민·쩡칭훙 세력의 암중모색은 대외정책에서조차도 단일한 정책결정을 어렵게 하고 있다. 이러한 상황은 설사 2012년 시진핑이 당 총서기가 된다 할지라도 당분간 지속될 것으로 보인다.

두 번째, 중국 외교에 행위자들이 많다는 것이다. 현 중국 외교는 잘 조율된 정교한 대외정책이 나오는 것이 아니라, 각각의 이해 관계를 지닌 부서들이 자신의 이해 관계에 따라 제각기 대외정책에 영향을 미치고 있다. 이번 센카쿠 열도 분쟁에서도 군부, 어업수산부, 해양국, 그리고 심지어 에너지 부문도 제각기 목소리를 내었다. 이들은 또 저마다 중국의 주요 지도자들과 연계되어 있어 문제를 복잡하게 만들고 있다.

세 번째, 상기의 상황은 중국 외교부 라인의 추가적인 약화로 이어지고 있다. 중국 외교의 수장인 다이빙궈 국무위원이나 양제츠 외교부장은 권력내부에서 위상이 더욱 약화되어 있다. 중국의 정책결정 구조의 특성상 대외문제도 당·정·군이 각기 목소리와 역할을 수행하고 있다. 요즘 중국 외교부의 위상은 더욱 약화되어, 중국 외교의 대강을 입안하거나 각 부처의 대외정책을 조율할 수 있는 상황은 아닌 것으로 보인다.

네 번째, 5억 명에 달하는 중국 네티즌들은 강한 민족주의적 정서를 드러내면서 중국 당·정에 보다 강력하고 공세적인 대외정책을 요구하고 있어 새로운 중국 외교의 변수로 등장하고 있다. 권력의 전환기에 중국 지도부가 영토나 주권문제와 같이 중국 공산당의 정통성의 문제와 연관이 되는 사안에 대해 국내의 여론을 넘어 독자적인 정책을 취하기가 더욱 어려워졌다. 민족주의적이고 감성적인 주장들이 분위기를 주도하기 쉬운 상황에 처해 있는 것이다. 이런 의미에서 향후 중국의 민주화과정에서 중국의 대외정책을 어떻게 관리하느냐 하는 것은 중국 외교에 중요한 도전요인이다.

이러한 추세를 놓고 볼 때, 2012년 제18차 당대회가 개최되기까지, 그리고 더 나아가 시진핑의 권력안정화 작업이 일정 정도 진행될 것으로 보이는 2015년 전후까지 중국 외교의 불확실성과 불안정성은 증가할 것으로 보인다. 이는 향후 중국의 대한반도정책이 전반적으로는 보수적인 특성을 지닐 개연성이 크다는 것을 의미한다. 즉, 정권의 교체기, 그리고 동북아 정세전망이 불확실한 시기에 새로운 중국 지도부가 기존의 정책을 급격하게 변경하려고 하지는 않을 것이다.

더구나 향후 중국의 권력내부에 모든 성원의 합의를 이끌어내야 하는 집단지도체제적 성격이 강화된다고 했을 때는 혁신적인 정책에 대한 합의가 더욱 어려울 수 있다. 동시에 천안함 사태나 센카쿠 사태에서 보듯이 외교 사안이 발생했을 때 국내정치상 분절성으로 말미암아, 그리고 조직 간 이해의 극대화를 위한 수단으로 활용되면서 대외적으로는 대단히 공세적인 형태를 띨 개연성이 증가했다는 의미가 될 것이다.

다만, 원자바오 총리가 2010년 UN 총회의 연설에서 언급하였고, 또 최근 중국 외교의 수장인 국무위원 다이빙궈가 대외정책에 관한 장문의 견해에서 제시한 것처럼 중국은 여전히 발전도상국의 성격이 강하고, 이에 합당한 외교를 해야 한다는 기존 주류의 사고 역시 객관적이고 구조적인 타당성을 강하게 지니고 있다. 이런 측면에서 중국 외교의 전략파나 온건파들 역시 중국 외교가 북한에 의해 볼모로 잡혀, 미·중 관계가 악화되거나 복잡해지는 상황을 달가워하지는 않을 것이다. 이와 관련하여 중국 내부의 관련 논쟁과 권력 간 향배에 대한 주의 깊은 관찰이 더욱 필요한 시기다.

동북아 국제정치 구도변화에 대한 이해와 한국의 선택

만일, "국제정치에는 공짜 점심이 없다"라는 격언을 심각하게 받아들인다면, 한반도 정세와 관련하여 강대국들은 반드시 그들의 이해 관계에 입각한 게임을 진행할 것이고 이는 한반도문제를 보다 복잡하게 하는 요인일 것이다.

이러한 경향은 천안함 사태를 통해 잘 드러났다. 중국은 끝내 자신의 전략적 이해를 바탕으로 천안함 사태를 해석하면서 안정을 중시하였다. 러시아는 중국과 미국, 한국과 북한 사이에서 자신의 존재가치를 극대화하는 전략을 폈다. 미국은 한·미 동맹을 강조하고 한국의 입장을 적극 지지한다고 하면서도 결국은 중국과의 타협을 통해 불완전한 의장 성명을 채택하였다. 특히 상호 황해 상의 미 항모 진입을 놓고 갈등하면서도, 결국은 일정 선을 놓고 타협하여 새로운 공존의 묵계를 만들어 냈다.

북한 급변 사태나 통일의 기회가 올 때, 한국 주도의 원칙을 당연히 인정받을 수 있을지는 의문이다. 이를 위해서는 전반적인 대비 계획, 군사적 역량, 재정적 준비, 법적 제도적 절차의 완비 등 사전 준비가 전제되어야 할 것이다.

그러나 외교의 영역은 구조적인 힘의 균형 형태가 중요하고 또한 상호 작용을 하기 때문에 보다 가변적인 형태를 띤다. 따라서 이러한 구조적인 형태와 상호작용의 측면을 고려하여 사전에 우리에게 유리한 구조 및 환경을 조성하는 노력이 중요할 것이다. 일단, 북한에 돌발사태가 발생하거나 통일의 기회가 다가온다면, 이는 기존에 존재하는 국제정치 구조와 상호 관계에 의해 우리의 정책이나 목표가 크게 제약을 받을 가능성이 많기 때문이다. 상황이 발생한 이후, 우리에게 유리한 국제정치 구조로 바꾸려 하는 것은 현실적으로 대단히 어려울 것이다. 따라서 사후 외교보다는 사전 대비 외교가 오히려 사태의 전개방향에 더 강한 영향력을 주게 될 개연성이 크다.

최근 발달하고 있는 네트워크 이론의 성과를 반영하여 판단해볼 때, 보다 강력한 네트워크를 지닌 국가가 상황을 풀어나가는 데 유리한 입지를 점하게 될 것이다. 한 국가가 네트워크의 중심에 자리매김할 수 있다면 상대적으로 유리한 입장에 놓일 것이다. 그러나 지금의 동북아 국제정치 구도에서 한국이 네트워크의 중심에 자리잡기에는 주변 강대국들에 비해 상대적 국력이 미약하다. 그렇다고 한국이 모든 상황을 피동적으로 받아들일 만큼 미약하지도 않다.

권력정치 조건에 의해 한국 및 한반도의 미래가 규정 지어지는 상황을 우리의 운명으로 받아들이기보다는 이를 극복해야 하는 대상으로 인식해야 한다. 우리가 이미 언급한 국제정치의 격언을 받아들인다면 현재 및 가까운 미래상황에서 편승전략을 통해 우리가 원하는 목표를 달성하기가 결코 쉽지 않을 것이기 때문이다. 특히 미·중 간 어느 누구도 타방을 강요할 수 없는 시대, 즉, 두 '메가 파워'의 강대국이 일정한 지분을 유지한 채 협의와 타협에 의해 주요 역내문제를 해결하려는 구조로 전화하고 있는 상황에서, 편승전략은 최소한의 생존전략으로는 합당하겠지만, 국면을 돌파하는 전략으로서는 그 한계가 분명하기 때문이기도 하다.

강(強)중견국으로서 한국이 취할 전략은 각 네트워크의 가교역할을 추구하는 것이다.[4] 이는 각 네트워크의 중심이 되지 못한다 할지라도 그 독특한 위상으로 말미암아 실제 정보의 흐름을 관리·통제·연결해주는 역할을 담당함으로써, 각 네트워크에서 유용성을 인정받는 것이다. 이러한 역할은 자신의 역량을 기반으로 세력균형의 한 축 역할을 담당하려는 균형자와는 다른 개념이다. 균형자는 한국이 실제 한 축에 가담함으로써, 세력의 균형을 바꿀 수 있는 역량을 지니는지도 의문이지만, 양측으로부터 모두 배제될 개연성도 크다.

다음은 동북아 지역에서 형성 가능한 네 가지 네트워크 구조 속에서 한국의 위상과 전략적 이해를 설명한 것이다.[5]

1. 이상적 구조: 미·중갈등과 한국 가교역할 구도

이 구조 속에서 미국은 일본·한국·대만을, 중국은 북한과 한국과 연계된 네트워크를 지니고 있다. 단, 미국과 중국 사이의 네트워크는 갈등으로 인해 단절되어 있다.

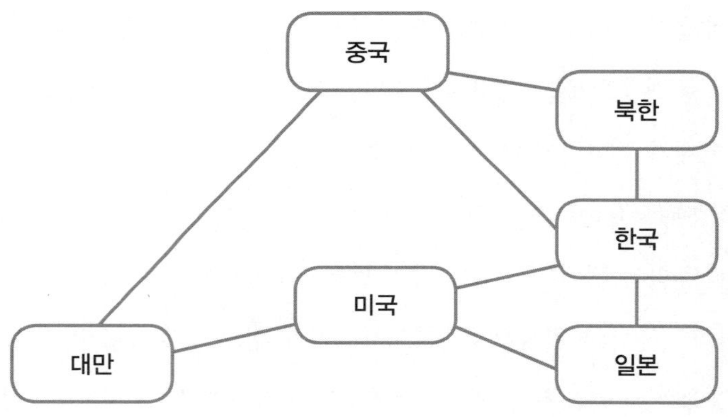

여기서 한국은 네트워크의 중심이 될 수 없는 주변부이지만 미국과 중국을 중심으로 한두 개의 네트워크를 연결시켜 주는 역할을 한다. 특히 북한문제와 관련하여 미국에 정보를 전달해 주는 통로가 됨으로써, 중요한 레버리지를 확보하게 된다. 그러나 지금은 국제정치 상황으로 볼 때, 미국과 중국의 네트워크가 단절될 것으로 보는 것은 현실성이 부족한 구조다. 그리고 한국의 역량으로는 이를 실행에 옮길 수 없다. 다만 북한이 핵 위기를 통하여 미국과 중국의 관계를 악화시킬 수 있으나, 이 경우에도 한국은 북한과 긍정적 네트워크를 유지해야 한다는 점에서 현실성이 부족하다.

2. 현 구조: 네트워크 간 갈등 구도

이 구조는 2011년의 상황에 가장 흡사한 구조로 중국은 북한 및 대만과 긍정적 네트워크를 유지하고, 미국은 일본·한국·대만과 긍정적인 네트워크를 유지하는 두 축을 형성한다. 동시에 미국과 중국은 서로 긍정적으로 네트워크를 지니고 있다.

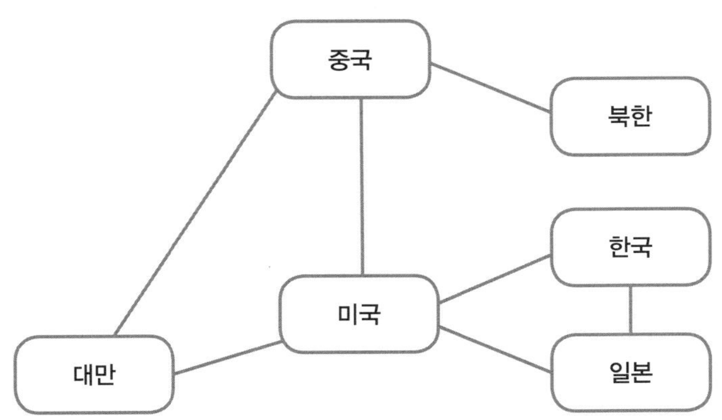

이러한 구도에서는 미국은 한국을, 중국은 북한을 각기 관리하는 역할을 담당할 것이다. 한반도의 운명은 미국과 중국의 협의와 타협

에 의해 결정될 개연성이 크며 한국의 상대적인 자율성은 거의 부재
하다. 한국은 미국을 통해 중국에 연결되는 구조가 된다. 이는 일각
에서 주장하는 미국을 통해 중국에 영향력을 행사하는 경우를 가정
할 수 있다.

그러나 미국이 자신의 네트워크 구성원 중 일부인 한국을 위해 또
다른 네트워크의 중심을 형성하는 중국과 대립적인 관계를 만든다
는 것은 현재로서는 실현되기 어렵다. 두 네트워크 사이의 경쟁을
전제한 냉전구조에서는 가능하지만, 이미 이 글에서 언급한 것처럼
21세기의 미·중 관계에서는 현실화되기 어렵다.

3. 차선의 구도: 미·중 협력과 한국 가교역 구도

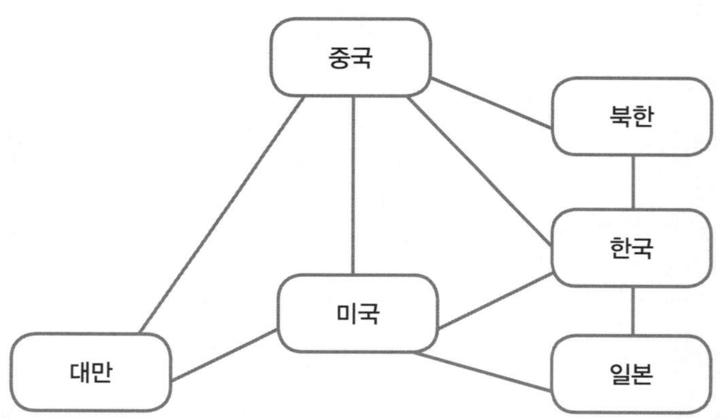

이 구도는 이상적인 구조와 유사하나, 미·중 역시 네트워크로 연

결되어 있다는 점에서 좀 더 현실성을 띤다. 한국이 양 네트워크 사이에 가교역할을 할 공간을 지니고 있다. 이 구도에서 미국은 북한에 대한 직접적인 네트워크를 지니지 못한 채, 한국과 중국의 가교역할에 의존하게 된다. 따라서 한국은 네트워크 상 북한에 대해 상대적인 우위에 있으며, 상대적으로 중국에 대해서도 북한에 대한 우리의 상대적 정보 우위에 입각하여 한반도 관련 외교적 레버리지를 확보할 수 있다.

4. 현상유지의 구조: 공존의 구도

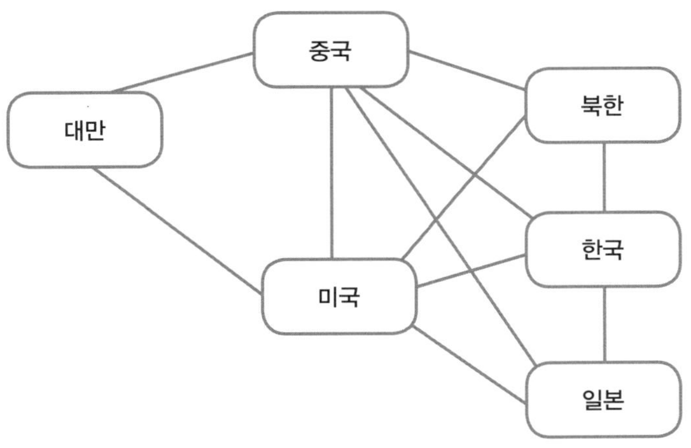

이 구도는 차선의 구도와 유사하지만, 북한이 미국과도 네트워크를 가짐으로써 미국이나 중국 모두 남북한과 동시에 네트워크를 형

성하는 상황이다. 이는 상호 공존을 하기 유리한 구도를 창출하는 것이나 한국으로서는 대북한 네트워크의 우위라는 이점이 사라지는 구도다. 이러한 구도 속에서 한반도는 현상유지에 유리한 구도를 형성하게 되는 것이다.

우리가 바라는 구도는 한국이 양극 사이에서 가교역할을 함으로써 우리의 역할을 극대화하는 것이다. 하지만 현실은 양극에 대해서보다는 북한을 놓고 미·중 사이에 가교역할을 하는 것이 보다 현실적일 것으로 판단된다. 즉, 우리가 북한에 대한 레버리지를 강화할 때 미·중에 대한 우리 외교의 역할은 강화되는 것이다. 그렇지 않다면 적어도 모두가 상호소통하고 가교역할을 하는 공존의 구도로 전환하는 것이 필요하다.

적어도 새 구도를 이루기 위해서는 한국은 중국과도 대립이 아닌 협력적인 관계를 수립해야 가능하다. 그렇지 않으면 한국은 미국과 중국이라는 두 '메가 파워' 중 하나를 이분법적으로 선택해야 하는 상황이 되고, 메가 파워에 의해 의존하는 피동적인 지위로 전락하게 된다. 지금 한국은 네트워크 간 갈등구도와 미·중 협력의 새로운 구도 사이에 위치하는 상황에 놓인 것 같다. 그러나 그 새로운 구도 속에서 한국의 대외전략과 비전은 아직 모호한 형태로 남아있다.

변화하는 국제정치 구도 속 한국의 대응전략

동북아 국제정치·경제 구도에서 핵심적인 변수는 미·중 간의 양자관계이며, 그 가운데에서도 중국 변수가 가장 중요할 것이다. 미국은 이미 기존의 패권국으로서 현상을 유지하려는 입장이지만 중국은 전략적 선택의 여지가 있기 때문이다. 즉, 북상하는 중국이 기존 동북아 국제정치 질서의 현상변경을 추구하느냐 혹은 현상유지를 추구하느냐에 따라 미국의 대응이 달라질 것이다. 이러한 상황은 동북아 전반적인 국제질서에 가장 중요한 변수가 될 전망이다.

지금의 추세로는 중국이 공공연하게 현상변경을 추구하지는 않겠지만, 그렇다고 21세기 초와 같이 현상유지를 전면적으로 표방하지도 않을 전망이다. 중국의 내부변수들이 보다 복잡하고 다원화되고 있어 중국 대외정책의 불확실성을 증가시키고 있다. 이 경우, 당분간 상당한 불확실성과 불안정성을 특징으로 하는 동북아 안보구도가 형성될 것이다. 한국 외교의 입장에서는 이 관계를 변화시킬 역량이 부족한 상황에서 상당한 부담으로 작용한다.

한국은 결국 미·중 관계와 동북아 안보구도의 변화에 따라 능동적이면서도 지혜로운(prudent) 외교전략을 구사할 필요가 있다. 최악의 경우에는 피해를 최소화하는 전략, 상황이 호전될 경우에는 이를 적극 활용하여 제약을 타개해 나가는 전략을 채택할 필요가 있다.

중국은 개혁·개방 이래 30여 년간 매년 거의 10%의 경제성장률을 이룩해 왔다. 그러나 동시에 그 부작용도 함께 성장해 왔다. 지역 및 계층 간 빈부격차는 크게 확대되어, 소득불균형 수준을 알려주는 지니(GINI)계수는 이미 사회불안정을 야기하는 수준인 0.45를 넘어섰다.[6] 부패의 수준도 위험수위에 올라가 있다. 여전히 국민의 대다수가 사회보장제도의 혜택을 받지 못하고 있고, 매년 시위의 수는 1만 건 이상씩 대폭 늘어나고 있다.

향후 10여 년간은 중국에게 커다란 도전의 시기가 될 것이다. 곧 다가올 1인당 국민소득 1만 달러 시대에 도달하는 과정은 새로운 정치체제 요구를 크게 강화할 것이다. 기존의 1당 권위주의적 체제로는 체제안정을 유지하고 지속적인 경제성장을 이루는 데 한계에 직면할 것이다. 2011년 아프리카·중동에서 발생한 '재스민 혁명'은 신정보 혁명의 시대에 권위주의체제가 얼마나 빠르게 위기에 봉착하면서 붕괴할 수 있는지 그 불확실성의 정도를 잘 설명해준다.

[표 2-3]에 의하면, 2010년대 중반에 이르면 중국의 경제사회적 안정이 도전을 받을 수 있는 요인이 크게 증가될 것이다. 특히 제19

문제	2005년	2010년	2015년	2020년	비고
경제성장	10%	11%(본래 8% 목표)	2010~15: 7%(질적 성장 강조) 2016~20:		질적인 성장을 강조하는 방향으로 전환
도시화율	42% (550 mil.)	47% (640 mil.)	52% (720 mil.)	57% (810 mil.)	2020년까지 200만 규모의 도시 230개 건설 필요
시위/데모	6만여 건	20만여 건(?)	-	-	급속도로 증가추세
노동력	양호	2013~2016년, 노동력 인구 수 최정점		노년층 비율 23%	점차 악화
실업률	20% 추정 (도시 실업률 4.1%)	3억 명 인구 연전히 취약 (장애인+실직자+절대빈곤자)		-	매년 1,000만 명 규모의 농촌인구 도시 이주 필요
에너지/자원	악화 추세		2013~2015년: 에너지 위기, 물부족, 환경오염 문제 병목현상	-	자원의 위기 강화와 대외 정책 영향력
질병	악화 추세	1000만 명 이상 AIDS, SARS, Birdflu 등등		2,000만 명 AIDS	20~30% 연평균 증가율
주요 정치·경제 일정	2007년: 17차 당대회 2008년: 북경 올림픽	2010년 11차 5개년 계획 완성 2010년 상해 박람회	2011년 12차 5개년 계획 2012~2013년: 5세대 지도부 등장	민주화 요구 강화	중앙지도부 합의 구조의 위기발생 가능성과 민주화 과정

차 당대회가 개최되는 2017년은 시진핑체제가 안전운항을 할 수 있는지 여부를 시험받게 되는 주요한 계기가 될 것으로 보인다. 즉, 사회·경제적 불안요인의 증대, 지도부 내의 갈등과 분열 가능성 증대, 사회 내부의 민주화 압력이 점증되는 삼중고를 동시에 겪을 수 있는 시점이기 때문이다. 이 과정에서 점증하는 국민들의 애국주의 및 민

족주의 열망을 정치체제가 잘 견인하지 못하면, 중국의 대외정책은 제어되지 않은 채 보다 공세적인 형태를 띨 개연성도 크다. 이 시기 중국 내 불확실성의 증가는 동북아의 안보상황에도 커다란 도전 요인이 될 것이다. 미래의 상상력이 필요한 시점이다.

[표 2-4]는 특정 안보구도 하에서 특정 상황이 발생하는 경우, 우리가 취해야 할 정책의 옵션을 제시한 것이다. 기존의 대외인식은 미·중 간의 전략적 갈등과 경쟁의 구도라는 전제가 근저에 깔려 있다. 그러나 21세기의 현실은 미·중 협력구도 속에 북핵문제 및 북한문제가 논의되고 타결될 개연성이 크다는 것에 주의할 필요가 있다. 중국의 경제력과 외교·군사적 중요성을 모두 고려할 때, 중·장기적인 측면에서 우리의 이해는 중국에 의해 크게 영향 받을 개연성이 크다.

단기적 이해와 중장기적 이해의 균형을 동시에 고려할 때 우리가

» **[표 2-4] 특정 미·중 관계를 전제한 주요 변수에 대한 한국의 대응전략 구성[7]**

변수 ＼ 미·중 관계	주기적 협력 갈등의 복합구도	미·중 제휴 시대	팍스 차이메리카	신냉전 시대
국제체제 내 중국의 부상	연미화중(聯美和中) 전략 일변도 외교 지양	연미화중에서 연미연중 전략으로 진화	연미연중 전략	한·미 동맹 기반 위 역내 우호증진 노력, 연미통중 전략모색
중국 내 정치변혁과 공세적 대외행태	한·미 동맹 공고화 및 중국과 소통·협력 강화	한·미 동맹의 유지 및 중국과 소통·협력 강화	한중 전략대화 강화 및 미국과 협력 강화	한·미 동맹 강화 및 주변국과 대중 견제 협력
북한체제 위기	한미 동맹 유지 및 대중 협력외교 강화	미국 및 중국과 양자협력 기반으로 삼자협력 추진. 대북해결책 모색	미·중과 전략대화 심화로 소외방지, 한·미·중 삼자협력 의 실현	한·미 동맹 공고화 및 대중·대러 외교 강화

취할 대중국전략의 옵션은 크게 연미통중(聯美通中)·연미화중(聯美和中)·연미연중(聯美聯中) 전략으로 나눌 수 있다.

우리의 복합적인 이해증진이라는 전제 아래, 향후 동북아 국제정세가 미·중 간 갈등이 지속될 경우에도, 미국과는 연대하고 중국과는 소통을 강화함으로써 최악의 상황에서 중국과 대립은 피하는 이른바 '연미통중(聯美通中)'전략[8]이 필요하다. 이는 적어도 우리가 미·중 갈등에 연루되는 것을 회피하면서, 우리의 외교적 옵션을 확대하고 더 나아가서는 북한문제를 놓고 미·중에 대한 가교역할을 담당할 수도 있을 것이다.

그러나 이 시기 우리에게 더 큰 외교적 도전은 중국으로부터 올 것이기 때문에, 헤징적(hedging) 정책을 택할 요인이 강하게 존재한다. 중국이 공세적 외교로 전환하거나 불확실성이 크게 우려될 때, 미국과의 기존 연대를 바탕으로 중국의 과도한 행위를 억제하는 전략이 필요하다. 이는 일부 보수주의자들이 주장하는 것처럼, 중국의 한국에 대한 가치를 증진시키는 효과도 존재할 것이다.

2009~2010년 미·중이 상호 안정적인 협력체제의 구축보다는 주기적인 갈등과 협력의 복합 관계 구조에 처해 있을 때, 어느 일방에 치우친 일변도 외교보다는 쌍방 네트워크 외교를 오히려 강화해야 한다. 일변도 외교를 강조하면 강조할수록 한반도문제는 우리의 의지와는 달리 강대국 외교의 장으로 전락하고, 통일문제도 더 멀어질 개연성이 크다. 즉, 이 시기에는 한·미 동맹 강화 외교가 성공하면 성

공할수록, 우리 외교는 더 곤혹스런 상황에 직면하게 되는 패러독스에 처하게 된다.

이러한 상황에서 우리의 외교전략은 '연미화중(聯美和中)'전략을 채택하여야 한다. 이는 중국과 주요 사안에 있어 대립보다는 공통의 이해 관계 영역을 확인하고 그 교집합을 넓혀 나가 쌍방 이익의 조화를 추구하는 전략이다. 이것이 현 단계에서 우리가 추구해야 할 전략이다. 이는 미·중이 상호 제약을 받아 갈등보다는 협력적인 관계를 위주로 운용한다는 전제 아래, 미국과 연대하면서도 중국에 대해서 보다 전향적인 접근을 하는 전략이다. 이 전략 속에는 중국에 대한 협력과 헤징의 요소가 다 존재하지만, 헤징보다는 협력을 전면에 내세운 관계이며, 상호 소통의 수준을 넘어서 높은 신뢰를 형성하고, 화합의 단계에 도달하려는 외교를 추진하는 것이다.

미·중 관계가 보다 안정적으로 전환하는 상황에서 궁극적으로 한국 외교가 추구해야 할 것은 미·중과 모두 연대하는 연미연중(聯美聯中)의 전략을 추진하는 것이다. 이는 미·중 관계에 대한 산술적 평균을 반드시 요구하는 것은 아니며 이슈 영역에 따라 맞춤형 대응이 필요할 것이다. 그러나 이 전략에서 가장 중요한 점은 대·미·중 관계를 비영합(non-zero sum)적 관계로 인식전환을 하고 적응할 때 가능할 것이다.[9]

향후 중국 경제가 한국 경제에 차지하는 비중을 고려하고, 한국이 북한문제와 통일국면을 주도하기 위해서도 이 전략의 추진은 필수적이다. 중국은 여전히 한반도와 관련한 대전략(grand strategy)적 결단을 내리지는 못했다고 보이지만, 연미연중의 정책은 중국의 한반도와 관련한 대(大)전략적 결단을 촉진하는 요인이 될 수도 있을 것이다.

중국의 전략사고의 분화와 전개방향도 이러한 함의를 동시에 보여주고 있다. 다층적 양자협력의 진전이라는 국제정세 추세는 우리가 중국과 신뢰를 구축하고, 중국과 더불어 나아갈 수 있는 비전과 역량의 구비가 필요한 시점이라는 것을 말해준다. 이러한 노력은 추후 한반도문제 해결에 중요한 변수가 될 것이다. 그렇지 못할 경우, 우리의 외교적 공간은 크게 축소될 것이다. 우리의 대외정책이 중국을 단지 중립화나 무력화의 대상으로만 취급할 경우, 그 정책은 실패로 끝날 개연성이 크다.

한국은 보다 긍정적이고 능동적인 태도로 중국과 신뢰를 구축하고, 각 사안의 민감성을 충분히 감안하면서, 다차원적인 협력기제를 마련할 필요가 있다. 여기서 주의할 점은 이러한 대중 협력기제의 강화가 반드시 한·미 동맹과 충돌한다고 전제할 필요는 없다는 것이다. 이론적 측면에서도, 중국 당국이 규정하는 '한·중 전략적 협력동반자' 관계는 '한·미 동맹'과 충돌하지 않는다.[10]

현실을 고려할 때, 중단기적으로는 한국 안보의 핵심 축은 여전히 한·미 동맹을 바탕으로 전개될 것이다. 특별한 상황이 발생하지 않는 한, 당분간 한반도를 포함한 역내 안보문제를 중국이나 다른 다자기구가 안정화하거나 해소해줄 역량이 없기 때문이다. 그러나 다시금 강조할 점은 우리의 대외정책의 방향이 역내 모든 국가와 모든 방면에서 협력과 신뢰를 강화하는 방향으로 추진되어야 한다.

결국 [표 2-4]에서 나타났듯이, 한·중 관계는 동북아 국제정치 구조변화 및 핵심주요 정치·경제·안보상황이 결합된 복합국면에 의해 영향을 강하게 받을 것이다. 우리의 외교는 이러한 복합국면을 잘 해석하고 지혜롭게(prudent) 대처할 필요가 있다. 이러한 맥락에서 한국의 대중정책의 선택은 연미통중(聯美通中)·연미화중(聯美和中)·연미연중(聯美聯中)의 전략 선상에서 자리매김할 것이다. 한국 외교는 혼돈에 가까울 정도로 복합적이고 엄청난 규모로 진행되고 있는 국제정치 변화의 현실을 직시하면서, 포용력 있고, 상상력이 풍부한 창조적 외교, 그리고 이를 지원할 제도적 장치가 필요한 시점이다.

• 정책 제언

1. 한국 외교의 중·장기전략: 연미연중(聯美聯中)전략

- 미·중 관계가 보다 안정적으로 전환하는 상황에서 궁극적으로 한국 외교가 추구해야 할 바는 미·중과 모두 연대하는 전략을 추진해야 함.
- 미·중 관계의 대한 산술적 평균을 반드시 요구하는 것은 아님.
- 비영합(non-zero sum)적이라는 인식으로 전환할 때 가능함.
- 향후 중국 경제가 한국 경제에 차지하는 비중을 고려하고, 북한 문제와 통일국면을 한국이 주도하기 위해서도 이 전략의 추진은 필수적임.
- 중국의 한반도 관련 대(大)전략적 결단을 추진할 신뢰구축이 필요함.

2. 한국 외교의 단기전략: 연미화중(聯美和中)전략

- 미·중이 주기적인 갈등과 협력의 복합적 관계에 처해 있을 때, 어느 일방에 치우친 일변도 외교보다는 쌍방 네트워크 외교를 오히려 강화해야 함.
- 중국과 주요 사안에 있어 대립보다는 공통의 이해관계 영역을 확인하고, 그 교집합을 넓혀 나가 쌍방 이익의 조화를 추구하

는 '연미화중' 전략이 바람직함.

- 이 전략 속에는 중국에 대한 협력과 헤징의 요소가 다 존재하지만, 헤징보다는 협력을 전면에 내세운 관계이며, 상호 소통의 수준을 넘어서 높은 신뢰를 형성하고, 화합의 단계에 도달하려는 외교를 추진하는 것임.

- 일변도 외교를 강조하면 강조할수록 한반도문제는 우리의 의지와는 달리 강대국 외교의 장으로 더욱 전락할 것임. 통일문제도 역설적으로 더 멀어질 개연성이 증가함.

3. 미·중 갈등의 시기전략: 연미통중(聯美通中)전략

- 향후 동북아 지역에서 미·중 간 갈등이 지속될 경우에도, 미국과는 연대하고 중국과는 소통을 강화함으로써 최악의 상황에서 중국과 대립은 피하는 이른바 '연미통중'전략이 필요함.

- 우리가 미·중 갈등에 연루되는 것을 회피하면서, 우리의 외교적 옵션을 확대하고 더 나아가서는 북한문제를 놓고 미·중에 대한 가교역할을 담당할 수도 있을 것임.

- 이 시기 우리에게 더 큰 외교적 도전은 중국으로부터 올 것이기 때문에, 안보적인 측면에서 미국과 연대하여 중국의 과도한 행위를 억제하기 위한 노력이 동시에 필요함.

4. 복합적 네트워크 강화

- 연미연중전략 추진을 위한 국제환경을 조성함.

- 역내 다양한 삼자 및 다자 네트워크를 구축하여 복합적인 관계망을 형성함.

- 양자적 관계를 강화하면서도 개별 강대국의 과도한 영향력 확대를 억제하고, 협력적 분위기를 유도하기 위한 제도적 장치를 만듦.

- 북한 및 북핵문제 해결에 적극 활용함.

- 대중 협력기제의 강화가 반드시 한·미 동맹과 충돌한다고 전제할 필요는 없음. 이론적 측면에서, 중국 당국이 규정하는 한·중 '전략적 협력동반자' 관계는 '한·미 동맹'과 충돌하지 않음.

5. 북한문제를 주도하기 위한 자주적 역량 강화

- G2의 시기, 미·중이 합의할 수 있는 영역을 넘는 대북정책을 추진하는 것은 현실적으로 어렵고 상당한 비용을 감내할 준비를 해야 함.

- 어느 강대국도 자국의 이해를 넘어 한국의 이해를 지원해주지는 않을 것이라는 것이 역사가 주는 교훈임. 자주적 역량의 강화를 통해 자국의 문제를 해결할 준비를 갖추지 않으면 북한문제해결은 어려움.

- 미·중 및 한국이 공통의 이해를 가질 수 있는 부분에 대해 합의를 하고 이를 바탕으로 보다 구체적인 정책을 공동으로 추진할 수 있어야 함. 이 과정에서 한·미·중 상호 간 신뢰를 구축하는 작업이 필요함.

- 이는 북한의 붕괴를 기다리거나 급변사태를 촉진하는 방향은 아닐 것임. 이러한 상황들은 한국을 포함한 그 어느 강대국도 현실적으로 감내할 수 있는 상황이 아님.

- 남북 간의 자연스런 희망과 합의를 담아 평화적으로 통일이 이뤄질 수 있도록 조성해가는 노력이 필요함. 이 길만이 한반도가 강대국 외교의 장으로 전락하여 분단이 지속되는 상황을 넘어 보다 자주적인 통일을 이뤄내는 첩경임.

Part 3

미국의 동아시아정책과 미·중 관계

중국의 부상은 동아시아는 물론 글로벌 세력판도를 바꾸고 있다. ‘G2 시대’라는 말이 함의하듯이 글로벌 금융위기 극복과정에서 ‘중국 역할론’이 광범위하게 확산되는 추세 속에서 중국은 미국과 함께 새로운 국제질서의 중심축으로 급격히 떠오르고 있다. 전통적 동맹국인 미국과 떠오르는 신흥강국 중국을 동시에 고려해야 할 한국으로서는 ‘G2 시대’ 도래의 함의를 파악하고 이에 대한 대비책을 마련할 필요가 절실하다.

한국전쟁 이후 분단국가로서 반세기 이상 한·미 동맹체제를 유지해온 한국의 입장에서는 중국의 부상이 기회인 동시에 도전이 될 수 있다. 급부상하는 중국은 한국에게 엄청난 시장인 동시에 각종 소비재를 공급하는 공장으로서의 기능을 갖는다. 한국 경제는 중국과 함께 동반성장의 기회를 갖고 있다. 반면, 중국의 부상은 동북아 역내 세력균형 판도를 바꾸어 한·미 동맹과의 관계설정이라는 새로운 문

제를 제기한다. 특히 한국 안보의 핵심 축 중 하나인 한·미 동맹에 대
해 중국은 이를 냉전 시대의 유산으로 간주하면서 의구심 섞인 시선
으로 바라보고 있다. 전통적으로 한반도를 일종의 완충지대로 간주
해 온 중국은 북한에 대해서도 국제사회의 시각과는 다른 입장과 전
략으로 접근하고 있다.

이 연구는 미국의 동아시아정책과 미·중 관계의 전개를 분석·전망
함으로써 동아시아의 세력판도 변화가 한반도에 미칠 영향을 진단
하고 대비하는 데 목적을 두고 있다. 21세기 국제질서는 이른바 '나
머지의 부상'으로 인한 미국 패권의 상대적 위축, 중국의 부상, 다양
한 초국가적·복합적 안보환경의 조성 등으로 인해 매우 유동적이다.
그런 가운데 미국과 중국의 서로에 대한 인식과 전략은 동아시아질
서는 물론 글로벌 차원에서 매우 큰 영향력을 발휘할 변수가 될 것
이다.

이제부터 우선 미국의 동아시아정책과 대중국정책을 전망한다.
특히 오바마 정부 이후 구상과 아울러 미국에서 바라보는 중국의 평
화발전, 조화세계론 등 대외전략 검토, 전통주의자 및 전략파 등 중
국 내 새로운 전략적 사고의 분기 논의, 그리고 미국과 중국의 서로
에 대한 인식과 전략에서 협력요인과 갈등요인 분석, 장기적인 전
망과 동아시아시대에 대한 함의를 분석함으로써, '동아시아 시대'의
도래를 규정하는 환경적 요인들에 대한 분석을 시도하고자 한다.

이를 바탕으로 한국의 국가전략적 고려는 무엇이 되어야 하는지

가 이 글의 두 번째 큰 부분을 이룬다. 한국의 장기 발전전략을 선도할 기본적 철학과 시각은 무엇이고, 한국의 생존전략에서 인식의 기초는 무엇이 되어야 하는지를 분석한다. 이와 관련해 냉전 시대의 군사안보논리, 21세기 세계화 시대의 글로벌 거버넌스식 사고, 네트워크 지식국가론 등 다양한 대안의 모색이 필요하다.

이 글에서는 21세기 한국의 국가발전 비전과 관련해 강중국, 미들 파워, 강소국 등 여러 가지 국가발전모델을 검토하고, 한국의 국익에 가장 적합한 대외전략 노선을 모색하는 데 중점을 둔다. 그리고 한·미전략 동맹과 한·중 전략적 동반자 관계의 양립 가능성을 검토한 후, 한반도·동아시아·글로벌 차원의 고려, 지역·국가·이슈별 정책대안을 모색하고자 한다.

동아시아 시대의 전략환경

중국의 부상: 신화 혹은 현실?

지금 국제체제는 국제 관계의 행위자 간 및 지역 간 힘의 배분 변화를 목도하고 있다. 파리드 자카리아(Fareed Zakaria)는 21세기 국제질서의 변화를 이른바 '나머지의 부상(the rise of the rest)'으로 표현한다.[1] 그동안 중국, 인도 등 국제정치에서 규모는 컸지만 경제적으로 침체해 있었던 거대국가들이 세계화의 영향으로 급격한 경제성장을 경험하면서 국제질서에서 미국 패권의 상대적 위축을 초래한다는 것이다. 이는 정확히 말하면 미국의 쇠퇴라기보다는 중국과 인도 등 나머지 국가들의 부상이고, 그 결과 국제질서는 '포스트 아메리카(Post-Americanism)' 시대로 전환하고 있다.

포스트 아메리카 세계질서의 특징을 한마디로 말하자면 '복합성'이다. 정치·군사 질서는 여전히 미국이 지배하는 단극적 질서가 유지되겠지만 군사 외의 모든 차원(경제, 산업, 금융, 사회, 문화)에서는 힘의 분포가 미국 지배로부터 이탈하는 변화가 발생되고 있다.

1980년대 중반 이후 정치·군사적 폭력은 전 세계적으로 감소하는 추세이지만 정보혁명의 결과 군사·안보의 충돌 양상은 과거에 비해 지구촌 주민들에게 실시간으로 전달되면서 과대포장되고 더 큰 충격으로 전해진다. 이 때문에 군사력을 앞세워 국제문제를 일방적으로 해결하기는 갈수록 어려워지는 추세다.

정치·군사적 혼란에도 불구하고 세계 경제 총량규모는 지난 15년간 두 배 이상 팽창했고 동 기간 무역은 133% 증가했다. 전쟁·테러·내전은 일시적으로 국제 경제 침체를 초래할 수 있었지만 장기적으로 세계화의 물결에 압도당한 것이 현실이다. 세계화와 국제 경제의 팽창 결과 신흥부상국(특히 중국, 인도, 브라질)들의 경제성장에 고취된 신민족주의가 분출하고 있다. 다양한 민족적 관점의 분출은 정보혁명 덕분에 더욱 확대·재생산되어 배포되고, 목소리 큰 행위자들의 증가는 곧 주요 국제문제에 있어서 갈수록 합의가 어려워짐을 의미한다. 이는 곧 미국이 여전히 초강대국이지만 혼자 힘으로 국제문제를 리드하거나 문제를 해결할 수 없다는 것을 의미한다.[2]

미국 국가정보위원회(NIC)의 세계질서 전망 보고서인 《글로벌트렌드 2025(*Global Trends 2025*)》도 2025년까지의 향후 국제질서가 더욱 복합적으로 변하고, 미국이 여전히 초강대국이겠지만 지금보다는 '덜 지배적인 국가'로 변모할 것으로 예상한다.

2025년경 국제질서는 중국, 인도, 러시아 등 신흥 행위자 등장과 함께 세계화에 의한 경제발전, 인구 증가, 지역적 발전 격차 등으로 더욱 다극화될 것이다. 그리고 새로운 초국가적 안보 어젠더가 등장하는데, 식량, 에너지, 물 등이 고도의 신전략자원으로 등장하면서 이를 둘러싼 각축이 심화될 것으로 전망된다. 그리고 기후변화, 신기술, 에너지 배분 등을 둘러싼 대립도 심화될 것으로 예상된다. 테러, 국제 갈등 및 대량살상무기(WMD) 확산은 여전히 중요한 국제안보의 문제로 남을 것이다. 또 세계화에 따른 양극화의 결과, 테러조직은 존속할 것이다. 첨단기술의 손쉬운 획득으로 이들의 테러역량도 강화될 것이다. 하지만 이념적 대결은 사라지고 세계화의 후유증과 글로벌 세력판도 변화에 따른 이유로 인한 갈등이 주된 갈등의 원인이 될 것이다.[3]

이러한 분석에서 공통적으로 지적되는 것은 미국 패권의 상대적 약화와 중국의 부상이다. 글로벌질서의 변화는 현재진행형이다. 미국의 위상 변화는 2008년부터 시작된 글로벌 금융위기가 길어지면서 기축통화로서 달러의 위상이 흔들리는 양상으로까지 이어지고 있다.

2009년 4월 2일 G20 금융정상회담에서도 미국의 리더십은 과거에 비해 상대적으로 약화되었다는 징후를 엿볼 수 있었다. G20 금융정상회담에서는 경기부양 공조를 강조하는 미국과, 금융위기 방지책 마련을 더 중시하는 유럽 간에 1차 대립각이 형성되었다. 여기에 2조 달러의 외환보유액을 지렛대 삼아 국제무대에서의 영향력을 확대하려는 중국 변수가 개입되면서 공감대 형성을 어렵게 했다.

미국은 애초 G20 정상회담을 세계적 경기부양 공조 합의를 이끌어내는 장으로 활용하려고 했다. 미국 경제의 몰락이 세계적인 무역 위축으로 이어지는 만큼, 세계 각국이 공격적인 재정 지출로 내수진작책을 펴 수요 창출에 협조해 줄 것을 희망했다.

그러나 독일이 회담 참석에 앞서 더 이상의 추가 경기부양에 반대 의사를 밝혔고, 중국은 달러 기축통화체제에 의문을 제기하며 비협조적인 자세를 보였다. 전통적 우방인 일본 등이 미국의 입장을 헤아려 세계 각국에 보다 적극적인 경기부양책을 촉구하는 목소리를 냈지만, G20 멤버의 다수를 형성하는 유럽을 설득하기에는 역부족이었다.[4]

이러한 에피소드들이 말해주는 것은 오늘날 국제질서의 변화 속에는 미국 패권의 상대적 위축, 나머지의 부상 국제질서의 복합화 등 좀 더 근본적인 구조 조정이 진행되고 있다는 사실이다.

다음 몇 개의 표에서 제시하는 것은 GDP 등 국력의 대표적인 지표를 통해 본 국제 위계질서의 변화 전망이다.

자료의 자료와 추계 방식은 다르지만 대체로 이들 자료가 공통적으로 지적하는 것은 국제질서에서 미국의 비중은 서서히 줄어드는 반면 중국, 인도, 브라질 등 신흥부상국들의 약진이 두드러진다는 점이다. GDP 총량으로 보면 대체로 2030년경이면 중국의 경제규모

순위	2007년	2030년	2050년
1	미국	중국	중국
2	일본	미국	미국
3	독일	인도	인도
4	중국	일본	브라질
5	영국	브라질	러시아
6	프랑스	러시아	인도네시아

자료: Goldman Sachs Paper, No. 170, 2007.7

» [표 3-2] The World 2050의 GDP 예상(미국을 100으로 했을 때의 비교 순위)

순위	국가	대미지수	순위	국가	대미지수
1	중국	129	9	독일	14
2	미국	100	10	영국	14
3	인도	88	11	프랑스	14
4	브라질	26	12	터키	10
5	일본	19	13	캐나다	9
6	러시아	17	14	스페인	9
7	멕시코	17	15	한국	8
8	인도네시아	17	16	호주	6

자료: John Hawksworth and Cordon Cookson, The World 2050, March 2008

가 미국을 추월해 세계 1위로 등극할 전망이다.

이러한 자료들이 예시하듯이, 미국 패권의 상대적 위축이 가시화되면서 국제질서의 근본적 변화가 올지 다양한 논쟁이 전개되고 있다. 일각에서는 중국의 부상으로 G2 시대의 도래를 예고하지만, 다

국가	2000 년	2005 년	2010 년	2015 년	2020 년
미국	8,955.0	10,399.0	12,399.0	14,577.0	16,851.0
일본	3,092.0	3,501.0	3,868.0	4,219.0	4,627.0
중국	4,633.0	5,920.0	7,642.0	9,988.0	12,965.0
러시아	1,047.0	1,182.0	1,332.0	1,502.0	1,666.0
독일	1,887.0	2,032.0	2,342.0	2,710.0	3,016.0
프랑스	1,331.0	1,486.0	1,738.0	2,027.0	2,343.0
영국	1,271.0	1,461.0	1,711.0	1,983.0	2,334.0
이탈리아	1,233.0	1,305.0	1,429.0	1,558.0	1,686.0
인도	2,127.0	2,596.0	3,204.0	4,030.0	5,060.0
브라질	1,153.0	1,249.0	1,403.0	1,601.0	1,821.0
한국	744.9	877.6	1,194.0	1,618.0	2,101.0
북한	20.3	24.3	27.0	30.7	33.8

자료: International Futures Model, 〈Basic Report〉
http://ifsmodel.org/frm_Basicreport.aspx.

른 한 쪽에서는 앞으로 상당 기간 중국이 세계의 최강자가 될 가능성은 없다는 분석을 내놓기도 한다.

예를 들면 독일 시사주간지 〈디 차이트(Die Zeit)〉의 발행인 요제프 요페는 〈포린 어페어즈〉 기고문에서 미국의 패권 쇠퇴설을 10년마다 되풀이되는 근거 없는 유행이라고 일축했다. 그는 미국의 힘과 사명감을 대신할 수 있는 나라는 없다는 현실엔 변함이 없다며 이런 미국을 '디폴트 파워(default power)'라고 규정했다. 즉, 미국은 국제질서의 기본 축인 만큼 미국을 빼놓고는 아무것도 논할 수 없음을 강조한 것이다.

요폐에 따르면 그간 미국 쇠망론은 약 10년을 주기로 유행했다. 소련이 미국을 제치고 세계 최초의 인공위성 스푸트니크 1호를 쏘아 올린 1957년, 리처드 닉슨 대통령과 헨리 키신저 국가안보보좌관이 미·소 양강 시대를 대신할 5강 체제의 도래를 전망한 1960년대 후반, 지미 카터 대통령이 TV 연설에서 느닷없이 미국은 신뢰의 위기에 빠졌다고 해 국민들을 충격에 빠뜨린 1979년, 폴 케네디 교수가 저서《강대국의 흥망》에서 미 제국의 쇠퇴를 예고한 1987년이 그랬다. 그후 또다시 쇠망론은 부시 행정부 말기부터 다시 유포되기 시작했다.

그러나 미국의 쇠락을 뒷받침할 실질적인 근거는 찾기 힘들다는 것이 요폐의 지적이다. IMF(국제통화기금) 집계에 따르면, 월스트리트 발 금융위기로 미국 5대 투자은행 중 3개가 쓰러진 2008년에도 미국의 GDP는 14조 2,646억 달러로 2위 일본(4조 9,238억 달러)의 약 3배를 기록했다. 군사력은 비교 자체가 무의미할 정도다. 제해권의 척도인 해군 총 톤 수(함정들의 배수량을 다 합친 것)를 계산하면, 미 해군은 312만 1,014톤으로 13개국(2~14위) 해군의 총 톤 수 합계를 넘어선다.

스톡홀름 국제평화문제연구소(SIPRI)에 따르면 2008년 미국은 국방비로 6,070억 달러를 썼다. 전 세계 국방비의 약 40%에 해당하는 이 액수는 2~10위 국가들의 국방비를 다 합친 것(4,767억 달러)

보다 많았다. 요페는 중국의 부상이 미국을 위협한다는 주장에 대해서도 회의적이다. 무엇보다 중국은 부유해지기 전에 늙어버릴 것이라고 요페는 내다봤다. 유엔 '세계인구 전망'에 따르면 중국의 중위연령(인구를 일렬로 세웠을 때 정가운데 위치한 사람 나이)은 2005년 현재 33세에서 2050년 45세로 급격히 높아질 전망이다. 반면 미국의 중위연령은 2050년에 41세로 강대국 중 가장 젊어질 것으로 예측된다.[5) 거기에 각종 소프트 파워까지 감안하면 중국이 미국을 추월한다는 것은 상상하기 어렵다.

일단 중국인들 자체가 G2 시대의 도래를 달가워하지 않는다. 물론 중국 사회 일각에서는 중국이 이미 세계적 강대국의 반열에 올랐다는 민족주의적 해석도 나오기 시작한다.[6) 하지만 아직까지 대체적인 논조는 G2 시대를 음모론적 시각에서 보는 것이 일반적이다. 예를 들면 원자바오 중국 총리는 2010년 5월 31일 일본 도쿄에서 가진 일본경제단체연합회(경단련) 초청 오찬 연설에서 "사실대로 말하면 일본의 1인당 GDP는 4만 달러로 중국의 3,700달러와 비교해 차이가 크다. 중국 중서부는 여전히 낙후돼 있다. 중국이 중등(中等)국가가 되는 데는 수십 년, 선진국이 되려면 100년은 걸린다"고 말했다. 이어 원 총리는 "이는 겸허가 아니고, 중국의 사정을 잘 알기 때문에 이렇게 얘기하는 것"이라며 "중국의 경제 발전은 누구에게도 위협이 되지 않을 것이며 일본에도 유리할 것으로 생각한다"고 덧붙였다.

» **[표 3-4] 국가별 GDP 점유율** (단위: %)

국가	2009년	2030년
중국	8.3	23.9
미국	24.9	17
일본	8.8	5.8
인도	2.2	4.0
독일	5.7	3.1
영국	3.8	2.9
기타 아시아 국가(중, 일 제외)	5.4	6.8
기타	40.9	36.5

자료: 일본 내각부 자료(〈동아일보〉, 2010.05.31)

[표 3-4]에 인용한 일본 내각부의 '세계 경제의 조류' 보고서에 따르면 2009년 세계 GDP에서 차지하는 일본과 중국의 비중은 각각 8.8%와 8.3%로 차이는 근소하다. 1위 미국은 24.9%였다. 하지만 2030년에는 중국이 23.9%로 높아져 일본의 예상치 5.8%의 4배나 되고 미국(17.0%)도 제치고 1위가 될 것으로 예측했다.

국제통화기금(IMF)에 따르면 2009년 중국의 GDP는 4조 9,089억 달러(추정치)이고 일본은 5조 680억 달러다. 2010년 4월 IMF가 발표한 2010년 성장률 전망치는 중국이 10.0%, 일본은 1.9%였다. 2010년 중국의 일본 추월은 불 보듯 뻔한 셈이었다. 그럼에도 중국은 '자세 낮추기'로 일관한다. 심지어 글로벌 금융위기 이후 등장한 'G2'라는 용어에는 거부감마저 드러낸다. 중국 정부 관계자나 일부

학자는 "중국은 아직 '세계 최대의 개발도상국'으로 G2는 부적절한 표현"이라며 "(이는 중국을) 강대국으로 치켜세워 대국의 책임만 지우려는 음모"라고 말한다.[7]

따라서 G2 시대 논란의 실체를 정확히 이해하려면 중국의 부상을 보는 객관적인 시각을 정립할 필요가 있다.

중국의 부상은 현실인가, 혹은 허구인가? 중국의 부상은 미국의 패권을 대신할 것인가? 중국의 몸 낮추기는 웅크린 호랑이의 실체를 감추기 위한 엄살에 불과한가?

지금의 국제질서에서 글로벌 변화의 두 동인은 미국 패권의 위기와 중국의 부상이라는 데 이견은 없어 보인다. 문제는 중국의 부상이 얼마나 빨리 이뤄지고, 그에 따라 미국의 패권이 얼마나, 그리고 어디까지 쇠퇴할 것인가 하는 점이다. 중국은 빠른 속도로 미국의 경제적 위상을 추격하는 중이다.

고전주의 경제학의 태두인 아담 스미스는 오래 전에 세계 문명 간 평등에 기초한 세계시장사회가 실현될 것이라고 예언했었다. 글로벌 경제의 교류 확대와 심화는 결국 서구사회와 비서구사회 간에 균형자 역할을 하리라는 것이다.[8]

다른 필자는 유럽이 과거라면, 미국은 현재이고, 중국이 지배하는 아시아가 인류사의 미래라고 지적한다.[9]

이런 언급들에 따르면 비록 동서양의 발전경로는 다르지만, 결국 세계화 시대에 가장 역동적인 중국이 세계무대에 전면에 나서게 된 것은 결코 우연이 아니다. 부시 행정부는 9·11 테러 이후 네오콘식 사고에 사로잡혀 이라크전쟁에 매달리느라 중국을 견제할 기회를 잃었다. 반면 이라크전쟁은 오히려 중국의 정치·경제적 확대를 용이하게 해주었다.[10]

중국의 부상은 어찌 보면 새로운 현상이라기보다는 과거의 정상적 지위를 되찾는 과정이다. 중국은 1978년 현재 세계인구의 20%를 차지했다. 중국의 GDP는 과거 2,000년간 세계 GDP의 22~33%를 차지하다가 19세기 후반과 20세기 초에만 비중이 급감해 1950년에 4.5%를 기록했다. 그러다가 1990년 5.61%, 2000년 11.01%, 2005년 14.39%, 2007년 15.83%로 중국의 비중이 회복되는 중이다.[11]

하지만 이러한 경제력이 자동적으로 국제 관계의 영향력으로 치환되지는 않는다. 중국의 힘을 강제력(coercive power), 보상력(remunerative power), 이념력(ideational power) 등으로 구분해 볼 경우, 중국이 국가전략적 차원에서 주력하는 분야는 주로 경제력과 소프트 파워다. 중국의 대외전략은 종합국력(CNP, comprehensive national power)의 신장을 중시하며, 종합국력의 배양에 유리한 대외환경을 유지하는 데 중점을 둔다. '도광양회'나 '조화세계론'을 내세우는 것은 바로 이런 이유 때문이다.

중국 대외전략의 핵심은 해외에서의 협력적 관계 형성(특히 미국과)이며, 동시에 경제력을 중요시한다. 또한 강대국이 되기 위해서는 소프트 파워를 배양하는 것이 중요하다고 생각한다. 그리고 미국

을 견제하기 위해서는 다자적 협력과 세계여론을 잘 활용하고, 이념
력을 강화함으로써 영향력 있는 국가가 되어야 한다는 인식을 갖고
있다.[12]

중국의 성장을 총량 규모로만 파악하는 것은 사실의 정확한 이해
에 도움이 안 된다. 그것이 바로 전 중앙당교 상무부교장 쩡삐젠(鄭
必堅)의 곱하기와 나누기 문제다. 즉, 아무리 작은 문제도 13억으로
곱하면 큰 문제가 되고, 아무리 큰 문제도 13억으로 나누면 하찮은
문제가 된다는 것이다. 중국인들은 흔히 중국의 약함을 강조할 때는
1인당 수치를 제시하고, 중국의 강함을 강조할 때는 총량을 제시한
다. 이렇게 본다면 "중국은 강하면서 약하고, 부자면서 가난하다"는
것이 정확한 실상이라 할 수 있다.[13]

이상의 논의들을 종합해 보면, 물리적 국력의 크기로 보건 국력
지수로 보건, 미래 국제질서에서 힘의 위계질서는 대략 미국을 정점
으로 중국, 인도, 일본, 독일 등이 뒤를 잇고 프랑스, 영국, 이탈리아,
러시아, 한국 등 유라시아 국가들이 중요한 행위자가 될 것으로 전
망된다.

좀 더 정확한 예측을 위해서는 이러한 단순 국력 비교와 더불어
국가의 물리적 힘(하드 파워)과 매력(소프트 파워)의 대비를 위한
지표들을 고려할 필요가 있을 것으로 보인다. 예를 들면 현 국제사
회에서의 지식네트워크의 장악력, IT 관련 지표들(서버 점유율, 인
터넷 인구, 전자상거래 비중 등), 과학저널 출판물 수의 국가·지역별

분포 등이 이에 해당할 것이다.

지금으로서는 국제질서를 전망하는 대부분의 연구들이 미국의 패권이 유지될 것으로 전망하고 있다. 미국은 2020년에도 하드 파워와 소프트 파워 면에서 우월한 지위를 유지할 것으로 전망된다. 적어도 2050년까지 미국의 패권은 유지될 것으로 전망하고 있으며, 2050년 이후는 중국의 국력이 미국에 도전할 정도로 강해지면서 중국은 새로운 국제질서를 창출하기 위해 미국에 도전할 가능성을 배제할 수 없다.

그러나 이러한 경쟁은 2050년 이후에나 발생할 것으로 예상된다. 일례로 NIC 추산에 의하면 중국은 2015년경 일본을, 2040년경에는 미국의 GDP 총량을 넘어설 것으로 전망된다. 인도의 경우는 2030년 이후에야 일본 GDP를 따라잡을 것으로 예측된다.[14]

또한 국제질서에서 전략적 이해를 공유하는 국가들 간의 연합 관계까지 고려할 경우 미국을 정점으로 하는 국가 간 연합이 적어도 상당 기간 압도적 우위에 서서 국제질서를 이끌어가는 것이 가장 가능성이 높은 시나리오다. 즉, 미국, 일본, 영국, 호주 등 미국의 전통적인 우방 및 반테러 연대를 통해 구축된 연합세력(coalition forces)이 밑에서 치고 올라오는 중국, 인도, 러시아, EU 등을 견제하면서 국제질서를 주도할 것이다.[15]

미국의 동아시아정책과 대중정책

미국의 대아시아 정책에서 가장 중요한 부분은 역시 대중국 정책이다. 오바마 행정부는 중국의 부상이 향후 수 년간 미국의 외교에 가장 중대한 도전요인이 될 것으로 보며, 미·중 관계가 미국의 가장 중요한 양자 관계라고 인식하고 있다. 그러한 중국을 대하는 최선의 방법은 중국을 국제체제 속으로 더 깊이 끌어들여 정치, 경제, 환경, 안보 등 전 분야에서 공동의 목표를 추구하는 것이다.

오바마 행정부의 대중국관은 실상 부시 2기와 크게 다르지 않아 보인다. 미국은 부시 2기 행정부 때 이미 중국을 '책임 있는 이해상관자(responsible stakeholder)'로 규정했다.[16] 중국 또한 전면적 소강사회(小康社會)를 달성하기 위해 안정된 주변 환경을 필요로 하며, 그 관건이 바로 미국과의 평화로운 관계설정이라고 보고 있다. 더 나아가 국제 사회에서 중국의 발언권 확대를 위해서도 중국은 미국과의 전략적 협조가 자신의 국익에 부합하는 것으로 본다.

결국 미국의 대중국정책 목표는 중국이 미국과 협조적이고 상호이익이 되는 관계를 맺도록 하는 것이며, 글로벌 차원의 이해상관자로서 책임을 다하도록 하는 것이다. 그러기 위해서는 미·중 관계를 '진보적'으로 접근해야 하는데, 그 핵심은 중국을 책임 있는 글로벌 파트너로 인정하고, 현행 국제질서에서 좀 더 큰 지분을 인정하는 것이다.[17]

일각에서는 동아시아에서 세력균형이 안정적이고 미국에 유리한 상황이지만 영향력의 균형(balance of influence)은 서서히 중국 쪽으로 기우는 추세라고 보는 시각도 있다. 대부분의 아시아 국가들은 미국과의 안보협력 관계 유지를 원하면서도 중국의 부상을 주로 경제적인 이유로 놓쳐서는 안 될 기회로 보고 있다. 이런 상황에 미국이 적절히 대응하지 않으면 장기적으로 미국의 국익을 저해할 수 있다. 미국의 영향력을 유지하기 위해서는 중국이 적절히 건설적인 역할을 맡아 주는 것이 중요하며, 그것이 미국의 이익에도 부합한다.[18]

이러한 분석들이 시사하듯이 대체로 미국 조야는 오바마 시대 미국의 대중국정책이 과거에 비해 포용의 측면을 강조하면서도 중국의 책임과 역할증대를 기대하고 있는 것으로 보인다. 미국은 북한 핵무기 개발문제 등과 관련해서는 중국의 지원과 협조가 절대적으로 필요하지만 중국과의 무역불균형문제를 시정해야 하고, 티베트 사태를 포함해 열악한 중국 인권문제도 개선해야 하는 과제도 안고 있다. 미·중 관계는 복잡 미묘하다고 할 수 있다.

미·중 관계의 미래는 분명히 불확실한 요인들을 안고 있다. 지금까지 제기된 많은 논의들은 거의 대부분 중국을 건설적으로 포용(engage)하는 것이 안정된 미·중 관계는 물론 21세기 국제질서에 도움이 될 것으로 전망하고 있다. 중국을 포용하는 것이 중국의 역내 건설적 역할을 유도하고, 미·중 갈등의 가능성을 줄이는 방법이다. 중국을 포용함으로써 아시아에서 유사시 미국의 영향력이 어느 정도 축소될 가능성이 있지만, 그래도 그것이 현명한 선택이라는 것이다.[19]

오바마 정부 출범 이후의 낙관적 전망에도 불구하고 최근 미·중 관계는 그다지 순조롭지 않다. 특히 오바마 정부의 2010년 1월 대만 무기판매 결정을 둘러싼 중국의 반발과 위안화 평가절상문제 등 미국과 중국은 최근 들어 부쩍 갈등의 빈도를 높이고 있다. 양국은 구글(Google)이 중국 정부의 인터넷 검열과 해킹 사건을 이유로 중국 시장 철수를 선언하자 갈등 양상을 보이기 시작했다. 이어 미국의 대만 무기 판매와 오바마 대통령의 달라이 라마 면담문제를 놓고 정면충돌을 향해 달려가더니, 이제는 위안화 절상을 포함 환율문제까지 불거진 상황이다.

전반적인 외교 관계의 기조와는 달리 기본적으로 미국은 중국의 급격한 군사현대화 추세를 우려하고 있다. 중국 군사력 강화에 대한 미국의 시각은 중국이 인도양·서태평양 지역까지 군사전략 영역을 확대하고 있고, 중국과 대만 양안의 경제교류 증가에도 불구, 대만에 대한 군사력 우위를 지속적으로 강화하고 있다는 것이다.

이러한 시각은 미 국방부가 의회에 제출한 《중국의 군사·안보 발전 평가 연례보고서》에 반영되어 있다. 보고서는 특히 중국이 지상발사 미사일, 공격용 핵 잠수함 증강, 항공모함 개발을 추진하고 있고, 군사 프로젝트의 투명성 결여는 오판과 오해를 초래할 가능성을 높이고 있다고 지적했다. 미국은 이러한 평가를 바탕으로 2010년 1월 64억 달러 규모의 대만 무기 판매를 결정했다.

보고서는 이와 함께 중국은 장기적 전략으로 태평양 미 함대까지 도달할 수 있는 장거리 미사일을 개발하는 프로젝트를 포함, 대만 영역을 넘어서는 활동 시야를 바탕으로 군사력 증강을 추진하고 있다고 강조했다. 그리고 보고서는 중국 무기체계와 전개 패턴을 분석한 결과 중국은 이미 군사력 증강을 통해 대만을 넘어서는 비상 상황을 염두에 두고 있는 것으로 파악됐다고 밝혔다.

과거 중국의 전통적인 군사전략은 일본 오키나와 열도와 베트남 동쪽의 남중국해 일대까지를 염두에 둔 군사적 역량 개발에 초점을 맞췄지만, 중국의 군사 전략가들은 활동 범위를 일본 본토와 필리핀·괌까지를 포함한 영토까지 확대시키고 있다고 보고서는 소개했다. 국방부 보고서는 중국이 과거에 비해 군사력 투명성이 약간 나아지긴 했지만 총체적으로 투명성이 결여된 상태이기 때문에 역내 불확실성을 증폭시키고 오해와 판단착오를 낳을 수 있다고 우려를 표했다. 지금 중국 인민해방군은 과거의 낙후된 군대가 아니라 정보화(informatization)와 기계화(mechanization)에 주력함으로써 첨단 정보기술과 산업기술로 무장한 현대화된 군으로 거듭나고 있다는 것이 미국의 평가다.[20]

미국은 중국이 군사현대화 프로그램 중에서도 접근불능(anti-access) 및 지역거부(area-denial)에 중점을 둔다고 평가한다. 2010

년 2월에 발표된 오바마 행정부의 〈4개년국방검토(QDR)〉 보고서는 지역정세와 관련해 전진배치, 재래식 전력, 핵 억지 등을 포함하는 '지역별 맞춤형 억지체제(regionally tailored deterrence architecture)'를 강조했다.[21]

'맞춤형 지역억지'는 단순히 핵확장 억지만 중요한 게 아니라 핵과 재래식 전력, 정치, 외교, 경제 등 모든 수단을 활동한 포괄적 지원을 강조한 개념이다. 이러한 지적은 그동안 미국이 아시아로부터 발을 빼지 않을까 우려해온 아시아 동맹국들에게는 좋은 메시지이지만, 미·중 관계 측면에서는 우려의 소지가 있다.

이번 QDR은 동아시아에 대한 미 군사력의 현시가 중요하다는 점을 분명히 밝히고 있다. 이는 미국이 급부상하는 중국의 군사력 앞에서 물러설 의도가 없다는 점을 분명히 한 것이다. QDR에서 '접근불능(anti-access)' 혹은 '지역거부(area-denial)'라고 표현된 부분은 중국이 동아시아에서 유사시 미 군사력의 접근을 거부할 능력을 이미 갖췄다고 보는 인식을 나타낸 것이다. 그렇기 때문에 미국이 전진 현시와 군사력 투사작전에 충분한 해군력을 구비해야 한다고 지적하고 있는 것이다.[22]

중국은 항모공격용 미사일 개발을 적극 추진하고 있다. 지금 중국이 집중하고 있는 대함탄도미사일(ASBM, Anti-Ship Ballistic Missile) 프로그램에서 핵심은 둥펑21-D(DF-21D, 서양 분류명칭 CSS-5)이다.[23] 이와 병행해 킬로급, 송(宋)급, 위안급, 샹급 공격잠

수함 전력, 뤼양 I·II, 소브레메니-II 유도미사일 구축함, FB-7, FB-7A, SU-30 MK2 등 대함공격용 미사일을 장착한 해상공격용 전투기 등을 집중 강화하고 있다.[24]

한·미 연합훈련을 반대하면서 중국이 황해를 자신의 '근해(coastal waters)'라고 규정한 것에 대해서도 미국은 부적절한 것으로 평가하는 시각이 지배적이다. 예를 들면 CSIS 퍼시픽포럼의 랄프 코사 회장은 한·미 연합훈련이 순전히 대북 메시지용으로 계획되었지만 중국의 불필요한 과잉반응 때문에 결국 항모가 동원되고, 서해상 훈련까지 고려되었다고 지적한다. 즉, 애초에 한·미 양국은 중국을 염두에 두지 않았지만 중국이 자신의 '근해'에 외국 항모가 진입하는 것을 '결단코 반대한다(堅決反對)'는 입장을 표명한 후, 미국으로서는 중국의 압력에 굴복하는 것으로 비치지 않기 위해서라도 서해상 훈련을 결정하지 않을 수 없었다는 설명이다.[25]

중국의 대미정책

중국의 대미 관계 설정 역시 갈등과 협력의 공존을 상정하지만, 대체로 갈등보다는 협력에 방점을 두고 있다. 21세기 중국의 대전략 목표는 지속적인 경제성장을 위해 국내외적 균형을 유지하면서 경제발전에 도움이 되는 우호적 대외환경을 조성하는 것이다. 중국은 경제력 성장과 더불어 군사력을 포함한 종합국력을 배양하고, 이를 기초로 국가의 통일과 아울러 책임 대국으로서 전지구적·지역적 질서 수립에 적극 참여하고자 한다.

2002년 중국공산당 제16차 당대회에서 후진타오체제가 출범하면서 천명된 중국의 종합국력 증대 목표가 2007년 제17차 당대회에서 재확인되었다. 주요 내용은 2020년까지 국내총생산을 4배로 늘려서 소강사회(小康社會)를 최우선적으로 건설하겠다는 것이었다. 소강사회는 기본적인 먹고 사는 문제를 해결한 상태를 말한다. 중국 개혁·개방 30주년을 맞아 후진타오 주석이 2008년 12월에 행한 연설에서는 당 창건 100주년인 2021년까지 중국 인구 10억 명이 높은 수준의 혜택을 누리는 고도의 소강사회(高水平的小康社會)를 건설하고, 중화인민공화국 건국 100주년인 2049년에는 부강하고 민주적이며, 문명화되고, 조화로운 현대화된 사회주의국가(富强民主文明和諧的社會主義現代化國家) 건설을 목표로 언급했다.[26]

중국의 부상과 더불어 내부적으로는 두 가지 우려가 지속적으로 제기된다. 첫째, 중국의 물질적 성장과 정치적 기대수준 상승이 진행될수록 사회적 안정이 유지될 것인가? 둘째, 중국이 강해질수록 기존 강대국들이 중국을 견제하려는 움직임이 나타나지 않을까? 두 번째 질문에 대한 해답이 바로 화평굴기론이다.

화평굴기론이 처음 등장한 것은 2003년 4월 중국의 하이난다오(海南島) 보아오(博鰲)에서 열린 포럼에서 전 중앙당교 상무부교장

이던 쩡삐쩬이 평화부상의 과제연구인 '중국평화부상의 새로운 길'
의 기본방향을 소개하면서부터다. 이 연설에 근거해 같은 해 10월
원자바오 총리가 방미 기간 중에 중국은 평화부상의 길을 걷는다는
방침을 밝혔다. 후진타오 주석도 중앙정치국 학습회의에서 중국은
평화부상과 독립자주의 외교방침을 견지한다고 선언했다. 뒤이어
2004년 4월 보아오 포럼에서 후진타오 주석은 중국 부상을 중국위
협으로 간주하는 외부의 오해를 바로잡기 위해 화평굴기론을 '평화
발전(和平發展)론'으로 제시했다.[27]

비슷한 시기에 중국의 후진타오 주석은 소위 '3린'의 대외정책을
발표했다. 3린정책(三隣政策)은 목린(睦隣), 안린(安隣), 부린(富
隣), 즉 이웃국가들과 선린 관계를 유지하고, 주변정세의 안정을 유
지하며, 주변국들과의 공동발전을 추구하는 것을 골자로 한다. 이
정책은 중국 대외정책의 기조로서 지금까지 유지되고 있다.

중국의 대국을 향한 굴기(崛起)와 인식의 변화는 최근 한반도는
물론 동중국해를 자신의 '핵심이익'으로 규정하는 데서 잘 드러난
다. 중국은 천안함 사태를 계기로 기존의 도광양회(韜光養晦)를 벗
어나 자신의 텃밭에서 본격적인 목소리를 내겠다는 '유소작위(有所
作爲)'로의 전환을 꾀하고 있다. 중국 〈인민일보〉 자매지인 〈환구시
보(環球時報)〉는 한·미 연합훈련을 계기로 작심한 듯 연일 자극적인
제목으로 딴지를 걸었다. 이에 편승한 일부 네티즌들은 혐한(慊韓)
감정을 숨기지 않았다.

〈환구시보〉가 최근 보도한 설문조사 결과에서 압도적 다수의 중국 네티즌들은 "한국의 배후에는 미국이 있어 중국과 조화를 이룰 수 없는 만큼 중국이 한국에 단호한 입장을 취해야 한다"든지, "모른 체 하고 참는다면 한국은 점점 더 오만해질 것"이므로 "한국에 분명한 교훈을 줘야 한다" 등의 격한 반응을 보였다.

중국 네티즌들은 "한국과 북한 중 어디를 좋아하느냐"는 질문에 74%(5,611명)가 북한, 26%(1,963명)가 한국이라고 대답했다. "한국을 압박해야 하느냐, 끌어들여야 하느냐(中國對韓國應該打壓還是拉攏)" 하는 질문에는 2만 명 이상이 투표에 참여, 95%가 압박해야 한다(2만 1,255명)고 응답했다. 반면, 끌어들여야 한다(1,244명)는 대답은 5%에 불과했다.[28]

〈환구시보〉는 간 나오토 총리의 한일합방 100주년 담화에 대해서도 왜 한국에게만 사과하느냐고 불만을 늘어놓았다.

군사적으로도 중국은 본격적인 대결 태세를 감추지 않는다. 인민해방군은 중국 동해(상하이와 저장성 앞바다)의 모 해역에서 2010년 6월 30일~7월 5일까지 실탄사격 훈련을 실시했다. 이 훈련에는 많은 해군 함정과 전투기들이 참여, 현대 전자전과 합동작전 능력을 시험한 것으로 알려졌는데, 중국 인민해방군은 자국 기자들을 함정에 불러 생생한 훈련장면 사진을 세계에 보도하게 했다.

이로부터 2주가 채 되지 않은 2010년 7월 17~18일, 중국은 산둥(山東)성 옌타이(烟台) 앞바다에서 '전시해상병력 및 무기수송훈련'

을 벌였다. 제남(濟南)군구와 교통운수부 북해(北海)구조국이 공동 실시한 이 훈련은 중국의 해상수송선대가 적의 장거리 공격을 받은 상황을 가정하고, 4대의 구조헬기와 4척의 구조선이 전속력으로 현장에 도착해야만 하는 최단시간 내에 이들을 구조하는 훈련이었다. 2009년까지만 해도 항공모함이 포함된 한·미 군사훈련에 대해 '일언반구'도 하지 않았던 중국이 2010년 들어 전례 없이 강하게 반발함에 따라 서해에 '신냉전의 파고(波高)'가 높아지고 있다. 게다가 이 과정에서 중국 언론은 한국을 향해 '협박성 발언'을 서슴지 않아, 수교 후 18년간 교역규모 1,400억 달러에 '전략적 동반자 관계'라는 명칭까지 붙은 한·중 관계가 크게 흔들렸다.

중국의 강경한 여론을 주도하는 것은 주로 공산당과 인민해방군 의사를 대변하는 군 출신 인사들이다. 현지 언론보도를 보면 중국은 자신들의 군사훈련은 '정당한 것'인 반면, 한·미 군사훈련은 '부당한 것'이라고 주장한다. 예를 들면 중국 군사과학원 세계군사연구부 부부장인 뤄웬(羅援) 소장은 〈중국청년보〉에 쓴 글에서 한·미 군사훈련에 중국이 민감하게 반응하는 5가지 이유를 다음과 같이 설명했다.

"첫째, 서해안은 우리가 편히 잠자는 침대 바로 옆이다. 낯선 자가 자기 집 앞에 와서 소란을 피운다면 참을 수 있겠는가? 더구나 서해는 1894년 청·일전쟁 이래 역사의 상처가 있는 곳이다. 둘째, 우리가 참을 수 있는 한계가 어디까지인지 알려줌으로써 위기를 예방하려는 것이다. 셋째, 미국 항공모함 조지워싱턴함의 작전 반경은 600㎞, 함재기는 1,000㎞ 이상에 달해 수도 베이징을 포함한 허베이 지역과 랴오둥 반도 대부분을 위협한다. 넷째, 천안함 사건으로 위기가 고조된 한반도에 (한·미 군사훈련은) 기름을 붓는 격이다. 다섯째, 미·중 관계의 큰 틀을 유지하기 위함이다. 우리는 동해와 남해에서 고강도 근접 정찰을 실시하는 미국에 '신중함'을 요구하는 것이다."[29]

중국 국방대학 전략연구소의 양이(楊毅) 해군 소장은 미 해군이 서해에서 대잠수함 훈련을 강행하는 것은 중국 국익에 대한 도전이자 중국 인민들에 모욕을 주는 처사라고 강하게 비판했다. 그는 "중국 해군은 대양(大洋) 해군으로 나갈 수밖에 없으며, 미국은 해상 패권 이데올로기에서 벗어나야 한다"고 주장했다.

양 소장은 반관영 통신사인 중국신문사와 인터뷰에서 "해군을 포함한 중국의 군사력은 필연적으로 강대해질 수밖에 없다"며 사실상 미국이 중국의 대양해군을 용인할 것을 주문했다. 양 소장은 '대양해군 중국'에 대해 "국가이익은 물론 지역과 세계의 평화와 번영에 기여한다"며 "그러나 중국은 패권을 차지하겠다는 생각은 없다"고 강조했다. 대양해군이란 세계 어느 지역에서든 독자적인 군사 작전을 펼칠 전력을 보유한 해군을 뜻한다.[30]

군과 당의 강경한 기조에 대해 외교부와 연구기관을 중심으로 조심스런 비판을 제기하기도 한다. 예를 들면 중국현대국제관계연구원(CICIR)의 다웨이(達魏) 미국연구소 부소장은 중국의 핵심이익을 자의적으로 확대 해석하는 것을 반대하며, 핵심이익을 최소한으로 해석하는 최소주의적 정의(minimalist definition) 입장을 취해야 한다고 주장한다.[31]

또한 중국의 핵심이익을 너무 빨리 밝힌 것은 중국 국익에 오히려 역행하며, 핵심이익에만 집중하다가는 기타 이익을 소홀히 하게 될 우려가 있다는 비판도 제기된다. 이에 따르면 중국의 국력이 강해지면 자연스럽게 핵심이익의 리스트도 길어질 것이라고 예상한다.[32]

베이징 런민대학교 팡종잉(庞中英) 교수는 동중국해·남지나해문제는 다자적으로 풀어야 한다며, 이를 강압적으로 해결하려고 들면 타국에게 중국을 공격할 구실만 준다고 주장한다.[33]

중국이 한반도문제를 기화로 미국과 대립각을 세우는 이유는 한반도에 대한 중국의 배타적 이익을 미국이 침해하기를 원하지 않는다는 신호로 볼 수 있다. 중국의 패권주의적 반전은 결국 숙명적인 '강대국 국제정치의 비극'으로 해석할 수 있다.

중국 공산당 기관지인 〈인민일보〉는 국제무대에 대국으로 등장한 중국을 미국이 받아들일 준비가 돼 있느냐고 도발적인 질문을 던졌다. 그리고 중국을 대국으로 받아들일 방법을 찾지 못하면 세계, 특히 동아시아가 불안정해질 수 있다는 경고도 덧붙였다. 이제 중국은 세계가 자신을 강대국으로 인정해주기를 원하고 있는 것이다.

동아시아 시대 도래 의미와 전략환경 평가

이상의 추이를 종합해 보면, 글로벌 질서의 추세는 뚜렷하게 미·중 양강 시대를 향하고 있다. 우리가 원하든 원하지 않았든 간에 글로벌 파워게임의 양상은 미국의 단극 패권시대에서 미·중 양강 시대로 서서히 옮아갈 것이다. 중국의 부상은 피할 수 없는 현실이다. 문제는 중국의 부상이 그다지 평화적일 것 같지 않다는 데 있다. 특히 동북아에서 말이다.

천안함 사태에서 보듯이 미·중 갈등 국면에서는 한국의 국익이 제약받을 수밖에 없다. 얼마 전 중국 공산당 기관지인 〈인민일보〉는 국제무대에 대국으로 등장한 중국을 미국이 받아들일 준비가 돼 있느냐고 도발적인 질문을 던졌다. 그리고 중국을 대국으로 받아들일 방법을 찾지 못하면 세계, 특히 동아시아가 불안정해질 수 있다는 경고도 덧붙였다.

천안함 사태 이후 미·중 긴장과 갈등의 구조는 새로운 우려를 낳고 있다. 천안함 사태를 일단락 지은 안보리 의장성명은 한반도를 둘러싼 안보환경의 본질이 아직도 냉전 시대와 크게 다르지 않다는 점을 여실히 보여줬다. 특히 한반도에 대한 중국의 의도를 정확히 이해하는 계기가 됐다면 천안함 사태가 반드시 우리의 외교적 손실로 오는 것만은 아니다. 안보리 성명에서 '북한' 명시를 반대한 중국의 의도는 결국 북한 지역을 자신의 완충지대로 묶어 두려는 의도를 확인해준 것이다.

한때 중국의 일부 전문가나 한국 좌파들은 이명박 정부의 강경한 대북 정책이 냉전적 사고에 기반한 것이라고 비판했는데, 실상 동북아 냉전구조를 유지하게 하는 것은 중국의 대북 정책이라는 점이 드러났다. 뿐만 아니라 중국은 천안함 사태를 계기로 자국의 군사적 위상 강화에 활용하려는 의도를 숨기지 않았다.

천안함 사태는 한반도에 드리운 중국의 그림자를 실감하는 계기가 됐다. 비록 우리에게 큰 희생이긴 했지만 북핵문제 해결도, 동북아의 안정도 중국을 통하지 않고는 풀 수 없다는 사실을 깨달은 것만으로도 큰 수확이다. 동시에 천안함 사태는 한·중 '전략적 협력동반자 관계'의 한계가 무엇인지, 그리고 왜 한·미 동맹이 중요한지를 일깨우는 계기가 됐다.

네트워크 시대, 국가전략의 철학과 인식

국제질서의 변화를 설명하는 데는 다양한 이론적 시각이 있다.

우선 전통적 국제정치 주류이론인 현실주의 입장, 즉 구조적 현실주의와 패권안정이론에서 국가들의 행태에 영향을 미치는 가장 중요한 요인은 국가 간 힘의 배분상태다. 국제 제도와 레짐은 강대국 간 세력균형의 부산물로서, 국제 레짐의 형성은 패권의 존재 유무에 달려있다. 일견 국제제도가 국가들의 행위를 규율하는 것처럼 보이지만 국제제도와 국가 행위는 모두 강대국 간 세력균형의 결과다. 강대국들은 자국의 이익을 국제 관계에 투영시키고 영속화시키기 위하여 국제제도를 만든다.

반면, 소수 강대국을 제외한 여타 국가들은 강대국이 만든 국제제도의 규율 대상일 뿐이다. 절대적으로 우월한 힘을 갖고 있는 패권국이 존재하는 단극체제에서 국제 레짐은 형성되고 유지되지만, 그 패권국의 쇠퇴와 함께 쇠퇴한다고 본다. 따라서 패권국은 소위 '안정자(a stabilizer)'로서 세계 경제체제의 유지에 핵심적 역할을 수행한다.[34]

한편, 제도주의자들은 국제정치의 구조에 집중하는 패권안정이론과는 달리 국제 레짐이 제공하는 긍정적 기능과 효과를 강조한다. 이들은 이기적이고 합리적인 국가들이 제도적 효용을 얻기 위해 국제 레짐을 형성하고 유지한다는 기능주의적 접근법을 취한다.[35] 따라서 다자주의의 특정 형태보다는 국가 간 협력을 저해하는 거래비용과 정보비용을 감소시키는 데 있어서 제도의 긍정적 효과를 강조한다. 즉, 국제제도의 형성 주체는 공통의 이익을 공유한 여러 국가들이다. 이들은 국가들의 무임승차로 인한 시장실패를 극복하기 위한 방편으로 국제제도를 창출한다.

국제제도 창설을 위한 국제협력에 동참하는 국가들의 숫자가 임계점을 넘기만 하면, 국제제도는 형성될 수 있다. 이 임계점은 소수 국가의 연합(k-group)이나 패권국의 참여로 충족될 수 있다. 따라서 국제제도는 주요 국가 간 제도의 필요성에 대한 공감대가 형성돼 있는 상황에서 패권국이 아닌 국가들의 협력으로도 충분히 만들어질 수 있다. 또한 일단 형성된 국제제도는 이후 국가 행위에 영향을 미쳐 국제협력이 지속되고 확산될 수 있도록 한다.

마지막으로, 최근 각광을 받고 있는 네트워크 권력론 시각은 21

세기 국제질서의 새로운 속성인 네트워크화에 초점을 맞춘다. 네트워크는 '이로운 협력을 가능케 하도록 서로 연결된 행위자들의 집합'으로 정의된다.[36] 이때 네트워크의 중심 요소는 표준(standard)이다. 표준은 한 네트워크에 속하는 구성원을 서로 연결하는 특정 방식으로서, 구성원 간 협력을 촉진하는 공유된 규범 또는 관행을 의미한다.

네트워크권력은 특정 네트워크의 표준이 그 네트워크 구성원 또는 비구성원에 대해 미치는 영향력이다.

이 네트워크권력의 크기는 세 가지 요인에 의해 좌우된다.

먼저 네트워크에 참여하는 행위자의 숫자다. 네트워크 효과는 표준을 공유하는 행위자, 즉 구성원이 많을수록 크다. 동일한 표준을 통해 더 많은 사람들 간의 협력이 가능해짐에 따라 그 네트워크가 더욱 매력적이 되기 때문이다.

두 번째, 네트워크권력 결정요인은 그 네트워크가 얼마나 바람직한가(desirability)다. 즉, 각 네트워크가 표방하는 목적이 얼마나 효과적으로 달성되는가의 문제다. 특정 목적 달성에 효율적인 네트워크는 그것의 내생적 가치가 크다는 것을 의미하며, 다른 국가들의 신규 가입을 자극하는 역할을 한다.

마지막으로, 네트워크에 참여하는 구성원의 중요성(significance)이다. 어떤 표준이나 네트워크가 상대적으로 강력한 국가들을 구성원으로 할 경우 외생적 네트워크 효과가 커진다. 즉, 그 네트워크에 아직 가입하지 않은 약소국들은 그 네트워크의 표준을 수용하거나 네트워크로부터 배제되는 비용을 감수해야 하는 선택에 직면하게 된다. 강대국으로 구성된 네트워크가 갖는 권력적 측면이다.

결론적으로, 네트워크는 특정 표준 또는 규칙을 공유하는 행위자들 간의 연결 상태를 의미한다. 그리고 네트워크권력은 네트워크에 참여하는 국가가 많을수록, 그 네트워크에 가입함으로써 얻는 효용이 클수록, 그리고 네트워크에 참여하는 국가들의 비중과 중요성이 클수록 증대한다.[37]

한편, 네트워크에 참여함으로써 얻는 이익은 무엇보다도 네트워크 참여 여부와 네트워크 내에서의 위치에 따라 불균등하게 배분된다. 여기서 최대의 수혜자는 당연히 자신의 표준을 매개로 하는 지배적인 네트워크를 짜는 데 성공한 국가일 것이다. 그 다음 수혜자는 그 네트워크에서 가급적 중심에 가까운 위치를 점하는 국가가 될 것이다. 반대로 가장 큰 손해를 감수해야 하는 국가는 해당 네트워크에 참여하지 않거나 배제된 국가들이다.[38]

네트워크 시대의 이러한 속성은 한국의 국가전략 방향에 대해서도 중요한 시사점을 준다.

국제 관계에서 네트워크 권력론이 등장한 것은 오늘날 국제질서의 성격 자체가 기존 주류 이론으로는 설명하기 어려운 여러 측면들을 담고 있기 때문이다. 이를 반영하듯 글로벌 차원에서는 이미 네트워크 시대에 부합하는 협력네트워크와 연대의 중요성이 강조되는 상황이다.

동북아라고 해서 예외는 아니다. G20 정상회의, 코펜하겐 기후변화 회의, 제1차 핵안보정상회의 등은 오늘날 초국가적 문제들을 국제적 협력네트워크를 통해 해결하려는 대표적 노력들이다.

이러한 글로벌 차원의 노력에 비해, 동북아 차원에서는 어떤 협력 네트워크가 있나? 예를 들면 ARF, EAS, 동아시아공동체 논의, 북핵 6자회담 등이 있다. 그러나 본격적인 협력네트워크라 부르기에는 미흡하고, 안보문제를 다루는 데도 한계가 있다. 이러한 이유로 동북아 협력네트워크의 확대와 보완은 필요성이 매우 크다.

21세기는 네트워크 시대다. 21세기 국제질서는 정보혁명과 세계화에 기반한 새로운 복합적 국제질서 출현이 특징이다. 그 결과 국제체제는 더 이상 단일국가들의 체제로 간주될 수 없다. 이뿐 아니라 전통적인 주권의 관념은 세계 정치의 복잡성을 담아내기에 부적절하다.

갈수록 복합화되는 세계, 분산되고 다중심적이어서 누구도 혼자 힘으로 지배할 수 없는 질서, 그리고 네트워크화된 질서에서 힘의 원천은 '연결성(connectivity)'이다. 즉, 국가를 포함한 국제 관계의 다른 행위자들과 얼마나 연결되어 있는지, 혹은 얼마나 좋은 네트워크를 유지하고 활용하는지가 국력의 바탕이다. 이러한 질서 속에서는 다른 행위자들과 가장 많은 연결을 갖는 국가가 중심적 행위자가 되고 글로벌 어젠더 설정에서 주도권을 갖게 된다.

네트워크 시대에 힘은 얼마나 많이 보다 중요한 연결을 만들어내느냐 하는 능력에서 나온다. 이러한 국제질서 속에서는 될 수 있으면 많은 국가들과 양적·질적으로 우수한 네트워크를 자꾸 만들어가야 한다.[39]

네트워크 국제질서 속에서 생존하기 위해서는 네트워크형 외교와 연대를 모색하는 것이 불가피하다. 네트워크는 개방된 질서로서, 그러한 다양한 네트워크에서 배제될수록 국가의 역량은 제한되고, 폐쇄적인 민족주의적 시각으로는 세계화의 혜택을 충분히 누리기 어렵다.

한국의 안보상황은 글로벌질서와 여러 면에서 차별화된다. 한국의 안보지형은 전근대와 근대, 그리고 탈근대가 복합적으로 공존하는 상황이며, 위협위주(threat-based)인 동시에 능력위주(capabilities-based)의 대응을 모색해야 하는 복합적 상황이라 할 수 있다.

한국의 안보는 북한문제에서 보듯이 기본적으로 전근대에서 근대로 전환되는 과정에서 미완의 과제로 남은 주권국가 완성의 문제라고 볼 수 있다. 이에서 파생된 한·미 동맹은 근대 전환 시점에서 생겨난 냉전체제와 결부된 것으로, 현재는 미래비전이라는 탈근대적인 동맹 관계를 지향하고 있다. 동시에 최근 급속하게 증가하고 있는 다문화가정, 이주노동자, 자원갈등, 해외파병 등은 탈근대적 성격의 문제로서 우리의 국가안보에서 더는 외면할 수 없는 사안이 되었다.[40] 이러한 상황에서 G2 시대로 대표되는 글로벌질서의 변화는 한국에게 매우 치밀하면서도 포괄적인 국가전략적 대응을 요구한다.

이명박 정부는 '글로벌코리아' 국가전략에 따라 주변국들과의 협력적 네트워크 강화를 지속적으로 추진하고 있다. '글로벌코리아'라는 명확한 지향점은 참여정부의 외교·안보가 '자주'나 '균형'에 중점을 두었던 것과 대조적이다. 글로벌코리아 국가전략은 한국이 세계 10위권의 선진강국으로서 한반도에 고정되었던 외교·안보의 프레임에서 벗어나 한국의 위상에 걸맞은 국제적 기여와 아울러 글로벌 문제에서의 리더십을 확대하겠다는 구상을 담고 있다.

글로벌코리아, 즉 성숙한 세계 국가를 위한 구체적 과제로는 새로운 평화구조 창출, 실용적 통상외교 및 능동적 개방, 세계로 나가는 선진안보, 친환경 경제·에너지 구조, 아름다운 삶과 창의문화 등이 제시되었다. 이 중 세계로 나가는 선진안보 속에는 '국방개혁 2020' 보완 추진이 제시되고 있고, 새로운 평화구조 창출과 관련해 북핵문제 해결, 비핵·개방·3000 구상 추진, 한·미전략 동맹, 남북 인도적 문제 해결 등이 제시되었다. 그리고 실용외교의 하나로 지구촌문제의 해결에 적극 기여하겠다는 입장을 밝히고 있다.[41]

'지구촌문제' 속에는 21세기의 대표적 안보불안 요인인 대테러, 반확산, 실패한 국가의 국가재건(nation building) 등이 다 포함될 수 있다. 글로벌코리아는 자주나 균형자 개념에 비해 21세기 국제질서에 좀 더 근접한 외교·안보 비전이다. 21세기 국제질서의 성격 자체가 냉전 이후 갈수록 탈국경화·초국가적 성격으로 변하는 추세 속에서 일국주의적, 혹은 민족주의적 국가전략으로는 21세기의 파고를 견디기 어렵다. 더구나 세계 10위권 경제대국으로서 대외 경제 의존도가 높은 한국은 세계화의 이점과 신자유주의의 경제원리에 적극 편승해야 한다.

협력적 네트워크를 강화하기 위한 추진전략으로는 다음의 것들이 있다.

첫째, 한·미 포괄 동맹의 전략적 활용을 강화해야 한다. 한국 외교의 글로벌화를 위해서는 우선 한·미 동맹의 미래지향적 발전으로서 글로벌 포괄 동맹(comprehensive alliance)부터 지향하는 것이 바람직하다. 포괄 동맹을 통해 한반도 및 동북아 지역의 안보위협을 해소하는 동시에 이를 한국 외교의 지평확대를 위한 지렛대로 활용하는 것이 효과적이다. 여기에서는 한국의 '글로벌코리아'와 미국의 '고잉 글로벌(Going Global)' 비전의 조화가 요구된다.[42]

미래 한·미 동맹은 한반도·동북아·글로벌 차원의 군사·비군사·초국가적 이슈영역에서 협력하게 된다. 동맹과 주변국 관계의 조화, 특히 한·미 동맹과 한·중 관계가 배타적 관계가 되지 않도록 유의해야 한다.

둘째, 외교 중점의 복합화가 필요하다. 한국 외교의 글로벌화는 또한 외교 중점 다변화·다각화를 포함한다. 특히 중국의 부상에 대응하는 중국과의 협력네트워크의 중요성은 갈수록 중요해질 것이다. 아울러 기존 4강 중심 외교를 외교대상국 및 외교내용의 다각화·심층화로 보완하는 것이 주된 과제다. 여기에는 동남아, EU, 아프리카, 남미, 중동 등 대체로 한국 외교에서 부차적으로 다뤄졌던 국가 및 지역들이 포함된다.

셋째, 외교내용의 복합화를 추진해야 한다. 이슈 영역에서는 기존 한국의 외교가 주요국과의 안보 관계에 중점을 두었다면 장기적으로 한국 외교는 군사·안보 못지않게 경제·통상·자원 외교에 중점을 둬야 한다. 한국의 지정학적 위치와 부존자원 부족은 자원 외교와 식량 외교 강화를 필연적으로 요구한다. 이를 위해서는 해외식량기지 건설, 원자재 수급 애로 해소를 위한 현지생산 등을 적극 고려하는 동시에 새로운 해외시장 개척으로 국제경쟁력 확보에 주력해야 한다.

대북정책 재검토와 '통중전략(通中戰略)'의 필요

이명박 대통령은 2010년 8·15 경축사에서 새로운 대북정책의 방향을 제시했다. 이번 경축사 중 대북정책 관련 내용은 크게 두 가지다.

첫째는 '평화공동체·경제공동체·민족공동체'라는 3대 공동체 통일방안을 제시한 것이다. 둘째, 통일 재원 마련을 위한 통일세 논의를 제안한 것이다. 3대 공동체 통일방안은 1994년 김영삼 정부가 국민적 합의를 통해 도출한 민족공동체통일방안의 정신을 계승하면서도 2010년에 당면했던 남북 관계와 한반도 주변 상황 등을 종합적으로 반영해 만든 21세기적인 통일 구상이라는 것이 정부의 설명이었다.

'평화공동체'는 남북 간 및 다자간 대화와 교류를 통해 북한의 핵 개발과 천안함 사태 등의 군사 위협으로부터 근본적으로 자유로운 한반도를 의미한다. '경제공동체'는 남북 교류협력의 포괄적인 확대·발전과 동아시아 경제통합에 따라 남북 간에 자유로운 경제 교류와 협력이라는 탈근대적인 통일 상황을 의미한다. '민족공동체'는 바로 이들 두 개의 공동체가 이루어지면서 맞닥뜨리게 되는 영토적·제도적·법적 통일이라는 근대적 통일의 상황을 의미한다.

평화공동체와 경제공동체는 함께 진행될 수 있다고 하지만, 지금 상황에서는 평화공동체가 우선되어야 된다는 입장이다. 그러므로 '선 비핵화'를 전제로 한 '비핵·개방·3000' 구상과 큰 틀에서 차이가 없다고 볼 수 있다.

3대 공동체 통일방안은 비핵화를 전제한다는 측면에서 기존 비핵·개방·3000 구상과의 차별성이 없다는 비판이 제기된다. 기존의 평화공존, 혹은 단계별 통일정책에서 북한의 급변사태, 체제 붕괴에 초점을 둔 정책으로의 전환이라는 인상을 줘서 북한의 강력한 반발이 예상된다. 통일세의 경우 통일비용 조달 논의를 공론화한다는 측면에서는 긍정적이지만 아직 시기상조라는 평가도 있음을 유의할 필요가 있다.

당장 우리 사회에서 일각에서 제기되는 대북 쌀지원 문제나 6자 회담 재개 전략도 한·미 공조 틀 안에서 검토되는 것이 바람직하다. 대북 쌀지원 문제는 야당보다는 여당에서 먼저 제기하는 상황이다. 여당으로서는 쌀 재고 해소와 남북 관계 돌파구 마련이라는 두 마리 토끼를 잡고 싶은 것이 속마음이겠지만, 북한 요청도 없는데 쌀 재고가 쌓인다고 먼저 주고 보자는 것은 올바른 접근이 아니다.

6자회담 재개 문제에 대한 정부 입장에서도 미묘한 변화가 엿보인다. 정부가 천안함 사건에 대한 북한의 사과 없이는 6자 회담을 재개할 수 없다는 입장 대신, 6자 회담 재개를 추진하며 비공식적으로 천안함 사건도 논의하자는 대안을 중국 측에 제시한 것으로 알려졌다. 정부는 지금까지 이른바 '선(先) 천안함, 후(後) 6자 회담' 원칙을 고수해왔었다. 그러나 북한과 중국이 정상회담을 통해 6자 회담 재개를 전면에 내세울 경우 마냥 대화제의를 거부할 순 없다는 우려도 정부 내에서 제기됐었다.

중국 측 6자 회담 수석대표인 우다웨이(武大偉) 한반도사무 특별대표는 6자 회담 재개와 천안함문제를 동시에 논의하겠다는 정부의 입장을 북한에도 전달하겠다는 의사를 밝힌 것으로 알려졌다. 정부 당국자는 "현실적으로 북한이 천안함사건을 인정하고 사과할 가능성은 없다"며 "그렇다고 북한이 원하는 대로 아무 일도 없었던 것처럼 넘어갈 수도 없다"고 말했다. 이 때문에 천안함 사과를 6자 회담의 전제조건으로 내걸진 않더라도, 6자 회담 재개를 위한 접촉 과정에서 한·미·중·북이 비공식적으로 천안함문제를 논의하는 고육지책을 제시한 것이다. 6자 회담 당사국들은 2010년 9월 유엔 총회에서 장관급 인사들이 한 자리에 모이기 때문에, 이 자리에서도 정부의 천안함 대안을 검토할 것이라고 했다.[43]

향후 대북정책에서는 김정일 방중 이후 긴밀해진 북·중 관계의 틀 속에서 대북 정책을 재검토할 필요가 있다. 김정일 위원장의 깜짝 방중 이후 북·중 관계는 더욱 긴밀해질 것이라는 게 일반적 전망이다. 억류된 미국인을 석방시키기 위해 평양을 방문한 지미 카터 전 대통령을 홀대한 것은 북한이 미국에 고도의 정치적 메시지를 보내려는 의도로 풀이된다. 즉, 카터 전 대통령을 의도적으로 무시한 것은 미국 오바마 행정부가 6자회담 재개 등 북한의 대화 제스처를 외면하면서 천안함사태 이후 한·미 양국의 동·서해 합동군사훈련 대북 제재를 주도하고 있는 데 대한 항의의 메시지를 보내려는 차원이라는 분석이 제기되고 있다. 다른 일각에서는 김 위원장이 카터 전 대통령을 만나지 않고 중국행을 택한 것은 북한이 동북아의 안보지형을 '한·미 대(對) 북·중' 구도로 확실히 재편시킴으로써 중국과의 안보적 협력 관계를 강화하기 위한 차원으로 풀이하기도 한다.[44]

카터의 방북에 대해서는 워싱턴의 보수적 싱크탱크를 중심으로 또 다시 북한의 '인질 외교'에 무릎을 꿇은 것 아니냐는 비판적 시각이 제기되고 있다. 카터의 재방북이 위험한 이유는 북한에게 오바마 정부가 천안함사태를 넘어 앞으로 나아가기를 원한다는 잘못된 시그널을 줄 수 있고, 동맹국인 한국이 미국의 의도를 오해할 소지를 주기 때문이다. 이로 인해 미국은 북한이 핵무기 프로그램을 검증 가능하게 폐기하지 않는 한 협상하지 않겠다는 기존의 입장을 고수해야 한다는 주장이 제기된다.[45]

김정일 위원장의 방중 행보에서 드러나듯이 향후 북·중 간에는 경제교류의 심화가 예상된다. 그 이유는 중국의 동북3성(지린성, 헤이룽장성, 랴오닝성) 개발과 북한의 이익이 맞아떨어지기 때문이다. 동북3성의 성장동력을 확충하기 위해 창춘(長春)-지린(吉林)-투먼(圖門) 축을 개발하는 이른바 창지투 사업은 원자바오(溫家寶) 중국 총리가 직접 챙길 정도로 관심이 높은 프로젝트다. 창지투 사업의 핵심은 동해의 물류기지 확보인 만큼 북한의 협력이 절대적으로 필요하다.

반대로 국제사회의 제재로 심각한 경제난을 겪고 있는 북한은 중국에 나진항을 개방함으로써 경제적인 실리를 챙기겠다는 전략이다. 그래서 2010년 김정일 위원장의 방중은 후계체제 승인과 동북3성 개발에 '출해(出海)권'을 맞바꾼 것이라는 해석도 가능하다.

따라서 향후 대북정책 구상에서는 북한 내부의 변화와 더불어 북·중 관계 심화라는 새로운 변수까지 고려한 시각이 필요하다. 다시 말해 북한만을 바라보는 기존의 정책으로는 북한문제를 풀기가 어렵기 때문에 이를 보다 큰 동북아시아와 글로벌 차원의 네트워크 속에서 바라봐야 한다는 말이다. 이는 곧 북한문제를 풀기 위해서는 중국을 통한 접근을 해야 하고, 미국의 동아시아정책을 통해 북·중 관계를 바라보는 자세를 필요로 한다.

동아시아 네트워크 구상

동아시아 차원에서 한국이 주도할 수 있는 각종 전략대화를 통해 주요국들과의 협력네트워크 구축을 모색한다. 대표적인 예로는 한·미 '2+2' 전략대화, 한·일 전략대화, 한·러 포럼, 한·중 전략대화 등을 들 수 있다. 향후 국별·이슈별·협력기제별로 다양한 협력네트워크 구축 전략을 모색해야 한다. 하지만 동북아 지역은 유럽과 달리 국가 간 갈등을 다자적으로 해결하는 경험이 부족하고 이를 위한 협력체제의 진전도 미흡하다. 강대국들 간 패권 경쟁, 아시아의 잠재적 영토분쟁, 민족주의적 대결 의식, 문화적 다양성은 이 지역에서 다자안보협력을 어렵게 만드는 주된 요인들이다.

이러한 상황에서 특정 강대국이 다자안보협력을 주도하기보다는 오히려 한국 같은 중견국가가 성실한 매개자 입장에서 주도하는 것이 성공할 가능성이 크다. 특히 천안함사태 이후 미·중 간의 잠재적 대결구조가 가시화되고 있는 상황에서, 중국과 일본 사이에는 동아시아 지역패권을 둘러싼 잠재적 경쟁심리가 잔존해 있고, 미국은 일종의 '역외균형자'로 인식되는 경향이 있기 때문에 동아시아 군사대결 방지를 위한 긴장완화 역할을 위해서는 한국이 적임자다.

한국 정부가 정부 간 차원에서 시도할 수 있는 대안으로는 우선 6자회담을 동북아 평화메커니즘으로 발전시키는 방안이다. 북핵 6자회담의 동북아평화안보체제 워킹그룹이 있지만 6자회담이 개업휴점 상태에 빠지면서 평화메커니즘 구축을 위한 다자적 활동도 정체된 상황이다.

중견국가로서 한국이 정부 간 네트워크 확대를 위해 기여할 수 있는 부분은 크게 두 가지다. 첫째는 국제기구에서의 다자외교 강화다. 유엔과 같은 국제기구에서 한국의 위상과 이미지를 제고하기 위한 외교가 이에 해당한다. 한국은 반기문 유엔사무총장 피선 이후 국제적 인지도를 높여가고 있는 중이므로 국제기구에서의 다자외교를 활성화하기 위한 호기를 맞고 있다. 둘째, 동북아 다자안보협력 제도화다. 일반적으로 다자안보협력은 셋 이상의 국가들이 전략적 차원의 정책 조율을 통해 상호신뢰를 구축하고, 전통적 안보위협이 분쟁으로 비화하는 것을 예방하는 동시에 비전통적 안보위협에 공동 대처하는 것을 말한다. 다자안보협력은 단순한 협의·대화보다는 높고, 양자 군사동맹이나 다자간 집단방위·집단안전보장체제(NATO나 UN)까지는 이르지 못한 수준의 안보협력을 의미하는 것으로 이해할 수 있다.

지금 국제질서를 구성하는 다자주의적 기제는 대부분 강대국들에 의해 만들어져 강대국들이 이끌어가는 실정이기 때문이다. 따라서 한국의 입장에서는 양자외교를 보완하는 차원에서 다자외교를 고려하되 다자외교의 목표와 가능한 옵션에 대해 우선순위를 설정하고 외교에 임하는 것이 바람직하다. 동북아 지역에는 아직 다자안보협력의 기본적인 공감대가 결여되어 있다는 것이 일반적인 평가이며, 무엇보다도 역내 주요국들이 다자안보협력에 우선순위를 두지 않고 있다는 문제가 있다. 일본은 미·일 동맹을 보완하는 형태로서 ARF 등 지역안보협의체에 관심을 보이고 있고, 장기적으로는 중국에 대한 포석으로서 다자안보협력을 염두에 두고 있다. 또한 동북아 역내 다자안보문제보다는 PKO 활동 등 글로벌 차원의 다자안보협력에 더 큰 비중을 두고 있다.

중국의 경우 전통적인 주변국가에 대한 안보전략은 쌍무주의가 기본이었으나 1990년대 이후 다자안보협력에 대한 관심이 증대하는 추세다. 중국의 기본입장은 '힘을 기르는 동안' 외부세계와의 조화로운 관계설정의 필요성 때문에 '당분간' 다자안보협력을 지지하는 것으로 볼 수 있다. 러시아의 경우도 미국의 압도적 우세를 견제하고 세력균형을 모색하기 위한 방편으로서 국제질서의 다극화를 전방위적으로 추진하고 있고, 그 일환으로 다자안보협력을 고려한다는 입장이다.

북핵문제 해결을 위한 2·13 베이징 합의 이후 한반도 평화체제에 관한 낙관적 관심이 고조되면서 동북아 다자안보협력을 위한 여건도 개선되고 있는 추세다. 2·13 합의에서 참가국들은 상호신뢰를 증진시키기 위한 긍정적인 조치를 취하고 동북아에서의 지속적인 평화와 안정을 위한 공동노력을 할 것을 재확인했다. 또한 직접 관련 당사국들은 적절한 별도의 포럼에서 한반도의 항구적인 평화체제에 관한 협상을 갖는다고 합의했다. 따라서 지금 예상 가능한 가장 합리적인 다자안보 포럼은 6자회담체제가 핵문제 해결 이후 상시적인 다자안보협의체로 발전하는 방안이다. 이를 위해서는 우선 북핵문제가 선결되어야 한다. 그런 점에서 북한의 전략적 결단 및 관련 국들의 결집된 노력이 필요하다.

한·미전략 동맹과 한·중 관계

네트워크 시대의 외교·안보 비전을 한국의 대외 관계에 적용해볼 경우, 우리가 동아시아에서 지향해야 할 것은 많이 논의되는 '동아시아공동체' 개념보다는 '공생을 위한 복합네트워크'라는 방향성을 갖는 것이 바람직하다.

공동체는 단순히 이해나 가치를 함께 하는 것을 의미하는 게 아니라 정체성(identity)을 공유하는 것을 의미한다. 그러나 역설적으로 19세기 동아시아의 공동체적 요소는 서양의 근대 국제사회적인 요소가 전파되는 속에서 해체되는 과정을 겪었다. 미·중 양강의 G2 시대 질서 속에서 한국이 살아남기 위해서는 비유적으로 말하자면 '불륜의 국제정치'가 불가피하다. 이는 곧 미국과 일본이라는 조강지처를 품으면서 새로 생긴 연인인 중국도 함께 품는 것을 말한다. 달리 말하면 '불륜의 국제정치'는 '복합그물망 치기의 국제정치'와 똑같은 고민을 담고 있다.[46]

한·미 동맹은 1950년대 냉전 시대에 국가 생존을 위한 군사적 협력에서 시작됐고 21세기에 들어 전략 동맹에서 복합네트워크적 동맹 관계로 새롭게 진화하고 있다. 하지만 이에 못지않게 중요한 것이 새로 치는 한·중 그물망인 것이다.

21세기 복합화 시대의 미·중 관계는 냉전적 적대 관계를 넘어서서 복합 관계의 시대에 접어들었다. 따라서 한국도 일차적으로는 한·미 간의 복합적 동맹 관계를 강화하고 한·일 복합네트워크 관계를 키워 나가면서, 동시에 한·중의 전략적 우호협력 관계를 21세기형 동맹 관계로 키워 나가야 할 과제에 직면해 있다. 한국은 미국과 중국을 모두 다 품을 수밖에 없고, 보다 구체적으로 복합그물망을 어떻게 칠지를 고민해야 할 순간을 맞고 있다.

한때 한·미전략 동맹이 한·중 관계의 발전을 저해하는 것 아닌가 하는 우려가 제기되기도 했지만, 무엇보다도 21세기 복합적 네트워크 시대에 한·미-미·중 관계를 제로섬 관계로 볼 필요는 없어 보인다. 하지만 이명박 대통령 방중 시 드러났듯이 한·미전략 동맹에 대한 중국의 인식은 부정적이다. 따라서 이러한 중국의 부정적 인식을 완화시킬 수 있는 정책대안 개발이 필요하다. 안정된 미·중 관계는 한·중 관계에도 도움이 된다. 오바마 행정부의 안정적 중국정책을 환영하는 동시에 우호적 분위기를 적극 활용해 한·미 동맹이 대중국 적대 동맹이 아니라는 점을 주지시켜야 한다.

또한 미·중 간 협력 관계 강화는 북핵문제 등 한반도 안보현안 해결에도 도움이 된다. 당장 문제를 해결하지는 못해도 적어도 미·중 간에 북핵문제를 둘러싼 시각 차이를 좁히는 데는 크게 도움이 될 것이다. 미·중 양국이 그런 차이를 서로가 솔직히 시인하고 대화를 통해 시각 차이를 좁히려는 노력을 하는 것과 그렇지 않은 것에는 큰 차이가 있다. 한국이 할 일은 이러한 G2 시대의 향배를 잘 진단하고 우리의 국익에 도움이 되는 대응전략을 모색하는 것이다.

천안함사태 이후, 중국의 대북정책 변화를 기대하는 한국의 희망 섞인 기대에도 불구하고 중국의 대북 태도에 큰 변화는 아직 없어 보인다. 힐러리 클린턴 미 국무장관은 전략경제 대화 후 양국 합동 기자회견에서 "한반도의 평화와 안전은 미국과 중국 공동의 책임"이라며 다시 한 번 중국을 압박했다. 그러나 다이빙궈(戴秉國) 외교담당 국무위원은 '지역 평화와 안정', '냉정하고 적절한 처리', '긴장 고조 저지' 등을 강조하며 고집을 꺾지 않았다. 중국의 이러한 태도는 한국의 대북 군사조치, 한·미 양국의 대잠수함 합동 훈련 등에 대해 반대 입장을 드러낸 것이라는 분석도 나온다.[47]

우리 입장에서는 다소 실망스럽지만 중국의 대외전략을 좀 더 긴 호흡으로 보는 자세가 필요하다. 천안함문제는 물론이고 6자회담의 개최에 대해서도 미국과 공조를 굳건히 하고, 중국과도 불필요한 갈등보다는 협력할 수 있는 방안을 진지하게 모색해야 할 필요가 있다. 중국의 이해 관계가 우리의 이해 관계와 일치한다고 할 수는 없다. 하지만 김정일의 방중에서 드러났듯이 중국의 대북정책이 반드시 우리의 이해와 배치된다고 전제할 필요도 없는 것이다.

결론

한반도문제에 깊이 관여하는 주변 4강과의 관계설정은 한국의 대외전략에서 매우 중요한 부분을 차지한다. 한·미 관계는 전략 동맹 추진으로 과거에 비해 더욱 공고해졌다. 하지만 중국과의 관계는 특히 한·미전략 동맹 추진과의 조화가 핵심이 될 전망이다.

일각에서는 한·미 동맹이 미국 중심 네트워크로 편향할 경우 중국처럼 가치관이 다른 국가들을 배척하는 국제연대로 갈 가능성이 제기되기도 한다.

그러나 지금은 냉전 시대의 제로섬적 진영구조가 지배하는 시대가 아니다. 말 그대로 복합적 네트워크 시대가 21세기 국제질서의 기본 성격이다. 한·미·일 공조가 있다고 한·중·일 공조가 제약받는 시대가 아니다. 네트워크는 적 개념을 상정하는 동맹과는 근본적으로 다르기 때문이다. 특정 국가와의 지나친 친화가 위험할 수 있다는 지적은 국제사회에서 외톨이가 되는 불이익에 비하면 감수할 만한 비용이다.

안정된 미·중 관계는 한·중 관계에도 도움이 된다. 중국은 21세기 한·미전략 동맹 추진에 경계심을 감추지 않고 있다. 이명박 대통령 방중 시 드러났듯이 한·미전략 동맹에 대한 중국의 인식은 부정적이다. 따라서 이러한 중국의 부정적 인식을 완화시킬 수 있는 정책대안 개발이 필요하다. 오바마 행정부의 안정적 중국 정책을 환영하는 동시에 우호적 분위기를 적극 활용해 한·미 동맹이 대중국 적대 동맹이 아니라는 점을 주시시켜야 한다.

또한 미·중 간 협력 관계 강화는 북핵문제 등 한반도 안보현안 해결에 도움이 된다. 적어도 미·중 간에 북핵문제를 둘러싼 시각 차이를 좁히는 데는 크게 도움이 될 것이다. 미국과 중국은 북핵문제를 보는 시각이 근본적으로 다르다. 하지만 그런 차이를 서로가 솔직히 해결하고 대화를 통해 시각 차이를 좁히려는 노력을 하는 것과 그렇지 않은 것에는 큰 차이가 있다. 한국이 할 일은 이러한 G2 시대의 향배를 잘 진단하고 우리의 국익에 도움이 되는 대응전략을 모색하는 것이다.

Part **4**

동아시아 협력과 과제

문제제기

20세기 후반부터 21세기 초기까지 약 60년간, 세계 경제 시스템은 절대적·상대적·지정학적으로도 변화하며 그 성장축이 이동하고 있다. 그중에서도 현저하게 변화·발전한 지역은 동아시아 지역이었다. 전후 아시아 경제는 일본을 선두로 아시아NIES(신흥공업경제지역), ASEAN(동남아시아국가연합)과 중국에 이은 경제성장으로 연쇄적인 반응을 불러일으켰다. 동아시아에서는 상호의존적 발전 메커니즘이 형성되어 '동아시아 기적'으로 불리기에 이르렀다. 동아시아 지역은 1990년대 후반에 아시아 통화와 금융위기의 시련에 직면하였지만 이를 잘 극복하여 21세기 글로벌 세계경쟁 속에서 확실히 그 위상을 높여가고 있다.

세계 경제에서 차지하는 동아시아 지역 전체 경제규모를 보면 GDP(국내총생산)비율 및 대외무역비율에서 20% 전후를 차지해 EU(유럽연합)와 NAFTA(북·미 자유무역지역)에 필적할 만한 세계 경제의 중요한 일극이 되었다. 동태적으로는 동아시아 지역은 중국을 시작으로 신흥 경제국가들이 급속한 성장을 이루고 그 규모는 더더욱 확대될 전망이다. 동아시아의 경제적인 부상은 세계 경제 구도를 변화시켰고 선진국을 포함한 세계 경제는 동아시아 국가들의 경제변동에 큰 영향을 받게 되었다. 근래 발생한 세계금융위기와 경제위기 속에서 유럽이 심각한 불황에 빠진 한편, 중국을 시작으로 하는 동아시아 지역은 가장 강력한 성장지역으로 주목을 받고 있다.

이러한 상황과 함께 동아시아에 대한 지역협력의 논의도 활발하게 진행되고 있다. 1990년대 이후 동남아시아의 ASEAN을 중심으로 ASEAN 지역포럼(ARF), ASEAN+3, 동아시아 정상회의(EAS) 등으로 꾸준히 발전의 모습을 보이고 있다. 특히 1990년대 말의 동아시아 경제위기 이후 치앙마이 이니셔티브(CMI, Chiang Mai Initiative)는 양자 간에서 다자간으로 진화하였다.

FTA는 ASEAN이 2004년 중국, 2005년 한국, 2008년에는 일본, 2009년에는 호주·인도·뉴질랜드 간에 서명을 하여 역내 지역을 포함하는 ASEAN+1의 상황으로 발전하게 되었다. 또한 ASEAN+3의 기능적 분야별 협력은 통화, 금융, 무역, 투자 등으로 심화되고 있을 뿐만 아니라 에너지, 환경, 해적 대책, 전염병 대책 등으로 확대되고 있다. 이것은 점차 동아시아공동체 구축을 위한 정치적인 틀로 전개되어 2007년에는 ASEAN 정상회의가 ASEAN 헌장에 서명하고, 2015년까지 ASEAN 공동체를 발족할 것을 서명하기에 이르렀다.

여기에 동북아시아에서도 2008년부터 한·중·일 정상회의가 정기 개
최되었다.

그렇지만 동아시아협력은 아직 초보단계에 있으며, 몇 가지 중요
한 도전에 직면하고 있다. 21세기에 들어 글로벌 경제위기, 중국의
부상, 테러, 기후변화 등 각국이 직면한 과제들에 대해 동아시아의
기존의 제도들이 실효성 있는 대응을 하지 못하고 있는 점이다. 또
한 중국과 일본의 주도권 경쟁은 여전히 존재하여 역내 협력의 한계
를 가지게 되는 것도 사실이다.

이 글에서는 동아시아협력의 지금 상황과 미래의 전망을 통하여
한국이 나아갈 길과 방향을 살펴보고자 한다. 첫째, 우선 한국의 동
아시아 구상은 무엇이며, 그 한계는 무엇인지를 살펴본다. 둘째, 동
아시아 협력의 전개와 변화요인은 무엇인지를 살펴본다. 셋째, 동아
시아 지역의 파워 변동에 따른 강대국들을 제어할 수 있는 제도는
무엇인지를 분석한다. 이후 한국의 구체적인 대응은 무엇인지를 알
아본다.

한국의 동아시아 구상은 무엇인가

냉전기부터 탈냉전기에 걸쳐 한국 지역외교는 '서진운동(westward movement)'이라고 해도 좋을 것이다. 한국이 지향하는 지역개념은 '태평양'에서 '아시아·태평양'을 거쳐 '동아시아·동북아시아'에서 다시 '세계'로 이동하고 있다.

한국이 외교정책에서 지역을 확대하여 생각할 수 있었던 계기는 탈냉전이었다. 탈냉전으로 인하여 한국은 냉전대립으로 인해 닫혀 있었던 서방과 북방의 공간에서 탈피할 수 있었다.[1]

한국이 냉전의 틀을 깨고 새로운 지역을 개척하기 시작한 것은 노태우 정권 때부터였다. 정치적 민주화를 부분적으로 받아들이며 탄생한 노태우 정권 하에서 북방정책이 본격적으로 전개되었다. 미·소 냉전의 공식 종결과 동구혁명이라는 국제정세의 격변 속에서 한국 정치 민주화가 그 추진력이 되었다. 1989년 2월 헝가리와의 국교 수립을 시작으로 폴란드와 유고슬라비아 등의 동구 국가들에 이어

1990년 9월에는 소련, 1992년 6월에는 중국과의 국교가 실현되어 북한과의 관계를 제외한 '북방정책'은 일단의 완결을 보였다.

주목할 점은 이러한 '북방'과의 관계 확대에 그치지 않고 '동북아시아'라는 지역 틀 형성에 전략적으로 관심을 표한 것이다. 노태우 대통령은 1988년 10월에 UN총회연설에서 한반도의 남북에 미·중·일·소에 포함한 6개국에 의한 '동북아시아 평화협의회의'의 전개를 제창했다. 이는 서울올림픽과 북방외교의 성공의 여세를 몰아 한국의 외교적 지위를 높이려는 야심적인 제안이었다. 그 배경에는 냉전 종결에 따른 지역정세의 격변을 한국 외교에 있어 그 위기와 기회 양면으로 이용하고자 한 것이다.

미·소 냉전의 종결과 동구혁명에 이르는 변화는 한반도 정세를 불안정하게 할 수도 있지만 한국으로서는 한반도문제에 '당사자'임을 확보하며 긴장완화와 통일에 대한 토대를 만들어 나아가려는 의도였다. 더욱이 냉전 이데올로기 대립이 수습된 후에 중·일 세력경쟁 등 낡은 지정학적 대립의 분출에 한반도가 휩싸이는 것을 피하려고 한 것이었다. 따라서 노태우 정권은 위기에 적극적으로 대응함으로써 동북아시아의 새로운 지역질서형성을 주도하는 한국 외교의 새로운 지평을 열고자 하였다.

그러나 이러한 한국의 야심찬 구상은 미국과 중국 등 관계국의 소극적 반응으로 인해 구체화할 계기가 없었다. 이후 김영삼 정권에 의한 일련의 지역구상 추이는 한국 외교의 딜레마와 한계를 보여주고 있다. 1993년 문민정권으로 탄생한 김영삼 대통령은 '세계화'와 함께 '신외교'를 문민정권 정책지침으로 들었다.[2] 취임 직후인 1993년 5월 김영삼 대통령은 '신외교'의 일환으로서 아시아·태평양 지역에서 '미국을 축으로 한 양자 간의 안전보장협력 체제를 심화·발전시킴과 동시에 다자간 안전보장대화를 추진한다'는 방침을 표명했다.

더욱이 1994년 5월 방콕에서 열린 제1회 ASEAN지역포럼(ARF)의 고위관료회의(Senior Officials Meeting)에서 '동북아시아 안전보장협력(Northeast Asia Security Cooperation)'으로 명명한 문서를 제출해, '동북아시아 다자간 안보대화(NEASED)'를 정식으로 제안했다. 참가국으로서는 미·중·일·러에 한국과 북한을 더한 6개국이 상정되었다. 이는 노태우의 '동북아시아 평화협의회의' 구상을 계승한 내용인데, 1993년 4월 북한의 NPT 탈퇴로 본격화한 한반도 제1차 핵 위기에 대응하며 새로이 시작한 아시아·태평양 안전보장협의에서의 지위 확보를 시야에 넣은 야심찬 외교전략이었다.

그러나 한국 정부 노력에도 불구하고 한국 외교의 이니셔티브는 1994년 핵 위기에 매몰되어, 구체적인 성과를 올릴 수 없었다. 노태우 대통령이 제창에서 비롯된 동북아시아 6개국 협의라는 구상은 그 후 김대중 정권 초기 1998년 초 김종필 국무총리가 중국과 일본에 대해 '동북아시아 평화와 안정을 위한 6개국 선언' 구상으로 발전하였다. 한편 같은 해 9~10월에는 일본 오부치 수상이 미·일 및 한·미정상회담에서 당시 4자회담과 병행해 러·일을 포함한 6자회담 개최를 공식 제안하여 일본 정부의 적극적인 관심을 받게 되었다. 그후 6자회담은 2003년 1월 북한의 NPT 재탈퇴로 시작되는 제2차 한반도 핵 위기 이후 미·중·북 3개국협의를 거쳐 같은 해 8월부터 정식 개최되어 개최와 중단을 반복해 지금에 이르게 되었다. 결국 이 당시 한국의 동아시아 구상은 대북 정책의 연장선상에 있었다고 볼 수 있다.

김대중과 노무현 정권기에 한국 지역외교는 동아시아와 동북아시아로 심화되었지만, 이것도 대북정책과 연결고리를 갖는 것이었다. 취임 초기의 김대중 대통령은 '동아시아공동체' 구상의 외교적 이니셔티브를 통해 한국의 외교적인 역량을 높이고자 하였다. 그 예로 1998년 ASEAN+3 정상회의에서 김대중 한국 대통령이 '동아시아 비전 그룹(EAVG)' 설치를 제안하였다. 또한 2000년 11월 ASEAN+3 정상회의에서 김대중 대통령은 나아가 동아시아 스터디 그룹(EASG)의 설치를 제안했다. 그렇지만 북한 핵문제의 대두를 통하여 한국의 외교정책은 다시 미국과의 관계를 중시하면서 북한 핵문제에 몰두하게 되었다.

이에 대한 교훈으로 노무현 대통령은 동아시아의 평화와 안전에 초점을 두어 '동북아 시대'를 국가전략의 핵심으로 주장하였다. 그 배경으로서는 1997년에 ASEAN+3(한·중·일)의 틀이 탄생해 '동아시아'라는 지역 제도적인 토대가 그 밑거름이 되었다고 할 수 있다. 더욱이 김대중 정권과 노무현 정권은 북한에 대한 햇볕정책을 지속하기 위해서도 아시아 지역전략을 중시하였다. 양 정권의 전략적인 모색과 함께 한국에서는 동아시아와 동북아시아가 중요한 지역적인 단위가 되었다.

그러나 한국의 동아시아와 동북아의 지역적인 단위는 북한을 포위하기 위한 단위로 사용되었고, 이는 미국 정책의 변화에 따라 그 성패가 좌우되기도 하였다. 노무현 대통령 시절에는 동북아 시대에 한국이 균형자 역할을 하고자 하는 동아시아전략이 표출되었지만, 그것도 대북 정책에 국한된 한계를 가졌다. 또한 노무현 정권의 동북아 시대 구상은 구체적인 내용과 비전을 갖지 못한 채 사장되어 갔다.

이후 이명박 정권은 이전의 정권이 동북아와 북한이라는 것에 매몰되었다는 비판을 받아들이며 세계로 나아가는 글로벌코리아를 주창한다. 그러면서도 동아시아에 대한 지역 구상을 구체화하기 위해 신아세아 구상을 발표하게 된다. 신아세아 구상의 배경과 동기는 한국 외교에서 지금까지 북한에 매몰되어 있는 외교의 지평을 확대하겠다는 의도를 가지고 있다. 하지만 신아세아 구상에서도 결국 주변 4강 외교를 중심으로 해서 아시아 지역으로 확대하여 가는 과정을 그리고 있다. 신아세아 구상의 내용은 글로벌코리아의 비전 추구를 통하여 한국이 글로벌 이슈에 대해 지역적인 공헌을 하겠다는 의미를 가지고 있다.

이 점에서 이명박 정부는 한국의 역할을 중견국가로 생각하여 중국과 일본과의 연계, 신진국과 개도국 사이의 역할을 자임하고 있다. 또한 한국의 발전경험을 전수하여 소프트 파워를 높이겠다는 비전을 가지고 있다. 이명박 정권의 신아세아 구상은 세계 속에서 한국의 역할을 확대하는 가교 외교를 하겠다는 점에서 이전의 구상과는 다른 특징을 가지고 있다.

그러나 그 구상을 실현하기에는 한국이 가진 한계가 뚜렷하였다. 주로 비전통적인 안보에 치중하는 경향이 강할 수밖에 없었다. 예를 들면 기여 외교를 강화하기 위해 ODA비중을 확대한다든지, 에너지 외교와 사회문화협력에 치중하게 되었다. 또한 글로벌 이슈의 해결에 기여하기 위해 기후변화와 개발협력, 반테러 등에 많은 노력을 기울였다. 그러나 지역과 이슈의 영역이 너무 추상적이고 포괄적인 내용을 갖고 있어 실제로 동아시아의 역할이 어떤 의미를 지니는지 불분명하였다. 또한 신아세아 구상이라는 측면을 내세우면서도 동아시아를 지역적인 단위로 생각하는 발상은 적고, 세계로 향한다는 비전이 앞서는 측면이 존재하였다. 이 점에서 중국의 부상과 함께 동아시아의 위상의 변화에 따른 한국의 대응이라는 구체적인 내용이 결여되었다고 할 수 있다.

동아시아 협력의 과정과 그 필요성

동아시아 지역협력의 제도화를 되돌아보면 아시아 지역은 국제
정치의 추세에 대해 수동적으로 대응하는 측면이 강했다. 최근 동아
시아 지역협력의 움직임도 유럽 지역통합(EU)과 북·미자유무역지
역(NAFTA)의 움직임에 자극받으며 진전되어왔다고 할 수 있다. 기
존의 동아시아 협력의 중심적인 역할은 ASEAN(동남아시아국가연
합, 1967년 성립)과 APEC(아시아·태평양 경제협력회의 1989년 성
립)이었다. ASEAN은 동남아시아 국가들에 의해 후에 ASEAN 웨
이(way)라 불리는 주장을 형성하고 있었다.[3] 다른 한편 APEC은 일
본과 오스트레일리아의 주도에 의해 생겨났다. 무엇보다 양자에서
중첩되고 있는 ASEAN 웨이는 APEC에서도 주요한 구심력을 이루
고 있다.

일본은 원래 역사경험으로부터 아시아에서의 지역통합 제도화에
는 소극적이고 신중했다(進藤栄一, 2010년). 물론 일본이 동아시아

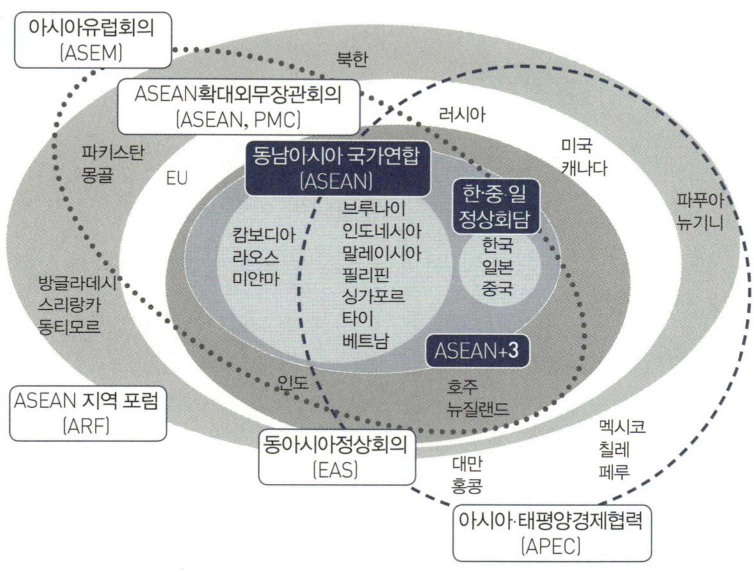

지역구상에서 시종일관 소극적이었던 것은 아니었다. 오히려 한정된 분야이기는 하지만 일본은 지역통합의 제도화에 매우 열심인 부분도 있다. 예를 들어 1980년에 오오히라 마사요시(大平正芳) 수상 아래에서 '환태평양 경제협력구상'이 제기되기도 하였다. 또한 동 수상이 제창한 '종합안전보장'이라는 생각은 식량안보, 해상에서 일본의 지위권 확보를 위해 다자간 협력을 중요시하는 것이었다. 더욱이 1989년에 형성된 아시아·태평양경제협력회의(APEC)는 그 제창자가 포크 호주 수상이었지만, 호주와 일본의 긴밀한 협력이 그 아래에 깔려 있었다. 그리고 미국은 아시아의 독자적인 지역통합의 제도화를 경계하고 있었기 때문에 APEC 추진에 적극적이었다.

1990년대 이후 동아시아 지역주의 움직임은 1980년대 이전의 상황과 명백히 다른 점을 가지고 있었다. 아시아 자신이 주도적으로 지역협력 메커니즘을 형성하려는 움직임을 보인 것이다. ASEAN은 1990년대에 들어 베트남·라오스·캄보디아·미얀마를 가맹국으로 해서 문자 그대로 동남아시아국가연합을 형성하였고 더 나아가 20여 개국을 포함한 안전보장대화기구로서 ASEAN지역포럼(ARF)을 설립했다.

동아시아의 지역통합 제도화를 촉진시킨 계기는 1997년에 일어난 아시아통화위기였다. 즉, 이 사건은 헤지펀드의 강력한 공격을 받아 태국·인도네시아와 같은 동남아시아 국가들과 한국이 위기에 빠지면서 시작되었다. 이에 대해 IMF와 APEC이 거의 효과적인 대응을 할 수 없었기에 미국 주도가 아닌 아시아 스스로의 위기 대처 능력을 높일 필요성이 제기되었다.

거기서 일본은 '미야자와 이니셔티브'를 발표해 300억 달러가 넘는 경제지원을 했을 뿐만 아니라 '아시아통화기금(AMF)' 구상을 제기하는 등 적극적인 역할을 하였다. 하지만 중국과 미국은 아시아에서의 일본의 영향력 확대를 경계해 '아시아통화기금' 구상에 반대 입장을 취했다. 일본을 중심으로 한 아시아 지역주의의 강력한 추진에 저지한 것이었다. 그러나 아시아 경제위기를 계기로 해서 'ASEAN10+한·중·일 3국'의 틀이 기능하기 시작했다. 또한 1990년대부터 점차 경제적으로 부상해온 중국은 미국의 질서에서 탈피하기 위해 아시아에서 중국의 영향력이 있는 지역권 구축과 지역주의 구상 추진에 적극적이게 되었다. 이로 인해 ASEAN과 중국, ASEAN과 일본, ASEAN과 한국 간에 자유무역협정(FTA)이 활발히 진행되면서 동아시아 지역통합 제도화에 대한 움직임이 가속되기 시작했다.[4] 이때부터 아시아에서의 자립적인 지역통합제도를 형성하려는 의욕이 나타나기 시작한 것이다.

이 시기에 동아시아 지역 공동체 구상에 대해 중·일 간의 경쟁도 심화되었다. 2002년 1월 일본의 고이즈미 수상이 싱가포르에서 '동아시아공동체 구상(EAC)'을 제기하였으며, 같은 해 일본의 경제산업성이 동아시아 비즈니스권 구상을 내놓았다. 나아가 2003년 'ASEAN+일본'의 도쿄회의에서 고이즈미 수상은 그 구상을 다시 제창하기도 하였다. 중국도 2001년에 'ASEAN+중국'과 정상회의에서 주룽지 수상이 2012년까지 중국과 ASEAN은 지역자유무역협정을 실현하는 것으로 발표했다.[5]

그 결과 2005년 12월 제1회 동아시아 서미트(EAS)의 개최가 실현되었다. ASEAN 10개국에 더해진 한·중·일 정상이 처음으로 한자리에서 만나게 되었다. 그 당시 중·일 관계는 '고이즈미 야스쿠니 참배' 등을 둘러싸고 중·일 간 정상대화가 단절되어 서로의 불신감이 상당히 높았다. 이때 중국은 적극적으로 'ASEAN+한·중·일 3국'

의 틀로 '동아시아공동체를 만들어야 한다'고 주장했다. 하지만 일본은 나아가 호주·뉴질랜드·인도를 포함한 ASEAN+6로 구성원을 만들어 나아가야만 한다고 주장했다. 공동체의 미래구상을 둘러싼 상호불신과 상대에 주도권을 빼앗길 수 없다는 중·일 간의 경쟁이 표면화된 것이었다(伊藤憲一, 2010년).

이로 인해 EAS의 첫 역사적 회의는 공동체의 의의와 내용에 대해 논의를 깊이 하지 못하고 폐회할 수밖에 없었다. 그 후 EAS는 우여곡절을 겪으면서 여전히 진행되고 있다. 그렇다고 EAS가 위기에 대응하는 제도로 잘 기능하고 있는 것은 아니다. 단지 정상들의 모임으로 정례화되면서 정보를 공유하는 수준에서 유지되고 있다 할 수 있다. 그 결과 동아시아 지역에 존재하는 APEC, ASEAN지역포럼(ARF), ASEAN+3 또는 동아시아 서미트(EAS)는 대부분 능력부족이나 기대이하로 평가받고 있다. 이 때문에 새로운 기구를 창설하고자 하는 제안이 속출하고 있다.

그 예로 케빈 호주 수상이 주창한 아시아·태평양공동체(APc) 구상, 일본 하토야마 수상의 동아시아공동체 구상, 그리고 한국의 신아세아 구상이 있다. 그러나 이 구상들은 각국이 스스로 주도권을 갖는 외교전략으로 생각하고 있어 그 어느 것도 실질적인 통합의 모델로 기능하지 못하고 있다.

아시아 지역통합의 움직임을 역사적으로 선행한 유럽과 비교한다면 몇 가지 차이점이 나타난다.

첫째, 지역협력의 제도화라는 점에서 상당히 낮은 단계에 있다는 점이다. 둘째, 국가규모, 경제발전단계, 정치체제, 사회·문화생활, 가치관, 민족, 종교 등으로 매우 선명하게 다양성이 존재하는 점이다. 셋째, 경제에 편향된 지역협력 메카니즘이 진전되고 있다는 점이다. 넷째, 현 단계에서는 구상조차 국가주권 혹은 국민국가의 틀을 전제로 하고 있어 국경을 넘어서는 방향으로 지역통합이 이루어지기 어렵다는 점이다. 다섯째, 지역통합의 전체적인 제도와 그 과정이 불투명한 상태에 있어, 동아시아에서의 지역통합은 아직 구상·논쟁의 틀을 넘지 못하는 점이다.

그러나 현실에서 지역협력 메카니즘의 필요성은 증대하고 있으며, 동아시아 지역통합에 대한 요구도 증가하고 있다. 그 이유로서는, 첫째 동아시아는 이미 거대한 경제력을 바탕으로 상호의존이 진행되고 있지만 새로운 문제에 대해 보다 효과적으로 대처하는 제도와 메커니즘이 없기 때문이다. 예를 들어 한·중·일 3국만의 GDP(IMP 통계, 2008년)를 보아도 중국 4조 4,016억 달러, 일본 4조 9,238억 달러, 한국 9,470억 달러, ASEAN 1경 51조 7억 달러로 합계 1경 70조 달러에 이르는 커다란 규모다. 이미 EU 및 북·미자유무역지역(NAFTA)에 필적하는 경제권이다.

그러나 동아시아 지역 전체를 포섭하는 경제통합시스템이 존재하지 않아 1997년 아시아통화위기에 효과적이고 신속한 대응이 불가능했다. 그리고 미국 발 금융문제가 발단이 된 2008년 8월 금융위

기는 유럽에서 아시아로 번져 세계적인 규모로 위기에 대응할 필요
성이 증가하고 있다. 하지만 2008년 봄 동아시아 서미트(EAS)의 돌
연 연기에서 보듯이 지역 내 갈등으로 인하여 위기대응 메커니즘은
너무나도 미약한 실정이다.

둘째, 1990년대 이후 글로벌리즘의 확대는 아시아 각국에 경제격
차의 확대, 성장 우선에 따른 환경문제 심각화, 인구유동화에 의한
전염병 확산 등의 새로운 문제를 가져왔다. 또한 아시아 지역에서도
테러리즘, 대규모 자연재해, 해적, 정치·경제 난민 등 국경을 초월한
공통된 여러 문제가 발생하여 심각화되고 있다.[6]

이러한 문제는 그 자체로도 각국의 사회문제이기도 하지만, 각국
의 정보공개와 그에 따른 결정과정의 투명성, 그리고 그와 관련된 정
치체제의 존재형태와 관련된 문제였다. 나아가서는 각국 간의 문제
에 대한 이해와 협력을 통해 포괄적인 메커니즘에서 해결하지 않으
면 안 된다. 따라서 구체적인 이슈에 대한 효율적으로 대처하는 포괄
적인 메커니즘 구축이 아시아 각국의 긴급한 과제로 제기되었다.

셋째, 동아시아 이익을 세계에 주장하기 위한 교섭력을 강화해야
한다는 필요성도 있다. 여러 가지 국제적인 교섭의 장에서 각국씩
따로따로 행동하는 것이 아니라 단결해서 교섭하는 편이 이익을 관
철시키기 쉬울 것이다. 이것은 단순히 정치적 이익뿐만이 아니라 경
제적인 이익을 얻기 위해서도 중요할 것이다. 생각해 보면 세계 어
느 지역에서도(유럽, 미국, 중동, 아프리카 등) 지역 정상회의(서미

트)가 있는데, '동아시아'라는 이름의 정상회의는 2004년에 동아시아 정상회의까지는 열리지 않았다. 이는 아직도 아시아에서 상호불신의 고리가 이어지고 있는 데서 이유를 찾을 수 있다.

우선 일본에 의한 전후처리 문제도 남아있고, 냉전에 따른 전쟁의 아픔도 아직 남아있다. 예를 들면 한국전쟁, 베트남·캄보디아전쟁, 중국·베트남전쟁 등을 들 수 있다. 이와 갈은 상호불신으로 인해 경제협력은 진행되고 있지만 통합을 위한 심리적 기반은 결코 강하지가 않아 세계 속에서 그 교섭력은 떨어질 수밖에 없다.

동아시아의 정치·안보협력에서 변화

동아시아에서 정치·안보의 협력은 경제 분야와는 달리 불가능에 가깝다고 여겨졌다. 지금까지 정치·안보 분야에서는 동아시아공동체 구축에는 회의적인 인식이 많았다. 그 이유는, 첫째 공동체 구축의 전제가 되고 있는 민주주의와 자유, 법의 지배, 인권 등의 공통적인 가치관을 공유하고 있지 않기 때문이다. 둘째, 아시아 국가들은 지역협력의 원동력이 되고 있는 공통의 적을 가지지 못한 것도 그 원인이다. 오히려 역내에서 상호 견제와 억제가 안보위협으로 보는 경향이 있다. 셋째, 탈냉전 후에도 아시아에서는 냉전 시대의 대립이 남아있고, 영토문제를 둘러싼 대립도 지속하고 있기 때문이다(寺島実郎, 20 09년).

동아시아의 안보문제에도 변화의 흐름이 나타나고 있는 것은 사실이다. 동아시아는 경제 자유화에 따른 국제 경제와의 상호의존이 심화되어 국가가 지켜야 할 핵심적 가치(국가안전보장, 경제적 번영, 정치적 자율)에 대한 우선순위가 변화될 가능성이 높아졌다. 일반적으로 상호의존이 증가하면 국제무역과 외국기업과의 제휴에 종사하고 있는 세력들(정치가, 관리, 기업가 등의 국제파 세력)의 국내 정치적 영향력은 증가한다. 국제파 세력은 국제환경을 보다 평화적으로 하기 위해 대외 정책을 선호한다. 왜냐하면 국제환경의 정치·군사적인 긴장은 생산에 할당되는 자원을 축소시킬 뿐만 아니라 해외로부터의 투자와 자금·기술 도입을 저해하여 대외 경제 환경을 악화시키기 때문이다. 그렇기에 국제파 세력은 보호주의적인 세력에 비해 긴장을 완화시키는 대외 정책을 실시하고자 한다.

동아시아에는 다국적 기업을 중심으로 한 지역적인 생산과 판매 네트워크가 형성되고 있다. 그리고 경제적 네트워크를 원활히 유지·발전시키는 것이 이제는 국가 발전과 성장에 필수불가결한 것이 되었다. 분명 중국과 인도, 그리고 동남아시아 국가들의 경제발전은 이들 국가들이 동아시아에 확대하고 있는 생산과 판매 네트워크와 연관되어 있는 것은 사실이다. 아시아 각국의 경제가 서로 연관되어 있고, 이들 국가들이 경제발전을 지향한다면 이들 간의 군사 분쟁 가능성은 현저히 저하될 수밖에 없다.

이 점에서 동아시아는 새로운 안보질서의 형성조건이 갖추어지고 있는 것처럼 보인다. 그 예로 경제적인 협력이 지속되면서 정치·안보문제에도 서로의 협력이 필요하다는 것을 인식하게 되었다. 또한 비전통적인 안보, 즉 기후변동, 자연재해의 대응, 군비확산에 대한 대응, 테러의 위협, 해적, 국제범죄 등 비전통적인 안보 분야에서의 과제가 부상하고 있다. 이러한 과제는 국가단위의 대응책으로는 해결할 수 없는 동아시아의 공통적인 과제로 인식되고 있다.

그렇지만 전통적인 안보문제에서는 지금까지의 미·일, 미·호, 미·한 등의 양자 동맹에 의한 대응이 중심을 이루었다. 이러한 양자 간 동맹 관계가 지역의 평화와 안전을 유지하는 지역공공재의 역할을 해왔던 것이다. 동아시아의 지역협력을 염두에 둘 경우 동아시아라는 지역적 범위에서 협력을 진행할 것인지, 미국을 포함한 아시아·태평양 지역을 지리적인 범위로 할 것인지가 논쟁이 되고 있다. 특히 전통적인 안보에서는 미국을 제외하고 지역의 안전보장을 주장하는 것은 아직 시기상조임이 분명하다. 아직도 미국을 제외한 아시아만의 협력을 진행하는 것에 대해 우려는 아직 크게 남아있다(谷口誠, 2004년).

동아시아 지역에는 포괄적인 안보기구의 제도적인 정비보다는 주로 비전통적이고 기능적인 협력이 실질적으로 진행되고 있다. 국제조직범죄, 해적, 해상테러, 약물, 마약 등의 협력이 추진되고 있다(ASEAN+3, ASEAN+6, ARF 등). 또한 아시아 지역에 한정되지 않고, 글로벌한 차원에서도 협력이 진행되고 있다. PSI는 미국, 영국, 이탈리아 등과 함께 아시아에서도 일본, 싱가포르, 한국, 필리핀 등의 국가가 참가하고 있다. 이처럼 동아시아에서는 아직 모두가 공통 과제로 하고 있는 안보 분야에서는 제도화가 아직 걸음마 단계이지만, 구체적인 분야에서는 실질적인 협력이 활성화되고 있다. 협력이라고 해도 아직은 정보 공유의 차원이 많고, 행동으로 옮기는 데는 아직 시험단계에 머물고 있다고 해도 과언이 아니다.

그렇다면 앞으로 동아시아 안보환경의 변화에 따라 중국이나 인도의 대두에 의한 지역의 파워 이전에 어떻게 대응할 것인지, 또한 전통적인 안보 이외의 비전통적인 안보 분야에서 지역의 평화와 안정을 어떻게 유지할 것인지에 대해서는 새로운 과제가 된 것이 사실이다.[7] 이로 인해 미·중·일·ASEAN의 경쟁은 새로운 형태의 변화를 가져올 가능성이 높다.

우선, 동아시아 안보협력에서 중국의 역할을 어떻게 보아야 할 것인지에 대한 각국의 전략이 상충되는 부분이 많다. 즉, 중국이 안보와 동아시아 질서에서 긍정적인 역할을 할 것인지, 부정적인 역할로 나타날 것인지에 대한 관심이다. 동아시아 국가들과 미국 내에서는 중국이 정치·안보상에서 영향력을 확대하는 것은 동아시아의 안정에 부정적인 요인이 될 가능성이 높다는 우려의 목소리가 있었다. 그렇기 때문에 중국의 '리스크'에 대비하는 보험으로서 '동아시아공동체'를 구상하는 의견이 나왔었다. 중국과 주변 국가들이 협력하는 체제를 정비해 두면 중국이 제멋대로 행동해도 대응할 수 있다는 것이다. 또한 중국과 함께 '공동체'를 만들어 두면 중국 스스로가 협력해서 문제를 해결하는 규칙을 받아들여 근본적으로 제멋대로 행동하려 하지 않을지도 모른다는 발상이다. 이처럼 '동아시아공동체'를 사용해서 강화하는 중국의 힘을 '관리'하고 싶다는 것이다.

그러나 반대로 중국문제가 있기 때문에 '동아시아공동체'에 반대라는 의견도 있다. 중국을 '관리'하기는커녕, 오히려 중국이 '동아시아공동체'를 이용해서 다른 국가에 더욱더 영향력을 확대할지도 모른다는 이유에서다. 중국이 아시아 각국과 상호의존을 심화시키면 중국에 더욱더 의존하는 시스템이 만들어질 수 있기 때문이다. 그렇게 된다면 '동아시아공동체'가 중국 지지그룹의 모임이 될지도 모른다는 의구심을 갖는다.

그 예로 2005년 아시아 서미트에서 회원을 두고 나타난 일본과 중국의 대립이 좋은 예가 될 것이다. 그것은 명백히 일본이 중국의 미래에 불안감을 가지고 있기 때문에 발생한 일이었다. 일본은 '차이나 리스크'를 '관리'하고 싶어 하지만, '동아시아공동체' 구상이 중국에 이용되는 것도 우려하고 있다. 그렇기에 일본은 중국에 이용되지 않는 '아시아 공동체'가 필요한 것이다. 이 점에서 일본은 '아시아 공동체' 내부에서 자신의 편을 늘리고 싶어 했다. 그것이 오스트레일리아, 뉴질랜드 등이다. 그리고 중국도 물론 이를 알고 있기에 일본의 주장에 반대한 것이다.

둘째, 동아시아 안보협력에서 이전과 달리 미국의 동아시아공동체에 대한 관심이 적극화되었다는 것이다. 지금까지 미국은 허브 앤스포크(hub & spoke) 시스템을 중심으로 양자 간 동맹 관계를 유지하면서 현실적인 대응으로 ARF, 상하이협력기구(SCO)와 6자회담 등에 참가하면서 자신의 영향력을 유지하였다. 그러나 중국의 부상과 함께 '아시아공동체' 구상이 본격화되면서 동아시아 국가들이 미국을 제외하는 것은 아닌가에 대한 우려를 갖게 되었다. 미국으로 보아서도 동아시아공동체가 중국 주도의 '공동체'가 된다면 곤란하다. 따라서 미국을 '동아시아'의 국가라고 보아야 되는지에 대한 미묘한 문제가 생겼다.[8]

실제로 '동아시아공동체'에도 미국을 포함시키자는 의견이 일본 등 아시아 측에서도 나왔다. 그러나 제1회 동아시아 서미트에서는 일단 보류되었다. 거기서 미국은 자기편의 국가(오스트레일리아와 뉴질랜드)를 참가시켜 미국 이익을 대변시키려 생각했다. 물론 일본이 미국의 우방이기는 하지만 일본만으로는 안심할 수 없었던 것이다. 반대로 중국으로서는 미국의 영향력이 늘어나서는 곤란하다고 생각한다. 특히 미국은 자국과 같은 민주주의 가치관을 세계에 확산시킬 것을 목표로 하고 있다. 미국으로부터 독재국가라고 비판받아 온 중국으로서는 상당히 신경이 거슬리는 부분이다. 일본 등과 비교해서 미국과 거리를 두고 있는 인도의 참가도 미국이 추진했다. 인도의 정치체제는 민주주의이기 때문에 중국에 대한 대항수단이 되기 때문이었다. 그러나 아시아에서는 미국이 민주주의를 강요하는 것은 바람직하지 않다는 목소리도 크다. 구미 민주주의와 다른 '아시아적 가치'를 주장하는 목소리도 있다. 그러나 일본과 미국의 생각대로 될 것인지 여부는 아직 불투명한 측면이 많다.

셋째, 아시아공동체 논의에서 주도적인 역할을 하고 있는 ASEAN 이 언제까지 그 영향력을 유지할 것인지에 대한 것이다. 탈냉전 후 동 아시아의 지역협력에서 ASEAN이 한 역할은 컸다.[9] 탈냉전 후 과도 기의 불확실성이 존재하는 상황에서 다자간 협력의 경험이 축적된 ASEAN이 운전석에 앉음으로써 ARF와 같은 정치대화가 가능하게 된 것이다. ARF가 제시했던 신뢰형성·예방외교·분쟁해결이라는 3단 계의 프로세스는 예방외교의 전 단계에 머물러있지만, ASEAN은 일 본과 중국이 대립하고 있음에도 불구하고 동아시아 전체로 협력과 통 합을 추진해왔던 것이다.

그 결과 ASEAN+3를 형성하고 아시아 서미트까지 형성할 수 있 었다. ASEAN의 국가들은 경제력에서뿐만 아니라 인구·군사력에 서도 일본·중국에 크게 뒤진다. ASEAN+3의 13개국 중에 ASEAN 10개국을 전부 합쳐도 아시아 내의 경제력(GDP)에서 단 10%, 인구 에서 27%에 지나지 않는다. 그럼에도 불구하고 지금까지 ASEAN 이 '운전석'에 앉아 아시아협력의 중심적인 역할을 했던 것이다. 이 는 역으로 보면 ASEAN이 동의하지 않는 '동아시아공동체'는 진전 할 수 없다고도 이해할 수 있다.

그 예로 제1회 동아시아 서미트의 개최는 최종적으로는 2004년 제8회 ASEAN+3 정상회의로 결정되었었는데, 실제로는 그때 한 번 연기될 수 있었다. 중국에 주도권을 빼앗길 것을 염려한 인도네시아 가 반대했기 때문이었다. 작은 나라이기에 주도권을 쥔다는 '발상의 전환'이 언제까지 통용될 것인지는 의문이다.

ASEAN웨이의 한계는 ASEAN 스스로가 가장 잘 알고 있다. 동아시아에서 ASEAN의 역할 한계는 ASEAN이 영향력 부족에서 오는 것이 아니라, ASEAN 이외의 중국이나 일본이 지역협력에 주도권을 가질 수 있느냐에 따른 것이다. 아직은 ASEAN을 대처할 국가가 있지 않은 상황에서 중국이나 일본, 한국 등의 국가가 ASEAN웨이를 인정하고 있다. 그렇지만 중국의 부상에 따른 아시아 질서의 변화가 나타나면 각국의 외교전략에 따라 ASEAN의 역할도 새롭게 조정될 수밖에 없다.[10]

강대국 간 관계를 제어할 제도의 형성,
과연 이루어질 것인가

최근 심화하는 경제적 상호의존 관계를 생각해볼 때 정치·안보 차원의 협력은 필수적인 것처럼 보인다. 그러나 앞에서 살펴본 바와 같이 정치·안보협력에서 새로운 변화의 조짐이 나타나고 있지만, 여전히 기존 제도의 기능 부전으로 인한 제도적 시스템은 미비하다.

더욱이 최근 아시아에서 파워 게임은 부활하고 있다. 중국 대두와 인도의 국력 증가는 이 지역의 전통적인 강대국 간 관계를 크게 바꿀 가능성을 내포하고 있다. 특히 급속한 경제 성장에 의해 부를 축적한 중국은 해군력을 비롯해 군사력 근대화를 급속히 추진하고 있다. 이로 인해 중·일 간의 영토분쟁은 점차 빈번해지고 있으며, 천안함사건에서도 보듯이 미군과의 관계에서도 갈등을 예고하고 있다. 즉, 동아시아에서 미국의 압도적인 군사적 우위라는 상황이 변화되고 있는 것이다.

중국이 미국을 능가할 글로벌 파워가 될지 여부에 대해서는 여러 가지 의견이 있을 것이다. 그러나 아시아라는 특정 지역에 한정해 보자면 적어도 중국은 미국의 우월한 상황을 흔들어버릴 힘을 가질 가능성이 있다(鳩山由紀夫, 2008년). 중국은 미국의 우월적 상황을 대체할 수는 없을지 모르지만, 미국의 힘 행사를 제약할 힘은 가질 수 있다.

지금까지 동아시아에서 미·중·일의 주요 강대국이 안정적인 질서를 유지할 수 있었던 것은 미국의 압도적 힘 우위 하에 있었기 때문이었다. 1972년 닉슨 방중을 계기로 형성된 미·중·일의 안정적인 질서는 아시아에서 미국의 전략적 우월이라는 전제를 중국(당연하지만 일본도)이 받아들였기 때문에 가능하였다.

그러나 중국 힘의 대두와 일본의 경제적 침체, 미국의 장기적인 쇠퇴로 인해 그러한 전제가 동요되고 있다. 중국이 당분간은 아시아 평화와 안정을 유지하려고 할 것이다. 그러나 이는 중국이 안정과 번영이라는 측면에서 미국이 압도적 우위에 있다는 조건을 받아들였기 때문만은 아니다. 오히려 미국과의 파워 변동을 위한 영향력의 축적이라는 측면이 적절한 표현일 것이다.

주요 강대국들 사이의 역학 관계 변화를 앞에 두고 파워 변동을 관리하기 위한 지역제도의 존재 형태에 대해 여러 가지 지역제도 구상이 제시되고 왔다.[11] 단, 최근 지역제도 구축을 둘러싼 논의는 이전과는 성격이 다른 점이 있다. 1990년대 후반 이후 구축된 여러 가지 지역제도의 활동의 중심에는 ASEAN이 있었다.[12]

그러나 최근 논의는 강대국 간의 관계를 규율하는 시스템을 강대국들이 어떻게 구축할 수 있느냐에 초점을 둔다. 아시아의 국제 관계는 급속히 변화해 특히 중국의 부상에 따른 강대국들 간의 역학 관계 변화가 가장 중요하게 되었다. 이에 따라 강대국 간의 파워 변동으로 인한 동아시아 지역의 긴장이 발생하지 않도록 하기 위한 제도적인 설립을 논의하게 되었다.

그 예로 2008년 6월에 캐빈 호주 수상의 '아시아·태평양공동체 구상'은 미국, 중국, 일본, 인도 등 아시아 주요 국가 간 역학 관계 변화에 따른 군사 분쟁 가능성을 염려하며 주요 국가 간 새로운 제도를 구축하자는 것이었다. 이를 통해 동아시아 지역의 '안전보장공동체(국가 간 대립이 발생해도 그것을 무력해결을 회피하는 관계를 만드는 것)'를 구축할 필요성을 설파한 것이다. 더욱이 G2(미·중)와 G3(미·중·일), 아시아판 G8 구상 등 강대국 간 관계에 초점을 맞춘 여러 지역제도가 제안되고 있다.

그리고 이러한 구상을 뒷받침하는 움직임도 일고 있다. 미·중은 지금까지의 각료급 경제대화를 정치안전 보장을 포함한 각료급대화로 격상시키고 있다. 미·중·일 간의 하이레벨의 전략대화도 시작됐다. 한·중·일 정상회의도 2008년 12월 이후 정례화되었다.

지금 진행되고 있는 다양한 제도는 앞으로 정리통합될 것인가, 아니면 제도 간 경쟁이 일어나서 어떤 제도는 살아남고 나머지 제도는 소멸 혹은 기능 부전에 이를 것인가? 분명한 것은 지금의 다양한 제도들은 공통된 것이 많고 정리와 통합의 필요성이 있는 것은 사실이다.

하지만 동아시아 국제 관계가 유동적이기에 장래의 지역질서를 예측할 수 없는 현 상황에서는 이 지역 국가들은 다양한 외교전략으로 생각하는 측면이 강하여 제도 수렴이 단기적으로 실현되기는 힘들 것으로 보인다. 왜냐하면 동아시아에서는 중국과 미국의 파워 변화가 어떻게 전개될지는 아직 불투명하기 때문이다. 이로 인해 한국과 동아시아 국가들의 고민이 있을 수밖에 없다.

현실주의자가 주장하는 국제질서의 파워 변동에 대처하기 위한 국가전략은 간단하다. 즉, 파워가 증가하는 국가의 등장에 대해 다른 국가가 취하는 대응책은 밸런싱, 즉 증가하는 파워에 대해 군사력을 증가하여 자국 힘을 증대시키는 균형 정책을 취하든지, 다른 국가들과 동맹을 하여 대두하는 파워에 대항하는 세력을 형성하는 것이다. 아니면 다른 국가들보다 앞서 파워 국가의 편이 되는 것이다. 다시 말해 '이기는 국가 편 들기', '상대의 군사력으로부터 보호받기'라는 것이다.

문제는 현실주의자의 주장이 지금의 아시아에서는 그대로 적용할 수 없다는 점이다. 우선 강대국의 파워(중국)가 앞으로 압도적으로 강해진다고 예상을 한다면 공공연하게 균형 정책을 취하기가 어려운 점도 있다.[13) 따라서 지금으로서는 동아시아 국가들은 중국과 관계를 강화하는 움직임을 취할 수밖에 없다. 즉, 관여(engagement) 정책이다. 중국과 관계를 강화하면서 경제적인 이익과 정치적인 이익을 취할 수 있을 수도 있다.

그러나 관여 정책에는 리스크가 뒤따른다. 중국에 대한 관여를 심화한 결과 중국의 경제침체와 정치 혼란 등에 직접적인 영향을 받을 위험도 그만큼 커지게 된다. 혹은 중국이 상호의존을 이유로 노골적으로 대외적인 영향력을 행사할 수도 있다. 중국에 의해 자국의 운명이 좌우될 위험이 있는 것이다. 따라서 동아시아 국가들의 합리적인 선택은 관여 정책과 동시에 국가는 리스크를 회피할 수단도 동시에 준비해야만 한다. 예를 들어 일방적인 힘의 행사로부터 스스로를 지키기 위해 강대국끼리 견제시켜 강대국 힘의 행사를 억제할 장치를 검토할 필요가 있는 것이다.[14]

아시아에서 강대국 관계를 규율하는 지역제도로서 어떠한 형식이 나타날 것인지는 분명하지 않지만, 미·중과 미·중·일의 기본적인 가치가 다른 것을 염두에 두면 '강대국 콘도미니움'과 같은 시나리오가 실현될 가능성이 높다고는 할 수 없다. 미·중과 같은 강대국 간의 협의와 정책조정을 촉진하는 제도는 필요하지만 그것이 아시아 국가 간 관계의 기본구조를 규정할 정도로 강인하고 안정적인 것이 되기는 어려울 것이다. 미·중은 지금까지 없던 수준으로 교류와 협력을 전개하고 있다. 그리고 대테러전 수행을 위해서도 중국과의 우호적인 관계를 유지하고 있다. 그러나 미·중 양국은 민주주의, 인권, 그리고 대만문제 등에 대해 의견을 달리하고 있어 갈등의 씨앗이 되고 있는 것이 사실이다.[15]

한편 아시아는 계층적인 국제질서를 받아들이는 역사가 있어 결국은 중국을 중심으로 한 계층적 질서가 탄생할 것이라는 견해도 있다. 그러나 동아시아 국가의 내셔널리즘의 강도를 생각하면 강대국 간의 합의와 특정 강대국 의향을 이 지역 모든 국가들이 그대로 받아들일 것이라고는 생각할 수 없다.

아시아의 국제질서가 안정되기까지는 아직 조금 더 시간이 필요할 것이다. 그렇다면 아시아 국가들은 지금까지와 같이 다양한 외교 전략으로 대응할 가능성이 높다. 동아시아의 지역제도에 관해서도 복수의 지역제도에 동시에 참가하며 관여와 리스크 회피, 느슨한 견제라는 외교 전략을 취할 가능성이 높다. 앞으로 강대국 간의 관계를 제어할 지역 제도를 어떻게 구상을 할 것인가라는 논의는 계속 경쟁적으로 나타날 가능성이 높으며, 다양한 제도들이 병존할 가능성은 더욱 높다.

한국의 대응전략

앞에서 살펴본 바와 같이 동아시아에서는 앞으로 다양한 제도들이 병존하면서 당분간 한국이 주도권을 확보하기에는 어려운 상황이라고 할 수 있다. 그러므로 한국은 적극적인 관여 정책을 취하면서도 강대국들의 힘을 억제하는 제도적인 장치의 마련에 고심해야 할 것이다. 따라서 한국은 선진국과 후진국, 강대국과 약소국을 이어가는 가교역할을 충실히 해야 할 것이다. 특히 한국의 전략은 중·일 경쟁 하에서 어느 한쪽으로 치우치지 않는 대안을 제시하도록 노력할 필요가 있으며, 이것이 한국의 전략적인 영향력으로 발휘될 수 있다는 것을 명심해야 한다.

또한 지금 동아시아에서 진행되고 있는 경제주의적이고 비전통적인 안보 중시의 협력을 한층 풍부하게 만들면서 중국과 일본보다 좀 더 진전된 비전을 제시할 필요가 있다. 이를 위해서는 우선 한·중·일의 신뢰회복과 안보 부분에서의 제도적인 틀을 마련함으로써

ASEAN과 여타 국가들과의 연계를 통해 동아시아공동체의 제도적인 기반을 만들 필요가 있다.[16]

첫째, 동아시아 협력에서 신뢰를 회복하기 위해서는 역사와 영토분쟁에 대한 논의를 하지 않을 수 없다. 한·일 간에는 독도문제와 역사교과서 인식을 둘러싼 갈등이 끊임없이 일어나고 있다. 중·일 간에는 센카쿠(조어도)문제와 가스전 개발을 둘러싸고 갈등이 나타나고 있다. 여기서 역사와 영토문제를 조심스럽게 의제로 올리는 것이 앞으로의 3국 간의 신뢰를 회복하는 것에 도움을 줄 수 있다. 한·일 간에는 제2기 역사공동위원회가 끝난 시점이다. 또한 중·일 간에도 역사공동위원회가 진행되고 있다. 이러한 점에서 3국 간 역사공동위원회를 제안하는 것은 의미가 있을 것으로 보인다.

3국 간 역사공동위원회는 동북아의 미래를 열기 위한 작업임과 동시에 3국의 신뢰를 회복하는 일이다. 특히 일본의 민주당정권은 역사문제에 대해 전향적인 생각을 가지고 있기 때문에 이 문제를 제기하는 것은 바람직하다. 3국 간 역사공동위는 민간 차원의 논의의 장소를 제공하는 의미에서 시작되어야 할 것이다. 3국 간 역사공동위의 목적은 서로의 역사인식의 차이를 확인하고 이를 해소하기 위한 민간의 공동 작업에 우선해야 할 것이다. 따라서 3국 간 역사공동위는 각 부분의 쟁점을 정리하고 이를 각국의 역사에 대한 서로의 인식을 확인하는 작업이 우선되어야 할 것이다.

각국의 대표로 참석하기보다는 민간의 연구자의 양심에 따라 자신의 연구 성과를 발표함으로써 서로의 차이를 확인하고 이를 해소하기 위한 공동의 연구를 진행하는 장소로 확인되어야 할 것이다. 이 점에서는 중국과 일본도 의견을 제시하지는 않을 것으로 보인다. 따라서 이번 의제에서는 3국 간 역사공동위원회를 설치한다는 것을 확인하는 것이 중요하다.

둘째, 2009년 10월 제2차 한·중·일 정상회담에서 합의를 위한 안보대화채널을 구체화해야 할 것이다. 3국은 안보대화 협력의 연내 발족을 위해 국방관리들이 협의를 진행하고 있다. 우선 국장급의 한·중·일 안보대화와 1.5트랙의 한·중·일 안보포럼을 신설하는 것이 필요할 것이다. 여기에서 논의가 점차 확대되어 한·중·일 간의 미니 안보대화협력이 가동되면 3국 간 군사적 신뢰구축에 대한 구체적인 논의를 할 수 있을 것이다. 그리고 안보대화협력이 정착되게 되면 동북아 안정을 위한 한·중·일 안보협력체의 구축으로 한 걸음 나아가게 할 수 있다.

여기에 한국은 한·중·일 간의 미니 안보대화체에서 신뢰를 쌓아 미·중·일·러·한의 5자 모임으로 자연스럽게 발전하도록 모색해야 할 것이다. 이를 통하여 동북아 안보에 대한 논의는 한국이 의도하는 북한문제 해결의 장을 활용할 수 있어야 한다. 여기에 북한의 김정일 위원장을 초청하는 방안도 자연스럽게 거론하여 6자회담을 활성화시킬 수 있도록 하여야 할 것이다.

셋째, 동아시아의 FTA와 통화협력의 심화는 한국도 노력해야 하는 부분이다. 한·일 FTA의 협상은 2004년 이후 중단 상태인데, 그 주된 이유는 양국 정부에 대한 한·일 FTA 반대파의 입장이 강하게 작용하고 있기 때문이다. 일본에서는 농림수산업 자유화에 대한 반대, 한국에서는 자동차나 기계부품과 같은 공업 제품 수입 자유화에 반대, 더욱이 한국에서는 대일 무역적자 증대를 우려하는 목소리가 크다. 중·일 FTA에 대해서는 일본은 농업자유화에 반대하고, 중국은 자동차산업과 서비스시장 개방에 반대하고 있다. 한·중 FTA에 대해서는 한국은 농업과 경공업(주로 중소기업) 시장개방에 반대하고 있으며, 중국은 자동차산업 자유화에 반대하고 있다.

한·중·일 FTA에서 낮은 단계의 FTA를 지향한다면 2국 간의 자유화의 장애물을 극복할 수도 있다. 더욱이 한·중·일 3국 간에는 투자협정 교섭이 진행되고 있어 무역 및 투자협정을 동시에 진행시킴으로써 장애물을 극복할 수 있을 것이다. 또한 한·중·일 FTA는 동아시아공동체의 실질적인 표준 모델을 한·중·일이 마련하는 계기로 전환될 수 있을 것이다. 이때 한·일은 저작권 보호, 공정거래, 시장경제 등 동아시아 경제시스템 통합을 위한 사업을 제안해야 할 것이다. 이를 통하여 3국의 FTA를 중심으로 아시아로의 외연을 확대하는 방안을 마련함으로써 아시아의 개방과 자유화를 선도하면서 시장의 확대를 모색할 수 있을 것이다.

넷째, 녹색 기술의 협력의 확대를 제안할 수 있다. 지금까지 녹색기술에 대해 아시아 국가(특히 한·중·일)는 상호경쟁, 지적 재산권문제 등의 제도적인 미비, 기술 수준의 차이로 인해 협력이 지체되어 왔다. 그러나 아시아개발은행(ADB)에 따르면 2020년까지 동아시아에는 8조 3,000억 달러의 녹색 인프라 수요가 존재한다고 한다. 예를 들면 전기 자동차의 상업화를 위해 대량생산의 이점을 역내에서 확보하면 3국이 이익을 공유할 수 있을 것이다. 이를 위해 3국은 기술 규격의 통합과 인재 교육의 협력을 추진해야 할 필요가 있다.

우선 3국은 녹색 기술 규격과 표준화를 이루기 위한 구체적인 조사를 실시하여야 할 것이다. 실제적으로 녹색 기술을 운용하고 이를 상용화하기 위해서는 각국이 각자의 노력으로 시장을 개척하기보다는 동아시아의 표준화 모델을 만들어 이에 대한 공동의 노력이 시장을 확대시킬 수 있는 계기를 만들어야 할 것이다.

예를 들면 전기자동차 보급을 위한 충전 인프라 규격 협력, 관련 부품 및 소재 등의 사양을 아시아 차원에서 협력할 수 있다. 이를 위해 녹색 기술의 표준화와 인재 양성을 하기 위한 구체적인 조사가 선행되어야 한다. 또 한·중·일 공동 조사를 형성하여 앞으로 녹색기술 발전을 위해 무엇을 할 것인가에 대한 연구를 진행시켜야 할 것이다. 신재생에너지 자원을 국제적이고 효과적으로 활용할 수 있도록 하기 위해서는 정보 시스템의 구축이 무엇보다도 시급한 과제다.

따라서 녹색 기술에 대한 조사, 연구, 정보에 대한 3국의 공동 네트워크 조직을 만들 필요가 있다. 이는 기존의 각 정부기관과 산학 단체를 네트워크화하여 여기에서 이러한 역할을 진행하도록 하는 것이 필요할 것이다.

또한 차세대 기술에 관한 협력과 함께 아시아 역내의 신재생에너지 자원(바이오 등)을 국제적으로 효과 있게 활용하기 위한 기반 조성 등(원자력 활성화를 뒷받침하는 폐기물의 협력)을 들 수 있다. 또한 한·중·일 금융 간에 '녹색기업 보증지원 규모의 확대'에 대한 MOU 체결하여 한·중·일 녹색인프라 관련 금융상품에 대한 세제 지원(금융기관 및 투자자 대상)을 확대하는 것도 좋은 방안이라고 할 것이다. 이것은 공동의 기금은 최소화하면서 각국의 지원정책을 3국의 공동작업에 투자를 하는 형식으로 진행을 하면 될 것이다.

또한 온실가스 감축과 에너지 자립도 증대를 위한 기술개발의 필요성은 증대하고 있고, 대외적으로는 저탄소·녹색성장전략을 더욱 강력히 추진하기 위해 한·중·일 협력이 필요하다. 특히 한국에서는 환경·에너지협력을 희망하는 국가로서 일본을 들고 있다.

구체적인 협력 방안으로는 한·중·일 공동연구를 통해 저탄소사회 구축에 공동대응을 모색할 수 있다. 업종별로 에너지 절약, 재생에너지 보급 등과 관련된 모델사업을 추진할 수 있다. 산업계의 온실가스 축적 경험을 상호 교환하고 효과적 감축 방법 공동모색을 추진할 수도 있다. 또한 기후변화분야에 대한 대개도국 공동지원방안도 모색할 수 있다. 이를 위해서는 각국별로 대통령이나 수상 직속의 조직을 설치하여 3개국 간의 정책 협조를 할 수 있는 실질적인 조직을 위임하는 것도 한 방편이다. 이러한 조직 하에서 3개국의 온난화 가스 배출량의 산정이나 배출실적의 상호인정 등을 검토하는 방안도 마련되어야 한다. 그리고 에코 빌리지 구상을 3국의 공통적인 계획으로 지정한다. 환경을 모델로 하는 마을을 지정함으로써 아시아에서 실험적으로 녹색 마을을 운영하여 미래의 협력 도시를 개발하는 모델로서 작용하도록 한다. 여기에는 한국의 대덕 단지나 일본 츠쿠바의 대학도시 등을 모델로 활용할 수 있다.

다섯째, 동아시아 환경협력을 제안할 수 있다. 환경문제는 각 부처가 해결할 수 없는 문제이기 때문에 3국 정상을 중심으로 한 정책협조가 무엇보다도 필요하다. 특히 산성비, 황사 등 대기오염물질에 의한 동북아 지역에서의 환경오염문제는 나날이 심각해지고 있다. 지금은 다양한 형태의 환경협력체가 존재하면서 나름대로의 역할을 수행하고 있다. 그러나 아직까지 규제력을 가진 지역차원의 제도화는 이루어지지 못하고 있다.

유럽의 경우를 보면 오염물질 측정과 평가 프로그램(EMEP, European Monitoring and Evaluation Program)을 통해 과학적인 대기오염자료의 축적과 분석을 할 수 있었다. 이를 바탕으로 대기오염물질의 피해를 객관적으로 확인한 뒤에는 오염물질 감축에 대한 인식이 확산되었다. 이는 곧 국가들의 인식 전환과 함께 제도화로 이어졌다. 이러한 단계적인 발전은 동북아 지역의 제도화 수준을 높이는 데 많은 교훈을 제공하고 있다. 앞으로 오염물질에 대한 자료의 신뢰도, 인적, 기술적 교류, 재정의 확보 등에 대한 3국의 협력은 무엇보다 필요하다. 따라서 각국이 여기에 한국은 감시네트워크의 설립, 전문가 교류, 재정적 기여 등을 통하여 아시아로부터 신뢰를 얻을 수 있을 것이다.

여섯째, 차세대 인재 교육 및 생산 분업 시스템의 활성화를 제안할 수 있다. 한국은 산업별 협회를 통한 산업인재교류의 활성화를 위해 인재교류센터의 설치를 주장할 수 있을 것이다. 또한 인재교류 사업의 일환으로 아시아 지역전문가 육성을 위한 MBA 설치, 아시아 지자체 간의 연계도 강화할 수 있을 것이다. 아시아의 중·고등학생과 대학생을 대상으로 한 각국의 역사적 유적 방문을 제도화하거나 청소년을 악성 정보로부터 지키기 위한 협력도 적극적으로 제안할 필요가 있다. 특히 한·중·일 3국은 한자 문화권인 만큼 공동의 한자를 만들어 이를 교육에 적용하는 것이 앞으로 21세기의 동아시아 질서를 만드는 데 많은 기여를 할 수 있을 것이다.

Part 5

동아시아 시대, 북한 변화와 한반도 통일

서론

세계사의 중심이 서에서 동으로 대이동하면서 동아시아가 200~300년 전의 위상을 되찾는 대순환(great circle)[1]이 진행되고 있다. 이 시점에서, 우리 한반도는 어디로, 어떻게 가야 하는가? '동아시아 시대'라는 세계사적 전환을 맞이하여 우리 한반도가 통일한국을 건설하여 '반도강국'으로서 대륙·해양·반도세력의 안정적 3극 정립을 통해 동아시아 시대를 견인하고 동아시아 항구평화의 토대를 공고화해야 한다는 데 이론을 제기할 국민은 그리 많지 않을 것이다. 이 길만이 다양한 영역에서 동아시아 전역을 우리의 프런티어로 만들고 아시아와 태평양으로 뻗어나가 새로운 국가비전과 성장동력을 창출할 수 있기 때문이다.

그러면 우리 국민은 한반도 통일을 바라고 그 과정에서 발생할 수도 있는 희생을 기꺼이 받아들일 준비가 되어 있는가? 아쉽게도 각종 여론조사 결과를 보면, 통일에 대한 국민적 염원은 큰 반면, 개인 차원의 희생에는 부정적이며 통일의 당위성이 실용화되고 있다.

통일연구원이 ㈜밀워드 브라운 미디어 리서치에 의뢰해 2010년 8월 9일부터 27일까지 실시한 국민여론조사 결과를 보면, 통일이 민족적 과업이라는 데 우리 국민의 76.6%가 찬성했지만, 통일이 가장 필요한 이유를 묻는 질문에는 국민의 29.7%는 '단일민족의 재결합'을, 19.5%는 '전쟁발생 방지'를, 19.1%는 '민족 전체의 경제발전'을, 17.6%가 '이산가족의 고통해소'를, 9.2%는 '국가적 위상 향상'을, 4.9%는 '북한주민 삶의 개선'을 선택했다.

서울대학교 통일평화연구소가 실시한 2010년 통일의식조사 결과에서도 통일의 이유로 43.0%가 '같은 민족이니까', 24.1%가 '전쟁위협을 없애기 위해', 20.7%가 '선진국이 되기 위해'라고 대답했다. 그리고 통일에 드는 비용과 통일로 인한 이익을 묻는 질문에 '통일에 드는 비용이 많다'가 64.8%, '비슷하다'가 15.5%, '통일로 인한 이익이 많다'가 19.7%였다.[2) 이제 민족적 당위성만 외치던 통일은 역사의 뒤안길로 밀려나고 있는 것이다.

한편, 독일통일 20년이 경과한 현 시점에서 통일과정 및 통합과정에 대한 반성들이 쏟아져 나오고 있다. 민족의 연속성만 강조하며 주어진 절호의 기회를 망실할 수 없다는 시간적 강박감 속에서, 오직 법적·제도적으로 동·서독을 합치는 것(통일)만 우선하였지, 동독 공산당 정권과 사회주의 경제에 대한 이성적이고 합리적인 분석을 놓쳐 동·서독 간의 통합정책을 작성할 기회를 상실하고 임기응변으로만 대응했다는 것이다.

그 결과 2009년 여론조사에서도 나타나듯, 가치관·물질수준·자아인식 측면에서 동독인과 서독인 간의 차이가 있다는 데 동독인들의 63%, 서독인들의 42%가 동의하였다. 즉, 경제적 통합의 실패, 동독인들의 심리·감성을 무시하는 일방적인 서독의 '식민주의적 접근'에 대한 반발이 오스탈기(동독 공산정권에 대한 향수)로 나타나고 있는 것이다.[3]

이러한 사실들은 통일을 준비하고 동아시아 시대를 주도적으로 맞이하려는 우리에게 많은 고민들을 던져준다. 진정 통일이 필요한 것인가? 필요하다면 그 이유는 무엇인가? 북한은 통일에 동의할 것인가? 남북이 통일에 합의하면 한반도 통일은 이루어지는 것인가? 통일은 어떠한 방식으로 진행될 것인가? 우리가 통일을 위해 준비해야 하는 것은 무엇인가? 북한을 통일로 견인하기 위해서는 북한과의 관계를 어떻게 맺어야 하는가? 주변 4국의 한반도 현상유지 정책을 현상타파 정책으로 전환시키려면 우리의 외교는 무엇을 목표로 해야 하는가? 통일을 위해서 국내적으로 노력해야 할 과제는 무엇인가? 참으로 많은 사색과 고려, 그리고 통찰과 예지가 요구된다.

동아시아 시대와 북한 변화

북한의 국가전략

사회주의 강성대국 건설

북한은 1990년대 경제의 정치화[4]로 인한 비효율성과 경직성, 강행적 발전전략으로 인한 속도전·사상전의 한계, 냉전체제 상황에 따른 무리한 중공업·군수산업 중심의 개발전략 및 사회주의권에 대한 과도한 의존, 자급자족적 폐쇄경제 고수에서 비롯된 기술수준 낙후·산업구조 왜곡·산업시설 노후화 등의 문제가 있었다. 또한 계속되는 농업생산성의 약화 및 자연재해 등으로 경제성장률이 1998년까지 9년 연속 마이너스였을 정도로 총체적 경제난에 처해 있었다.

그런데 1990년대 북한체제의 심각성은 그 위기가 경제적 문제에만 국한되지 않았다는 점에 있었다. 전 세계적 차원의 냉전의 해체가 한반도 냉전체제의 해체를 가져오지 못했다는 것은 북한의 '피포위 의식(siege mentality)'의 심화에 중요한 작용을 했다. 북한은 사회주의 체제의 원군도 잃고 냉전체제의 해체로 인한 체제불안감 해소도 얻지 못하는 최악의 처지에 빠지게 된 것이다. 즉 1990년대 '고난의 행군' 시기는 북한 스스로 "우리 당이 50년 동안 혁명과 건설을 령도하여 왔지만 최근 시기와 같이 어려운 환경이 조성된 때는 없었다"[5]고 고백할 정도로 매우 지난한 과정이었다.[6]

이에 북한은 1997년 12월 '고난의 행군'을 종결하고 김정일 체제의 공식 출범(1998년 9월)을 앞둔 1998년 8월 22일 〈로동신문〉 정론을 통해 21세기 북한의 국가발전전략으로서 '사회주의 강성대국'을 제시하였다. "주체의 강성대국 건설, 이것은 위대한 장군님께서 선대 국가수반 앞에, 조국과 민족 앞에 다지신 애국충정맹약이며 조선을 이끌어 21세기를 찬란히 빛내시려는 담대한 설계도이다. (중략) 강성대국 건설은 주체의 기치 밑에 전진해온 우리 혁명의 새로운 역사적 단계의 필연적 요구이며 한없이 거창하고 영광스러운 민족사적 성업이다."

이후 북한은 1998년 9월 9일 "위대한 당의 령도에 따라 사회주의 강성대국을 건설해 나가자"라는 제하로, 1999년 1월 1일 〈로동신문〉에 "올해를 강성대국 건설의 위대한 전환의 해로 빛내이자"라는 정권수립 50주년 기념 신년공동사설 등을 통해 사회주의 강성대국론을 체계화하였다.

북한의 공식적 주장에 따르면, 사회주의 강성대국은 정치사상에서도, 군사에서도, 경제에서도 '강국'이다. 여기서 정치사상강국이란 온 사회가 수령의 사상으로 일색화되어 사상의 위력으로 존재하고 발전하는 나라이자 영도자의 주위에 전체 민중이 철석같이 일심 단결된 튼튼한 정치적 역량에 의거하여 철저한 자주정치를 실시하는 나라다. 군사강국이란 어떠한 제국주의자들의 무력침공도 일격에 타승하고 나라의 자주권과 존엄을 지킬 수 있는 강대한 군사력을 가진 무적필승의 나라다.

경제강국이란 '자립적 민족경제의 튼튼한 토대 위에서 끊임없이 발전하는 나라이며 민중의 자주적이며 창조적인 물질생활을 원만히 보장하고 세계적으로 가장 발전되었다고 하는 나라들과도 당당히 겨룰 수 있는 경제력을 가진 나라'다.[7] 그리고 강성대국 건설은 (정치)사상의 강국을 만드는 것에서부터 시작하여 혁명의 기둥으로서 군대를 튼튼히 세우고 그 위력으로 경제에서의 눈부신 비약을 일으키는 순차적 방식으로 진행되어야 한다.[8]

그러나 사회주의 강성대국에 대한 북한의 공식적 주장과 현실적 목표는 다소 차이가 있다. 주체·선군사상의 일색화, 수령과 인민의 일심단결 등을 계량적으로 측정하기란 어렵기 때문에 정치사상강국에 대해서는 논외로 하더라도, 군사강국의 현실적 목표

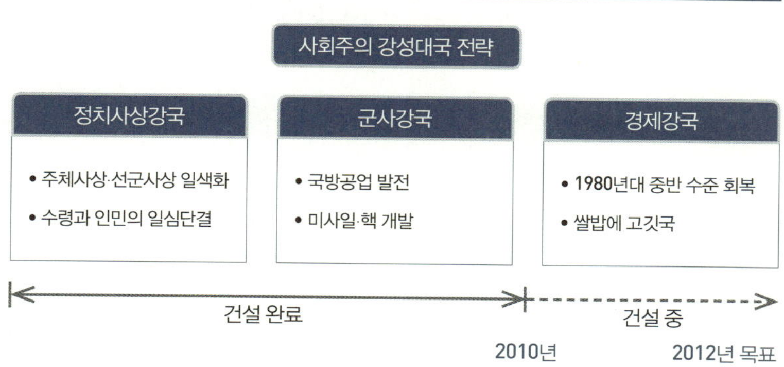

는 국방공업 발전과 미사일·핵 개발을 통한 군사력 제고다. 경제
강국의 목표는 '흰 쌀밥에 고깃국을 먹고 비단옷을 입으며 기와집
에서 사는 것'이다. 그래서 김정일은 북한이 이미 정치사상강국·
군사강국의 반열에 들어섰으니 이제 2012년(김일성 출생 100주
년, 김정일 출생 70주년)까지 경제강국에 진입하면 '강성대국의
대문을 열 수 있다'고 주장하고 있다.[9]

하지만 사회주의 강성대국론은 21세기 북한의 국가발전 전략
으로서 한계를 가지고 있다. 한 북한전문가인 총련학자는 2012년
경제강국의 목표치가 1980년대 중반 수준이라고 주장했다.[10] 통
일부(한국은행) 발표에 의하면, 1985년 북한의 명목 GNI는 151
억 달러이고, 1인당 GNI 추정치가 765달러(한국물가 기준)였다.
북한 경제가 일정 정도 회복되더라도 2012년 실제 1인당 GNI는
700~1,300달러로 전망되고 있다. 이는 아시아·아프리카의 저개발

» **[표 5-2] 남북한 GNI 추정**

연도	명목 GNI(억 달러)			1인당 GNI(달러)			경제성장률(%)	
	남한	북한	남/북	남한	북한	남/북	남한	북한
1985	879	151	5.9	2,194	765	2.9	7	2.7
1990	2,635	232	11.4	6,147	1,146	5.4	9.2	-3.7
2007	10,512	267	39.4	21,695	1,152	18.8	5.1	-2.3
2008	9,347	248	37.7	19,231	1,065	18.1	2.2	3.7

자료: 한국은행(통일부)

국가의 수준에 불과하다.[11] 이처럼 경제강국의 비전이 초라하고 그만큼 북한 경제가 어렵다는 것이다. 또한 북한이 강성대국 건설 구현의 원칙으로 제시한 '우리식'과 '자력갱생'은 21세기 세계화 시대에 부적합하다는 것도 그 한계라 할 수 있다.[12]

북한의 동아시아 인식

북한 헌법 제17조에 대외활동의 기본이념으로 '자주·평화·친선' 이, 그리고 대외활동 원칙으로 '완전한 평등, 자주성, 상호존중, 내정 불간섭, 호혜' 등이 명기되어 있다. 북한은 이 이념과 원칙에 근거하여, 자국에 대해서 선의와 호의로 대하는 국가들과 친선과 협조를 도모하고 교류와 협력을 추구하며 또한 자주를 지향하는 세력과 연대를 강화하고자 한다.[13] 여기서 자주세력은 '가장 사회주의적인 나라들, 국제공산주의와 노동계급운동, 민족해방운동, 비동맹과 세계평화운동'이다.

이러한 북한 대외활동의 기본이념과 원칙은 기본적으로 세계정치를 '제국주의와 자주적인 세력 간 대결'이라는 계급적 관점을 근간으로 한 제국주의론에 입각해 있다. 즉, 국제질서의 자주성을 존중하는 세력 대 지배와 예속을 강요하는 제국주의 세력, 평화애호 세력 대 전쟁정책 세력, 진보적 나라 대 반동적 나라 등 이분법적 대결구도의 시각에서 국제질서를 바라보고 있다. 이 시각은 탈냉전 시대인 21세기에 들어서도 바뀌지 않았다. 다만, 미국과 소련을 축으로 하는 동서냉전 대결의 '양극화' 구도가 미국을 축으로 하는 '일극화(단극화)'로 변했고, 대립구도가 '미국과 북한의 양자 대결'로 전환되었다고 주장한다.

이에 북한은 미국 중심의 '일극화 체제'에는 반대하지만 중국, 러시아, EU 등 국제관계의 다각적인 발전과 다극화 체제 또는 지역화에는 긍정적인 입장을 취하고 있다. 즉, 북한은 미국이 유일 초강대국을 자처하면서 약탈적 일극화 체제와 독점적 국제질서를 수립하려고 몸부림치고 있지만, 중국과 러시아가 이에 정면으로 맞서고 EU 역시 미국의 영향권에서 벗어나 독자세력화를 지향하고 있어 미국의 위상이 흔들리고 있다고 강조하고 있다.[14] 또한 남남협조의 중요성을 제기하며 개발도상국들의 공통된 지향과 이해

관계에 기초한 새로운 국제관계의 구축을 제안하고 있다.[15]

북한의 동북아 질서관도 상위인 국제관에 기초하고 있다. 북·중·러의 대륙세력과 한·미·일의 해양세력으로 구분하고 이들과의 대결구도 및 비타협성을 전제로 한다.[16] 그러나 북한은 21세기 아·태 시대에 "미국이 한·미·일 삼각 군사 동맹을 창설하여 이 지역의 지배권을 장악하려 한다"[17]고 비난하면서, 동북아질서가 상대적으로 남방 삼각체제가 강화되고 북방 삼각체제가 약화되는 상황으로 진행되고 있기 때문에 냉전 시대에 비해 더 불리하다고 우려하고 있다. 이에 북한은 미국이 이 지역에서 끊임없이 영토·역사 문제를 들추어서 역내 국가들 사이에 갈등을 조장하고 심지어 일본의 군사대국화를 부추기고 있으며 결국 역내 국가 간 반목의 확대·유지로 이 지역에 대한 군사적 지배와 정치적 영향력을 영속화하려고 한다며 이를 강력하게 규탄하고 있다.

그렇지만 현실에서는 자신의 체제보장을 위해 미국과의 관계개선을 최우선 과제로 삼고 일본과의 관계개선에도 관심을 갖고 있는 등 화전 양면전략을 구사하고 있다. 물론 이러한 모순은 자신에 대한 적대정책이 철회된다는 전제 하에 누구와도 공존·협력할 수 있다는 논리로 합리화하고 있다.

이와 더불어 북한은 중국과의 관계를 더 돈독하게 발전시키고자 하고 있으며, 그간 소원했던 북·러관계를 긴밀한 협력관계로 발전시키기 위해 노력하고 있다. 북한에게 중국의 중요성은 아무리 강조해도 지나치지 않는다. 개혁·개방과 한·중 수교로 냉각기를 가졌던 북·중관계는 1998년 김정일 정권의 공식 출범으로 긴밀화되었다. 6자회담, 북·중경제협력, 천안함사태 등에서 중국이 북한 제일의, 그리고 유일한 정치·경제·외교적 후견국이라는 것이 분명히 드러났다. 북·러관계도 2000년 푸틴 정부가 출범하면서 정치·경제적 협력을 강화하고 있다. 러시아 최고지도자로선 처음으로 푸틴이 평양을 방문하였고 이후 양국 의회·정당 간 교류가 활발해졌다.

한편, 동북아 다자안보협력 논의에 대해서는 자신의 군사안보가 보장되지 않는다며 반대하고 있지만, 6자회담과 아세안지역포럼(ARF) 참가처럼 긍정적 반응과 신호를 보내는 등 선별적 입장을 취하고 있다. 제국주의론에 입각한 대결적 관점에서 세계정치를 바라보고 있지만, 실제 북한의 체제생존과 발전을 추구하기 위해서는 그들이 주장하는 미 제국주의 세력 및 국제사회와의 협력이 요구되기 때문이다. 북한은 이들과의 협력조건으로서 제국주의 세력이 자신의 체제를 인정하고 우호적 자세로 나와야 함을 강조한다. 즉, 긍정적인 자세로 대화와 협력에 임한다면 자신들도 그들과 협력할 준비가 되어 있다는 것이다.[18]

향후 북한의 동아시아정책에 있어 가장 중요한 것은 대미정책과 대중정책이다. 그런데 대미정책은 획기적 상황변화가 없는 한, 미국과의 정치협상을 통해 관계개선을 도모하는 것과 군사적 긴장고조를 통한 벼랑 끝 전술을 구사하는 것 등 지금까지의 화전 양면전술에서 크게 벗어나지 않을 것이다.[19] 대중정책의 핵심은 대미정책을 집행하는 데 있어 중국의 버팀목 역할을 유지·강화하는 것이다. 국제사회의 대북제재 공조 속에서 중국은 북한의 약화되고 있는 내부 역량 및 체제 내구성을 보완하는 역할을 할 수 있기 때문이다.

그러나 북한은 중국의 대(對)한반도 영향력이 지나치게 증대되는 것을 경계하기 위해 두 차원에서 '신 등거리 외교'를 고민할 것이다. 첫 번째는 북·미 적대관계 청산을 매개로 북한 위협의 제일 위협요인을 제거하고 미·중 사이의 전략적 가치를 높일 수 있는 기회의 창을 획득하고자 할 것이고, 두 번째는 러시아와 전략적 협력관계를 강화하여 중국 독주를 견제하려 할 것이다. 또한 양자관계의 보완적 장치로 동아시아 다자협력에 점차 적극적인 태도를 보일 수도 있다. 이를 위해 동아시아 개도국과의 협력관계(남남협조)에 더 많은 관심을 가질 것이다.

북한의 변화 가능성

북한체제의 안정성

기존 사회주의체제 및 북한체제의 안정성에 대한 대표적 연구[20]

분야	항목	세평	총평
(1) 정치 /사회	① 역사·문화적 특수성	2	+1
	② 엘리트 응집력	1	
	③ 사회적 통제력	2	
	④ 시민사회 형성	±0	
(2) 이념	⑤ 공식이념의 사회적 구속력	2	-0
	⑥ 이데올로기 교육	1	
(3) 경제	⑦ 생활수준	-3	-2
	⑧ 경제구조	-2	
	⑨ 대외경제 의존도	-2	
(4) 대외	⑩ '북한문제'에 대한 국제적 압박과 한·미 대북정책	-2	-1
	⑪ 반미·민족주의 실효력	1	
	⑫ 대외정보 유입 및 확산	-2	

지표를 종합하여, 북한체제 안정성 평가를 위한 분석지표와 결과를 제시하면 다음과 같다.[21]

정치·사회 분야를 살펴보면 민생형 일탈이 발생하고 있기는 하나 사회적·물리적 통제력의 견고함으로 인해 아직까지는 북한체제를 뒷받침하는 요인이 강하다. 최근 부분적으로 침식되었지만, 북한 지도부가 태생적 정당성(항일·반미 민족주의)을 가지고 있는 역사·문화적 특수성은 북한체제를 지탱시키는 요인으로 작용하고 있다. 엘리트들은 정권과 자신이 한 운명이라는 생각 속에서, 그리고 뇌물수수와 외화벌이를 통해 체제를 등지고 있지는 않고 있다. 하지만 북한체제의 전반적 퇴락 속에서 자신감을 상실하고 있으며 엘리트 간 정책갈등 사례도 발견되고 있다.[22] 일반 주민들 사이에서는 집단주의 대신에 개인주의나 사적 관계망을 중시하는 경향이 강화되고 있지만 당장 이러한 현상이 시민사회 형성 또는 반문화 형성으로 발전할 가능성은 없어 보인다.

이념 분야를 들어다보면, 공식 이념의 사회적 구속력이 상당히 저하되었다. 1990년대 이후 심각한 경제위기로 인해 북한 당국이 주장하는 공식 이념과 현실 사이의 상당한 괴리가 발생함으로써 주민들의 신뢰가 급락했기 때문이다. 그러나 북한의 학교·사회 교육체계는 비교적 효율적으로 작동하고 있어 체제불안정성이 확대되는 것을 제어하고 있다. 하지만 이것 역시 시간이 흐름에 따라 다른 분야와의 연계 속에서 체제불안정화 요인으로 전화될 가능성이 높다.

체제불안정화 요인이 가장 심각한 분야가 경제 분야다. 생활수준은 극도의 빈곤 상태이고 앞으로 개선될 전망도 보이지 않는다. 7·1 경제개혁 조치로 시장화와 분권화가 일부 진척되었지만 인플레, 화폐경제 불안, 시장공간 형성 등 북한의 중앙집권적 계획경제 시스템의 약화를 가져왔다. 그러나 2005년 이후에는 군수중심의 보수적 경제정책이 개혁정책을 압도하고 있다. 또한 극심한 대외경제 의존은 북한의 자립적 민족경제 추진과 대비되는 대목으로 북한의 장기적 발전에 부정적이다. 2000년, 외채는 120억 달러를 초과하는 것으로 알려졌는데, 이는 당시 명목 GNI의 75%, 수출액의 20배 수준이다.

대외 분야도 전반적으로 체제불안정화 요인이 많은 편이다. '북한문제'에 대한 국제적 압박에 의해 북한의 위기의식은 날로 심각해지고 있다. 대외 분야 중 북한체제에 가장 큰 위협은 대외 정보의 유입 및 확산이다. 상대방과의 접촉은 자신의 처지를 비교적 측면에서 알 수 있게 하며 이는 곧 북한체제의 불안정화를 촉진할 것이다. 다만 미국의 압박에 의한 반미·민족주의의 건재는 북한정권이 이를 대내통합의 기제로 활용할 수 있게 만드는 효과를 내고 있다.

이처럼 정치·사회 분야는 체제안정화 요인이 상당부분 있는 반면, 경제 분야는 체제불안정화 요인이 크다. 대외 분야는 체제불안정화 요인이 우세하지만 부분적으로 체제안정화 요인이 존재하고, 이념 분야는 체제안정화 요인과 체제불안정화 요인이 아직까지는 거의 비슷하다. 결론적으로, 북한체제는 체제안정화 요인과 체제불안정화 요인이 엇비슷한 가운데 체제불안정화 요인이 약간 강하다.

그런데 포린폴리시(Foreign Policy)와 펀드 포 피스(Fund For Peace)의 '실패국가지수(failed states index)'에 따르면, 북한의 상황은 더 암담하다. 177개국 중 60개국을 실패국가로 선정하였는데, 2010년의 경우 최악의 실패국가는 소말리아, 차드, 수단, 짐바

브웨 순이고 북한은 19위[12개 항목별 10점(총 120점) 만점에 총 97.8점]를 차지하였다.[23]

　그러면 어떠한 이유 때문에 북한에서는 아직까지 현저한 체제 변동이 일어나지 않는 것일까? 경제위기가 체제의 정당성을 크게 훼손시킨다는 점에는 이론의 여지가 없다. 하지만 경제적 변화가 곧바로 정치적 변화를 유발하는 것은 아니다. 사회주의체제 전환국의 경험에 비추어 보면, 체제정당성의 상실, 국제정치적 역학관계, 대항집단의 형성과 이들의 체제 전환의 편익 증가 등이 정치적 변화의 주요 요인으로 작용하였다.[24]

　동유럽 사회주의 국가와는 달리, 북한에서는 공산주의 운동이 국가권력을 획득했고 사회주의 경제발전에 상당한 정치력을 발휘했다. 특히 북한의 지배세력은 반제국주의·민족적 정서를 자극해서 국민적 일체성과 자긍심을 키워왔다. 이들은 일련의 통제 네트워크를 통해 정치교육과 조직생활을 강화하여 북한 주민들에게 체제정당성을 내면화하도록 만들었던 것이다. 따라서 계속되는 경제난에도 불구하고 북한 주민들은 당과 체제에 대한 정당성을 완전히 철회하지 않는 것이다.

　그리고 경제적 위기, 이에 따른 7·1 조치에 의해 새로운 계층(전문가, 상인 등)의 맹아가 형성되었다 하더라도 이들이 당장 당-국가에 대항하는 세력으로서 성장할 가능성은 그리 높지 않다. 북한의 산업화와 개혁·개방정책이 당국과 관료제의 철저한 통제 하에서 진행되고 있기 때문에 이와 동반되는 구조적 분화는 쉽지 않고 정치적 분화는 더더욱 어렵다. 경제관료의 약진 속에서도 당관료의 상대적 우월성은 여전히 지속되고 있기 때문이다.[25] 또 북한 공안조직의 폭압적 통치행태는 북한 주민들에게 반체제 행동이 적발되었을 때 엄한 처벌의 공포를 심어주기 때문에 주민들은 조직화에 나서기보다는 원자화된 상태의 비정치적·반정치적 경향을 가질 수밖에 없다.

김정은 후계체제와 북한 변화

1980년 제6차 당대회 이후 30년 만인 2010년 9월 북한은 당대표자회를 개최하여 김정일의 3남 김정은을 차기 후계자로 공식화하였다. 2009년 1월 후계자로 내정된 이후 대외적으로 공식화하기까지 21개월밖에 안 걸렸다. 김정일의 경우와 비교하면 그야말로 초고속 승계다. 무엇보다도 선군정치를 표방하고 있는 북한에서 김정은은 당중앙군사위원회 부위원장, 당중앙위원, 인민군 대장이라는 직함을 가지고 군사 분야의 명실상부한 2인자로서 군 장악의 토대를 마련하였다. 이는 건강문제로 후계체제 구축이 시급한 상황에서 대내외적 어려움으로 혹 다른 인물이 후계자로 등장할 경우, 정통성 시비로 권력 갈등이 발생할 것을 우려한 김정일과 북한 지도부가 '만경대 혈통'으로 이해관계의 공통지점을 찾

은 것으로 바라봐야 한다.[26]

제3차 당대표자회의 결정내용을 보면 김정은 후계체제의 정책 방향을 전망해볼 수 있다. 당대표자회의 준비과정과 결정내용의 핵심은 선군정치를 더욱 강화하는 방향에서 후계체제를 구축하겠다는 것이다. 김정일이 김정은에게 가장 먼저 군 관련 직책을 부여한 것은 그 자체가 선군정치를 지속하겠다는 의지의 표현이다. 또한 이는 '선군혁명영도(先軍革命領導)'의 '역사적 일관성'을 후계자에게도 적용하려는 치밀한 기획의 산물이었다.

북한은 선군정치의 기원을 1995년 1월 1일 김정일의 다박솔 초소 방문에서, 1960년 8월 25일 김정일의 '류경수 탱크부대' 방문으로 소급시킨 바 있다. 김정일이 1964년에 당사업을 했기 때문에 그의 리더십은 이제 군에서 시작해서 당으로 확대된 것으로 정리되었다. 이것은 김일성이 항일무장투쟁에서 당건설로 리더십을 확대했던 경로와 동일하다. 북한 내부 소식통에 의하면, 인민군 전체 장병 이름으로 2010년 8월 25일 김정일과 김정은이 당대표자회에 참가할 '당대표'로 추대된 것으로 알려졌다.[27] 김정은의 당대표 추대일과 군 관련 직책의 우선적 부여 등을 감안하면, 선군혁명영도가 김일성에서 김정일로, 그리고 다시 김정은으로 이어진다는 것을 북한이 상징적으로 보여주고자 한 것으로 이해해야 할 것이다.

또한 북한은 김정일을 당총비서(당중앙군사위원장 겸직)에 재

추대하고 김정은을 후계자로 공식화함으로써, 김정일체제 강화와 후계체제 기반 강화를 동시적으로 진행시키겠다는 의지를 드러냈다. 1970년대 김정일이 주도한 김일성 유일체제 강화과정은 곧 자신의 후계체제 기반을 강화하는 과정이었듯이, 이번에도 현존권력을 강화하는 가운데 미래권력의 토대를 마련하겠다는 것이다. 1997년 총비서 추대처럼, 이번에도 당중앙위원회 전원회의에서의 '선거' 방식이 아니라 당대회 격인 당대표자회의 '추대' 방식을 택함으로써 김정일 권력의 확고함을 보여주었다.[28] 김정일의 권력이 전혀 약해지지 않고 대신 후계자가 2인자로 부상하고 있기 때문에, 이른바 장성택 또는 김경희 또는 군부의 집단지도체제에 의한 '섭정왕' 주장은 근거가 취약해졌다.

한편, 김정일은 후계체제 구축과정에서 발생할지도 모르는 돌발 상황에 대비하여 나름의 '보험(insurance) 장치'를 마련해 두었다. 김정은이 아직까지는 취약한 카드이므로 만일 낙마하는 경우에 김경희나 장성택이 대리하여 후계자가 될 수 있도록(이미 장성택은 그 힘을 가지고 있고) 김경희의 위상을 강화시켰다. 김경희가 의외의 인물보다 김정일과 상층 권력집단에게 그리 나쁜 카드가 아니기 때문이다.[29] 권력서열 1~5위까지, 그리고 각 부문 책임자가 모여 있는 당정치국 상무위원회는 김정은의 후견 역할뿐만 아니라 비상 시 집단지도기관으로서의 역할도 수행하도록 재구성하였다.

그렇다면 김정은 후계체제의 앞길은 순탄할까? 김정일은 1973년 당 조직부와 선전부를 장악하고 1974년 정치국원에 임명됨으로써 내부적으로 후계자로 결정되었고, 6년간의 후계검증기간을 거쳐 1980년 당정치국 상무위원과 당중앙군사위원에 피선됨으로써 공식적 후계자임이 대외적으로 공표되었다. 군 관련 직책은 1990년대에 들어 갖게 되었는데 1990년 5월 국방위 제1부위원장, 1991년 12월 인민군 총사령관, 1992년 공화국 원수, 1993년 4월 국방위원장에 취임하였다.

그러나 김정일에 비해 김정은은 공개 시 나이가 어리고(김정일: 38세, 김정은: 28세), 후계검증기간이 너무 짧으며(김정일: 6년, 김정은: 21개월), 당정치국 상무위원 및 비서에 공식적으로 등용되지 못했다. 대신, 군 관련 분야에서는 김정일의 당중앙군사위원

» **[표 5-4] 김정일과 김정은 후계구도 비교**

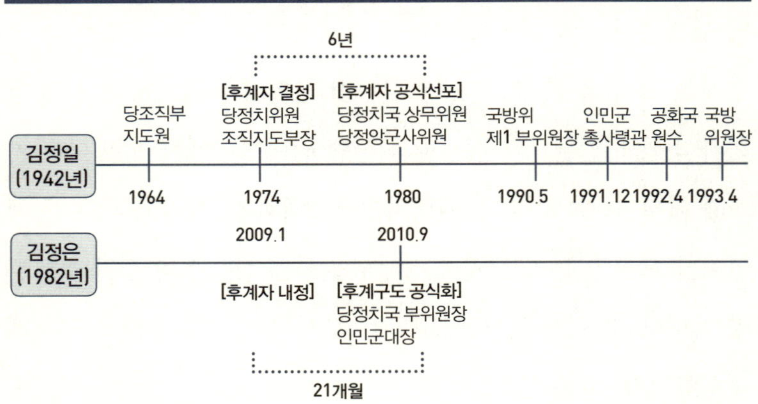

보다 상위인 당중앙군사위 부위원장에 취임했고, 군사칭호도 '원수'보다 낮은 '대장'이지만 일찍 부여받았다. 이런 점으로 미루어 보아, 앞으로 김정은 후계체제의 순항 여부는 좀 더 시간을 두고 살펴봐야 할 것이다.

향후 권력승계의 성패는 '승계의 제도화'와 '승계의 정당화'에 의해 좌우된다. '승계의 제도화'는 후계자에게 충성심을 가진 새로운 세대의 간부들을 북한의 핵심 권력구조에 배치시켜 이들로 하여금 후계자의 권력기반을 구축하도록 하는 것이고, '승계의 정당화'는 후계자의 정당성에 대한 정치사상 교양뿐만 아니라 정책적 업적을 통해 주민들의 지지를 받을 것을 요구한다.[30]

'승계의 제도화'는 2010년 당직 개편의 대대적 인물교체를 통해 상당히 진척된 것으로 평가되고 있다. 군부에서 급부상한 인물은 이영호다. 2009년 총참모장에 임명된 후 일 년 만에 당정치국 상무위원, 당중앙군사위원회 부위원장, 인민군 차수로 급격히 승진해 김정일과 김정은의 최측근으로 부상하였다. 인민군의 정치사업을 총괄하고 있는 김정각 인민군 총정치국 제1부국장도 눈여겨봐야 할 인물이다. 이외에도 대장으로 승진한 최부일 부참모장, 실제 무력을 쥐고 있는 각군 사령관, 김원홍 보위사령관(총정치국 조직담당 부국장), 윤정린 호위사령관 등이 김정은 후계체제를 보좌할 것으로 보인다. 대신 구군부의 핵심인 김영춘(국방위 부위원장 겸 인민무력부장)과 오극렬(국방위 부위원장)은 상대적

으로 뒤처졌고 조명록(국방위 제1부위원장, 당정치국 상무위원)
도 노환으로 사망했다.

승계의 제도화 성공여부는 노·장·청 등용정책 유지와 신진엘리
트 등용과정에서 발생하는 갈등을 얼마나 잘 조정하느냐에 달려
있다. 자원이 한정된 상황에서 연소하고 정치경험이 부족한 김정
은은 추락한 엘리트들의 반발과 이에 대한 숙청, 그리고 권력투쟁
발생 가능성에 노출될 여지가 많다. 가령 '형제의 난'에 대비해야
하고 이번에 뒤로 밀려난 구군부의 반격 가능성을 차단해야 한다.
중앙당이 정비되었기 때문에 지방당을 정비해야 하는데, 이 과정
에서 상당한 갈등이 발생할 수 있다. 지방간부들이 생존권을 유지
하기 위해 이미 상당부분 시장세력과 결탁하고 주민들도 이에 적
응하며 생활하고 있는데, 계획경제 중심의 정통세력으로 지방당
을 바꾸려 한다면, 이는 구간부 생존권을 사실상 박탈하는 것이고
신진간부와 주민 간의 괴리를 발생시키는 것이므로 이들의 반발
이 예상 외로 커질 수 있고 후계체제의 부담이 될 수도 있다.

북한은 김정은 후계체제를 공고화하기 위해 한편으로는 3대 세
습의 정당성을 제고하고 다른 한편으로는 통제를 통한 권력기반
을 강화하고 있다. 김정은의 권력 장악이 확실하기 전까지는 공안
기구를 통한 주민통제 강화에 만전을 기할 것이다. 그런데 승계의
정당화가 제대로 이루어지려면, 김정은의 우상화와 통제정책만
으로는 역부족이다. 결국 승계의 정당화는 김정은이 지금의 위기

를 극복하여 치적을 쌓음으로써 엘리트와 주민들의 자발적 동의
를 이끌어내야 마무리된다.

　이러한 점에서 2012년까지 북한 정책의 기조는 김정은의 치적
을 바탕으로 '강성대국 진입을 위한 대진군'이라 할 수 있다. 선군
사상 체계화, 핵보유국 지위 획득, 경제강국의 기반 조성 등을 통
해 2012년 강성대국 진입을 선포하는 당대회를 개최하고, 김정
일 선군위업을 총화·결산하여 이를 김정은 후계체제 공고화의 정
신적·사상적·물적 자원으로 활용하려 할 것이다. 따라서 북한은
2012년까지 핵을 포기하지 않을것이고 본격적 개혁·개방보다는
기존 특구(나진선봉, 개성, 금강산 등)를 발전시키며 선별적으로
남북관계 발전을 타진할 것이다. 이를 위해 북한은 '북·중관계 긴
밀화'를 통해 중국으로부터 후계체제에 대한 정치적·경제적 지원
을 보장받고, '파상적 대남유화 공세'를 통해 중국 의존에 대한 위
험을 분산하고 김정은의 '광폭정치'를 연출할 것이다.

　하지만 김정은 주변 엘리트들의 보수성과 대외적 강경노선에
대한 중국의 부담 때문에 당초 목표(승계의 정당화와 2012년 강
성대국 진입)가 쉽사리 달성될지에 대해서는 부정적이다. 그렇다
고 이것이 북한에서의 급변사태를 의미하는 것도 아니다. '백두
(만경대)혈통'의 신격화와 선군정치에 의해 쿠데타 발생 가능성
을 차단했고, 북한 붕괴를 원하지 않는 주변국의 이해관계 때문에
역설적으로 '그럭저럭' 버틸 가능성이 높다.[31]

동아시아 시대와 한반도 통일

통일한국의 필요성

통일의 필요성 및 비전

일반적으로 한반도의 통일은 분단으로 굴절된 역사를 바로잡고 민족의 역량을 극대화하는 조화로운 민족공동체를 구현하기 위해 필요하다. 이외에도 남북 이산가족 등 분단으로 인한 인도적 문제 해결, 다양한 경제적 혜택을 창출, 그리고 한반도를 동아시아 번영의 중심축으로 발전시키고, 한반도에서 전쟁위험을 없애 동아시아 지역의 평화에 기여하기 위해서도 필요하다.[32] 즉, 한반도의 통일이 남북한 주민들이 바라는 삶의 가치를 증진하고 자유, 평등, 인권, 평화, 민주주의, 안전, 풍요, 환경 등 인류의 보편적 가치를 실현하는 방향이라면 우리는 반드시 통일을 달성해야 할 것이다.

이처럼 다양한 측면에서 통일의 필요성이 제기되는 것인 만큼, 단지 하나의 민족이라는, '민족적 동질성 회복'이라는 당위성을 중심으로 필요성을 이야기한다면, 그 실효성은 제한적일 수밖에 없다. 분단이 주는 비용과 통일이 주는 편익을 동시에 고려해야 통일한국의 체감효과를 증대시킬 수 있다.

통일편익에는 유무형의 편익들이 다 포함된다. 첫째, 지금 막대한 방위비와 방위산업투자 비용이 드는데, 통일 시 주변국과의 협조 하에 다자안보체제가 구축된다면 GDP의 1.5%p에서 2%p 정도의 방위비 절감효과가 있다. 둘째, 통일 이후 남북한의 병력 수를 감축(가령 통일 군사력 40만 명)하여 나머지 인력을 산업활동에 투입한다면 GDP의 2~3%p가 증대된다. 셋째, 전쟁 발생 시 인명손실 및 자본스톡이 대폭 감소할 수 있고, 전후 복구비용이 들 수 있는데, 통일 시 이에 대한 비용이 소멸된다. 넷째, 한반도 분단에 따른 안보적 불안정성 등에 의한 불이익(낮은 국가신인도, 리스크 프리미엄)에서 기회편익을 얻을 수 있다. 다섯째, 규모의 경제 실현, 투자 및 시장규모의 확대, 토지 이용 및 산업배치의 효율화, 남북 간의 자원 및 각종 과학기술의 보완성 등으로 인해 국가경쟁력 상승 기회를 가질 수 있다. 여섯째, 분단으로 인한 국제사회에서의 대외교섭력 약화와 지나친 남북한 경쟁에 따른 비용(이념교육, 홍보비용, 과다한 해외공관 운영비용, 일부 대북관련

정부기관 운영비용) 등을 더 이상 지불하지 않아도 된다.[33] 이를 종합하면, 통일한국은 국토가 배 이상 확대되고 인구가 1/2배 증가되며 북한 개발의 기회를 갖게 되므로, 아시아 3강·G8으로 발돋움할 수 있고 안보리 상임이사국 자격기반도 확보할 수 있다.[34]

또한 통일의 필요성을 증대시키기 위해서는 통일한국의 미래상과 비전에 대한 구체적 그림과 이에 대한 국민적 합의가 조성되어야 한다. 통일의 미래상으로, 민족구성원 모두가 통일의 결실을 공유하는 진정한 민족공동체 국가 실현, 구성원 모두에게 자유와 복지를 보장하는 선진 복지국가 구현, 구성원들은 활동영역의 확대와 폭넓은 선택의 기회 향유, 세계평화와 인류공영에 이바지하는 선진 일류국가 지향 등이 거론되고 있다.[35]

특히, 동아시아 시대를 맞이하여 '반도강국'을 지향하는 통일한국은 평화통일 과정을 통하여 대륙·해양·반도세력의 안정적 3극 정립을 이룩하여 동아시아 항구평화의 토대를 공고히 할 수 있다. 통일한국이 반도강국으로 도약한다면, 대륙세력에게는 해양세력의 북상을, 해양세력에게는 대륙세력의 남하를 방어해주는 '반도세력'으로 부상하여 두 세력의 정면충돌을 완충해주는 '완충국(buffer state)' 역할을 수행할 것이다. 또한 한반도를 중심으로 대륙·해양·반도세력의 3극 정립체제를 이룩할 수 있다. 이렇게 되면 통일한국은 동아시아 지역의 역내 평화유지에 기여하고 양대 세력의 국방기능을 대신해주어 양쪽으로부터 정치·외교적 지지를 확보할 수 있다. 또한 정보통신기술의 발달로 지식과 정보가 일국의 국경을 넘어 세계적으로 자유로이 유통되고 시장이 세계화되면서, '국경'은 점차 희미해져 경계선이 유동적인 '프런티어'로 변하고 있다. '프런티어'는 계속 열리고 개척될 수 있어 경계선이 외부를 향해 끊임없이 확장되고 유동화되는 가변적 변경이다. 통일한국은 다양한 분야에서 동아시아 전역을 프런티어로 만들고 아시아 대륙과 태평양의 양방향으로 뻗어나가는 '동아시아 프런티어 국가'로 발전할 수 있다. 이렇듯 통일한국은 새로운 국가비전과 성장동력을 창출할 수 있는 것이다.

한반도 통일에 대한 입장

북한은 한마디로 통일을 '민족자주권의 확립'이라고 보는 데 반해, 남한은 통일을 '민족공동체의 실현'이라고 보고 있다. 이러한 주장은 비슷해 보이지만, 사실 많은 차이점을 안고 있다. 우선 북한의 '민족자주권의 확립'은 곧 민족대단결을 통해 외세의 지배와 간섭을 배격하고, 우리 민족의 자주적 권리를 확립한다는 것을 의미한다. 분단이 외세의 지배와 간섭에 의해 만들어졌으며, 또한 분단 때문에 외세의 지배와 간섭에 시달리고 있다고 보고 있기 때문이다. 따라서 분단의 극복은 곧 자주권의 확립에 있으며, 자주권의 확립은 곧 민족대단결을 통해서 가능하다고 본다.[36]

반면, 남한의 '민족공동체의 실현'은 혈연적 의미가 짙게 배어 있는 것으로서 '1민족 1국가' 체제의 수립을 목표로 한다. 또한 '민족공동체의 실현'은 국토의 완전한 통일을 전제로 한다. 따라서 국토와 민족구성원의 통일을 중시하는 입장을 보여주고 있다. 이는 남한이 분단을 민족구성원의 인위적인 분단과 국토의 분열로 파악하고 있으며, 이산가족 상봉이라든가, 인적 교류 등을 중요하게 생각하고 있다는 것을 보여준다. 이러한 남북한의 통일관 차이는 단지 통일에 대한 접근의 차이뿐만 아니라, 주변국가들과의 관계와 통일방안에서도 현격한 차이를 드러내고 있다.

북한의 통일방안은 연방제 통일방안으로 대표된다. '연방제'가 가지는 의미는 하나의 국가, 하나의 주권이다. 즉, 각각의 지역정부의 존재에도 불구하고 대외적으로는 하나의 국가이며 따라서 하나의 주권을 행사하게 된다. 이는 통일 정부가 대외적인 자주권을 확립한다는 것을 의미한다. 다른 한편, 북한의 통일방안에 나타난 외세 간섭의 배제, 구체적으로는 주한·미군의 철수 등은 분단을 제도적·물리적으로 지속시키고 있다고 보며 이의 철수를 통해 한반도의 자주권을 확립할 수 있다고 바라본다.

반면, 남한의 통일방안은 지난 노태우 정부 시절에 발표된 '한민족공동체통일방안'이다. 한민족공동체통일방안은 통일의 중간단계로서 '연합제'를 상정하고 있다는 점에서 과거 남한 정부의 통일방안과 확연하게 구분된다. 그러나 연합은 일반적으로 1국가

체제를 상정하지 않아 하나의 주권이 아닌 다중 주권을 의미한다. 이는 곧 한반도의 연합방안이 남과 북의 이중주권의 연합을 의미할 뿐 하나의 국가를 의미하지 않게 되는 것이다. 오히려 연합제는 남과 북의 상호 교류와 기능적 접근을 강화시킴으로써 인적·물적 교류를 확대하게 된다. 따라서 이산가족의 상봉이나 경제적 협력 등이 진척되며, 군사적인 신뢰 구축 조치도 진행된다. 그리고 이러한 연합제의 강화·발전을 통해 하나의 통합된 실체의 건설을 목적으로 한다.

그런데 북한은 1990년대에 들어 동구사회주의권의 붕괴와 남북체제 경쟁의 사실상 종료 등 국제정세와 남북관계의 변화에 대응하기 위해, '느슨한 연방', '낮은 단계의 연방' 등을 제시하였다.

1991년 김일성은 1980년의 '무단계론, 연방정부의 지역정부에 대한 지도안' 대신, '단계론, 지역정부강화론'을 주장한 것이다. 이러한 연방제 단계론은 1960~1970년대의 중간단계의 불가피성을 인정한 연방제를 보다 현실에 맞게 수정한 것이라 할 수 있다. 즉, 북한은 1990년대 들어 남북한 체제경쟁이 끝나고 체제위기가 심화된 상황에서 흡수통일론, 제도통일론을 경계하면서 체제유지론적 입장에서 '통일완성형 연방제안'을 과거 '단계론적 연방제안'으로 복귀하게 했던 것이다. 그 결과, 2000년 남북정상회담에서 남과 북은 통일관의 차이에도 불구하고, 그 통일관이 집약되어 있는 통일방안에서의 접근을 통해 연방주의와 기능주의의 접합

을 모색하였다.[37]

그러나 위에서 언급했듯이, 국력이 쇠진해진 북한에게 절실한 것은 통일보다 체제유지(흡수통일 경계)다. 체제유지를 위해 통일방안까지 수정한 것이다. 이에 김대중 정부는 햇볕정책의 3대 원칙 중 하나로 '흡수통일 배제'를 제시하였다. 최근 북한은 이명박 정부의 통일정책이 흡수통일·제도통일·체제통일의 음모이며 결국 체제대결을 선언한 것이라며 강하게 반발하고 있다. 그 근거로 급변사태와 비상통치계획, 주적론, 선제타격 공언, 통일대계탐색연구, 작전계획5029, 자유민주주의 하에서 통일 등을 제시하였다.[38]

이명박 대통령의 2010년 8·15 경축사의 '3대 공동체 통일구상'과 '통일세'에 대해서도 격렬하게 반응하였다. 즉, 통일세는 분열세·대결세·전쟁세로서 북한의 급변사태를 염두에 둔 극히 불순한 것이고, 북침전쟁연습을 하면서 '평화공동체'를 부르짖고 남북협력사업을 차단하면서 '경제공동체'를 운운하며, 남북공동선언들을 전면 부정하고 통일을 가로막으면서 '민족공동체'를 떠드는 자체가 언어도단이고 독일식 흡수통일을 획책하는 극히 불순한 책동이라고 비난한 것이다.[39]

한편, 한반도는 제2차 세계대전 이후 미·소의 분할점령으로 분단되었다. 그리고 한반도는 지정학적 위치로 인해 주변국들의 이해관계가 충돌하는 동북아의 국제정치적 요충지가 되어 왔다. 따라서 한반도의 통일문제는 이들 주변국들의 이해관계가 깊게 얽혀 있다. 즉, 한반도 통일문제는 우리 민족 내부의 문제인 동시에 국제적 문제라는 이중적 특성을 갖고 있는 것이다. 이는 한반도 통일문제가 남북한 당사자의 노력과 주변국들의 이해와 협력을 필요로 함을 의미한다.[40)]

그러나 주변국들은 한반도가 통일이 되어 강력한 국가로 등장하는 것보다 남북한이 분단되어 동북아의 세력균형 역할을 하는 것을 원하고 있다. 동북아의 세력관계의 변화가 가져올 불확실성을 선호하지 않는 것이다. 즉, 통일한국의 미래에 대한 불확실성, 통일한국이 자국에 적대적인 세력으로 변화하지 않는다는 보장이 없다는 점, 적대적인 세력은 아닐지라도 동북아 세력균형 구도에 변화를 초래할 가능성이 있다는 점 등을 우려하고 있다. 남북한이 현재 수준에서 통일이 된다 하더라도 경제력뿐만 아니라 군사력 부문에서도 주변국에 위협이 될 만한 군사대국의 가능성이 높다는 점도 통일에 부정적인 이유다.[41)]

먼저, 미국의 기본입장은 한반도에서 평화와 안정이 유지되어야 한다는 것이다. 이는 한편으로는 분단상황의 지속을 선호한다는 의미도 있지만, 다른 한편으로는 분단의 극복이 한반도의 평화와 안정을 저해하지 않는다면 통일을 지지할 수도 있다는 의미를 내포하고 있다. 미국이 한반도 통일과정에서 우려하는 바는 크게 두 가지다. 하나는 북한 지역 경제재건에 투입될 재정적 부담으로

» **[표 5-5] 남북한 및 주변국가의 군사역량 비교(2007년 기준)**

구분 국가	①면적 (1,000㎢)	②인구 (백만)	③GNI (십억$)	④군사비 (백만$)	⑤병력 (천명)	ME/ GNI(%)	1인당 ME($)	천명당 군인 수(명)	1인당 GNI
한국	99	49	955.8	26,900	687	2.81	548.98	14.02	19,690
북한	121	24	n/a	n/a	1,106	n/a	n/a	46.08	n/a
남북한	220	73	n/a	n/a	1,793	n/a	n/a	24.56	n/a
미국	9,632	302	13,886.50	622,000	1,498	4.47	2,059.60	4.96	46,040
러시아	17,098	142	1,071.00	33,000	1,027	3.08	232.39	7.23	7,560
중국	9,598	1,320	3,120.90	46,700	2,105	1.49	35.37	1.59	2,360
일본	377	128	4,813.30	43,700	240	0.9	341.41	1.88	37,670

①·②·③은 World Bank, World Bank Atlas 2009(Washington, DC: World Bank, 2009);
④·⑤는 The international Institute for Strategic Studies(IISS), The Military Balance
2009(routledge, 2009)
자료: World Bank Atlas 2009, The Military Balance 2009

인한 한국의 경제력 위축과 그것이 동아시아 전체에 미칠 경제적 여파다. 다른 하나는 안보적 측면의 불안정으로 인해 대량의 피난민이 발생하고, 주변국과의 갈등, 통일한국이 중국에 경도되거나 한·미 동맹의 성격을 변화시킬 우려 등이다.[42)]

다음으로, 중국은 한반도의 통일에 그리 긍정적 입장이 아니다. 한반도의 현상타파는 약 200만 명의 조선족이 살고 있는 동북3성에 영향을 미칠 수 있고, 북한 주민의 대량유입은 중국 사회의 심각한 불안요인으로 작용할 수 있기 때문이다. 또한 통일한국에서는 과거 북한이 중국에게 제공했던 완충지대가 사라져, 한·미 동맹이 지속된다면 미국 세력과 직접 접촉하는 양상으로 바뀌게 된다는 것도 부담이다. 이는 중국의 대한반도 영향력이 약화되는 것과 동시에 중·일 간의 대립구도에서 통일한국이 조정자 역할을 할 가능성을 염려하는 것이다.[43]

한반도 통일에 대한 일본의 공식적 입장은 통일 지지다. 그러나 현실에 있어서는 일본이 한반도 통일에 대해 주변 4국 중 가장 소극적이다. 일본은 기본적으로 두 개의 분단된 국가를 상대하는 편이 하나의 통일된 국가를 상대하는 것보다 상대적으로 유리하다고 판단하고 있다. 즉, 남북한이 분단된 평화공존상태로 유지되기를 바라고 있는 것이다. 미·일 동맹 강화 등을 통해 한반도 및 대륙아시아에 대한 발언권을 증대하려는 일본의 목표에 강력한 통일한국이 걸림돌로 작용할 것을 우려하고 있다.[44]

주변 4국 중 한반도 통일에 대한 이해 관계가 상대적으로 적은 나라가 러시아다. 푸틴 이후 대한반도 정책의 핵심은 현상유지 및 경제적 이익 확보다. 러시아는 남북한 균형외교 정책을 실천해가면서 중국 및 북한과 연계하여 동북아 지역에 미국과 대항할 새로운 국제정치세력을 형성함으로써 이 지역의 영향력 있는 강국으로 재차 부상할 수 있는 기반을 다지고 있다. 만약 한반도가 통일 과정에 돌입한다면, 러시아의 참여가 보장되어야 하고 특정국의 주도권을 희석시킬 수 있는 다자안보협력이 구축되어야 한다는 입장이다.[45]

한반도 통일전략

우리가 예상할 수 있는 통일의 경로는 크게 두 가지다. 하나는 점진적이고 단계적인 연합제 방식이고, 다른 하나는 상대적으로 급격하게 진행되는 남한 주도의 흡수통일일 것이다. 그런데 통일에 소극적인 북한이 연합제 방식에 동의한다는 것은 이미 북한의 내구력이 현저히 떨어졌다는 것을 의미하므로 그 연합제의 기간은 그리 길지 않을 것이다. 따라서 '통일한국'이라 함은 사실상 '연합'을 의미하지 않고 '연방제 국가' 또는 '단일제 국가'를 칭할 수밖에 없다.

그러나 현실적으로 주변 4국의 국제적 지지 없이는 통일 달성에 많은 난관이 있다. 한반도의 지정학적 위치 때문이다. 실제적으로 동아시아를 이끌고 있는 미·중 간의 협력 관계 및 통일에 대한 지지가 뒷받침되어야 한반도 통일은 가능하다. 따라서 남북 관계 및 미·중 관계가 상호 선순환의 구조를 가질 때 우리의 통일달성 가능성은 높아진다. 이 시나리오는 [표 5-6]과 같다.

» **[표 5-6] 한반도 통일 시나리오**

구분		미·중관계	
		협력	갈등
남북관계	협력	시나리오 I 점진적 합의 통일 가능성	시나리오 II 남북 대 주변 4국 힘겨루기 예상
	갈등	시나리오 III 급변사태 후 흡수통일 가능성	시나리오 IV 분단체제 지속 예상

남북이 상호 협력적이고 미·중 관계 역시 협력적일 때 한반도 통일 역시 가능성이 있다. 이때는 국제적 지지 및 보장 하에 남북이 연합을 거친 후 곧바로 연방이나 단일체제로 이행할 것이다(시나리오I). 남북이 교류협력을 강화하여 통합으로 나아가려고 하나 미·중이 갈등 관계에 있으면 남북 관계 대 북·중 관계의 질적 수준에 의해 통일이 판가름 날 가능성이 있다. 이때 통일은 남한과 중국에 대한 북한의 전략적 판단에 의해 결정될 것이다(시나리오II).

미·중 관계는 협력 관계에 있으나 남북 간 긴장이 해소되지 않을 경우에는 중국의 전략적 판단에 의해 통일이 좌우될 것이다. 독자노선을 고집하는 북한이 중국에게 부담이 될 경우, 중국은 북한에 대한 보호막을 거둘 수도 있다. 이때 북한은 심각한 대내외적 위기에 봉착하여 급변사태가 발생할 수 있다(시나리오III). 남북 관계와 미·중 관계 모두 갈등 관계에 있으면 한반도 통일은 쉽지 않을 것이다(시나리오IV). 이런 점에서 당연히 우리의 통일전략 핵심은 남북 관계를 발전시켜 북한의 친남화(親南化)를 제고하고 주변 4국을 비롯한 세계 각국와의 통일외교를 강화하는 것이다.

그러나 어떠한 경우든 통일국가의 체제는 실질적으로 '남한 우위(주도)성'을 인정할 수밖에 없을 것이다. 그러나 기본적 접근방법은 남북의 체제 가운데 하나를 선택하는 것이 아니라 그것들을 변증법적으로 통합·계승하는 것이며 새로운 형태의 국가체제를 창조하는 것이어야 할 것이다.[46] 즉, 북한체제의 개선은 당연한 것이고 남한체제도 분단으로 인해 왜곡된 부분을 통일한국에서는 교정해야 한다. 그리고 통일한국의 발전방향은 초기에는 통합의 오류, 부작용, 역기능 등을 최소화하는 이른바 '최적 속도'의 방식을 추구하여 소수파의 반발을 우선적으로 완화해야 할 것이다. 또한 통합의 정도가 높아지면 그대로 '최적 속도'의 방식을 고수할 것인지 아니면 발전의 우선적 진행을 추구하는 이른바 '최대 속도'의 방식으로 전환하여 국력의 파이를 최대화할 것인지에 대해 사회적 합의를 모아야 할 것이다.

한편, 이러한 한반도 통일전략을 전제로 우리 정부의 대북정책에 대한 진지한 성찰이 있어야 한다. 지난 정부의 대북정책이 북한의 변화를 '유인'하는 데 실패했다면, 현 정부의 대북정책은 북한의 변화를 '강제'하는 데 실패했다. 이명박 정부는 기존 포용정책이 북한의 변화를 가져오는 데 실패했고, 더 나아가 사실 포용정책으로는 북한의 변화를 애초부터 가져올 수 없었다. 따라서 포용정책과는 차별적인 정책을 추진했다. 하지만 이명박 정부가 이전 정부의 개입정책과 정반대인 불개입정책을 구사하면서 남북관계가 파탄되었지만 정책목표인 '북한 변화'는 거의 이루어지지 않았고 오히려 북한은 사회주의 세습체제를 강화하고 있다.

그러나 다른 한편으로는 북한의 체제내구력이 점점 더 약화되고 있다. 김정은 세습체제에 대한 국제사회의 비난뿐만 아니라 북한 내부의 지지도 과거 김정일 때와 비교하면 현저히 낮은 것 같다. 물론 경제문제도 쉽사리 해결될 것 같지 않다. 하지만 이것이 곧바로 급변사태로 이어지는 것은 아니다. 1980년대 후반 동구 사회주의권 붕괴, 그리고 1994년 김일성 사망과 고난의 행군 시기에도 북한은 무너지지 않았다.

이번에도 '만경대 혈통'의 신격화와 선군정치에 의해 인민봉기와 군사쿠데타 발생 가능성을 차단하고 북한 붕괴를 원하지 않는 주변국의 이해 관계 때문에 역설적으로 '그럭저럭' 버틸 가능성이 적지 않다. 특히, 동독 붕괴 때에는 소련이 쇠락기에 있었던 반면, 중국은 하루가 다르게 부상하고 있고 중국의 북한 필요성이 여전히 유효하다는 점을 잊어서는 안 된다. 따라서 우리의 대북정책은 북한의 급변사태에도 대비해야 하지만 기본적으로 한반도 평화 관리와 통일과정 진전에 초점을 두어야 한다.

지난 10년간의 개입정책과 3년간의 불개입정책은 나름의 긍정적 효과와 한계를 가지고 있다. 개입정책은 남북 관계를 발전시켰지만 북한의 '떼 부리기'에 취약했던 반면, 불개입정책은 남북 관계를 위축시켰지만 북한을 '학습'시키는 데 효과가 있었다. 그러나 불개입정책으로는 작금의 한반도 위기를 해소하고 한반도 정세에 대한 한국의 개입력을 증대시킬 수 없다. 남북 관계를 정상화하고 한반도 평화를 견인하기 위해서는 북한과 대화해야 한다.

이제 우리는 동아시아 시대를 예비하는 새로운 대북정책을 모색해야 할 것이다. 즉, 남북 관계를 통해 북한의 변화를 도모하는 포용정책의 긍정성은 인정하더라도 과거의 개입방식이 북한을 변화시키는 데 적절치 못했다는 반성 하에서 효율적인 개입방식을 마련해야 한다. 그것의 단초는 남북 관계의 특수성과 국제사회의 보편성을 균형 있게 결합하고 국민적 합의기반을 강화하는 것이며 남북 관계와 국제협력을 조화시키는 것이다.

남북의 연계성이 높아지면 남북 관계에 상호주의가 설 자리가 넓어질 것이다. 대북정책을 초당파적으로 추진한다면 정책추진력이 강화되고 남남갈등이 약화될 것이다. 한·미 동맹을 바탕으로 한·중협력 관계를 공고화한다면 통일환경이 개선될 것이다.

북한의 친남화 유도

북한에 새로운 개혁정권이 등장한다고 해서 그것이 바로 통일로 이어지는 것은 아니다. 한반도의 통일이 가능하려면 북한의 정권과 주민이 통일의 상대로 남한을 선택해야 한다. 아무리 개혁·개방을 추구하는 새로운 정권이 등장하고 또는 북한에서 급변사태가 발생한다 하더라도 북한이 남한과 같이 하려는 생각이 없다면 그들은 통일의 방식이 아닌 그럭저럭 버티면서 독자의 길을 택할 수도 있다. 지금부터 통일에 도달하는 과정까지 남북 간 신뢰와 상호연계성를 강화하여 북한의 친남 성향을 제고해야 한반도의 통일이 가능한 것이다.

물론 북한 친남화와 통일의 전제는 북한의 변화다. 김정일 정권과 그 후계정권은 통일에 쉽게 동의하지 않을 것이다. 이는 김정일이 2000년 남북정상회담 당시 '완전통일은 앞으로 40~50년이 걸릴 것'이라고 말한 것에서도 확인할 수 있다.[47] 따라서 한반도 통일을 위해서는 북한의 개혁정권 등장과 체제변화가 필요하다. 이를 유도하기 위해 북한이 심각하게 느끼고 있는 안보위기를 해소해야 하며 북한의 경제적 개혁이 성공할 수 있도록 국제사회의 적극적 협력이 필수적이다. 이래야 북한이 국가발전전략에서 '선군(先軍)'을 탈각시키고 '실리(實利)'를 보다 강화할 수 있을 것이다.

우리가 예상할 수 있는 국제협력의 내용은 북·미 관계 개선, 남북 관계 발전, 동아시아 안보·경제협력, 국제 정치·경제기구의 북한 지원 등이다. 이 가운데 가장 우선적 과제는 북핵문제 해결에 따른 북·미 관계 개선이다. 국제협력이 북한에 본격적으로 투입되기 위해서는 이를 위한 여건 조성이 필요한데 그것이 바로 북·미 관계 개선인 것이다. 북·미 관계가 개선되지 않은 상황에서의 남북 관계 발전, 동아시아 경제·안보협력, 국제기구의 지원 등은 제한성을 가질 수밖에 없다. 일단 북·미 관계가 개선되어 현재의 교착국면이 돌파되면, 남·북·미 선순환구조가 정착되고 이 기반에서 한·미 간 긴밀한 협조와 조정 체계가 구축됨으로써 본격적인 국제협력이 진행될 가능성이 높다. 동아시아 경제협력과 국제금융기구의 북한개발이 탄력을 받을 것이고 동아시아 다자안보체제가 북한 변화의 보호벽 역할을 담당할 것이다.

하지만 한반도 평화 프로세스와 남북경제공동체 구상이 북핵문제 해결과 연동하여 진행될 것은 확실하나 남북 관계를 북·미 관계의 종속변수로만 설정해서는 안 된다. 본격적인 남북 관계 발전은 북핵문제가 어느 정도 해결되어야 하겠으나 그 이전에도 혹은 그 이후라도 남북 관계가 북·미 관계와 병행해서 발전해야 하고 때로는 남북 관계 발전이 북·미 관계 개선을 촉진하는 역할도 담당해야 한다. 즉 북한이 본격적인 변화과정에 돌입하도록 유도하기 위해서는 북·미 관계가 장애물을 뚫어주더라도 이것만으로는 불완전하며 한·미 관계와 남북 관계가 뒷받침해 주어야 한다. 남북·북미·한·미 관계 등 3각 관계가 선순환구조에 들어서야만 북한이 본격적 변화에 적극적으로 나설 수 있는 것이다. 이러한 점에서 남북 관계 발전은 북한 변화과정에서 독립변수로서의 역할도 수행해야 한다.[48]

북한의 변화와 친남화를 강화하는 남북 관계 발전과제로는 한반도 평화체제 구축, 남북경협 심화 및 남북경제공동체 발전, 남북대화의 정례화 및 제도화 등이 있다. 남북 간 실질적 평화보장 조치가 마련되고 정치·군사적 신뢰가 구축되면, 남북한은 평화체제 구축을 위한 포괄적 합의를 통해 평화협정을 체결해야 한다. 한반도 평화협정 체결은 전쟁의 법적 종결 및 전쟁방지와 평화유지를 위한 제도적 장치를 마련함으로써 정전상태를 평화상태로 전환하는 의미가 있다. 남북 및 국제적 차원에서 상호 적대적 긴장 관계를 초래했던 제반 긴장요인들을 완화·해결함으로써 항구적 평화정착을 위한 제도적 발전을 실현하는 것이다. 한반도 평화체제 논의는 교전당사자 및 정전협정 서명국 논리, 9·19 공동성명과 2·13 합의의 별도 포럼 구성 합의를 고려하면 남·북·미·중 4개국이 참여할 수 있으나 남북의 주도성은 보장되어야 한다.

남북 연계성을 강화하기 위해서는 먼저 남북경협 발전의 외연 확대와 심화를 위한 법적·제도적 차원의 지원을 확대하면서 3대 경협사업(개성공단, 관광사업, 철도·도로 연결)을 비롯해 농업부문을 포함한 포괄적 남북협력·북한개발 프로젝트를 실시해야 한다. 그 방식은 남북 상호 간에 이익이 크고 남북 관계 발전에 파급효과가 큰 사업부터 단계적으로 추진하고, 우리의 산업정책 등을 고려한 경제협력을 통해 새로운 성장동력을 확보하고 북한의 경제성장 기반 확충을 지원해야 한다.

남북 간 경제협력 공간이 한반도 전역으로, 그리고 남북 간 상호보완적 협력 관계가 심화·발전하면 남북경제공동체를 본격적으로 형성·강화해야 한다. 남북경제공동체는 남북경제통합의 전 단계로서 기본적으로 남과 북이 자율적인 국민경제체제를 유지하면서 경제활동에 있어서 남과 북을 각각 독자적 단위로 사고하는 것이 아니라 한반도를 하나의 단위로 사고하는 것을 의미한다.

이 과정에서 북한 경제의 재건, 자생력 확보, 나아가 발전기반 구축 등에 대한 지향성이 감지되어야 한다.

간헐적 남북책임자의 회담을 넘어 지속적인 남북 관계 유지는 예측 가능한 남북 관계 형성과 상호 신뢰의 핵심적 수단이다. 남북대화가 일정수준 복원되면 다양한 부문에서 남북대화를 제도화·정례화하며 정치·군사적 대화와 더불어 경제협력과 인도적 지원을 병행하는 유기적 정책이 추진되어야 한다. 남북정상회담이 정례화된다면 한반도 평화구축에 결정적 기여를 할 것이다. 남북정상회담을 통한 남북 관계의 중·장기적 발전이 궁극적으로는 한반도 냉전체제의 해체에 기여함으로써 한반도 평화구축의 우회로가 될 수 있다는 것이다. 남북정상회담이 정례화되어야 당국 간 대화의 제도화와 안정화에 기여를 할 수 있을 것이며 이는 남북 간 신뢰를 급상승시킬 것이다.

통일외교 강화와 다자안보협력체 강구

한반도 통일은 새로운 동아시아 질서의 구축과 시기적으로나 구조적으로나 맞물려있기 때문에, 한반도 통일을 위해 우리는 새로운 동아시아 질서 구축과정을 활용하거나 또는 새로운 질서 구축을 한반도 통일과 정(正)의 관계에 있도록 노력해야 한다. 이 외교정책의 목표는 당연히 주변국이 북한의 변화를 지원하고 한반도 통일을 지지하도록 하는 '통일외교'이며, 그 방도는 '한·미 동맹의 현대화'와 '한·중협력 관계의 격상'이라 하겠다.[49)]

물론 이 방안은 미국과의 정치적 신뢰 및 경제적 상호의존의 심화를 전제한 것이다. 우리 정부는 동맹국의 사활적 이익에 관한 한·미 동맹의 정신과 약속을 적극적으로 준수한다는 의지를 확고히 할 필요가 있다. 따라서 한·미 동맹의 현대화는 남한의 중립노선을 의미하는 것이 아니라, 주한·미군 주둔을 전제로 한·미 동맹의 군사적 발현의 가능성을 완화하고 양국 간 정치적 신뢰를 강화하며, 경제적 상호의존도를 높이는 노력을 의미한다.

중국은 동아시아 시대를 미국과 함께 이끌어나갈 나라이자 한반도 안보에 직간접적 영향을 미치는 나라다. 남한은 통일한국이 국경을 공유하게 될 중국의 정치·안보적 우려를 자극하지 않도록 통일 전부터 체계적으로 관리해야 한다. 통일한국의 한·미 동맹 일방적 강화, 통일한국의 민족주의, 그리고 지역적 군사강국화 가능성은 중국의 우려 사항이다. 특히 중국의 입장에서는 통일한국의 민족주의가 영토문제와 관련하여 부담이 될 수 있다. 중국으로서는 남북한이 통일되면 한민족이 '한국식 실지회복주의'에 입각해 국경선문제를 제기하고 이에 따라 동북3성의 조선족이 동요할 가능성을 경계하고 있다. 북핵 6자회담을 고리로 동(북)아시아 다자안보협력을 모색하는 것은 통일한국의 군사강국화 가능성에 대한 중국의 우려를 완화시키고 한·중협력 관계를 한 단계 발전시키는 방안으로 거론될 수 있다.

동(북)아시아 역내 국가들은 다자안보협력에 대체로 긍정적 입장이다. 중국·일본·러시아가 가장 적극적이고 미국은 오바마 행정부 출범 이후 소극적 태도에서 벗어나고 있다. 남한은 그간 적극적 추진 의사를 밝혔으나 이명박 정부에 들어서는 구체적 의견을 제시하지 않고 있다. 다만, 북한도 다자안보협력의 불가피성을 인정하고 있지만 아직까지는 양자 관계를 중시하고 있다.[50]

그런데 역내 국가들이 다자주의적 방식을 선호한다 하여 이것이 곧바로 다자안보협력체 구성으로 이어지는 것도 아니며 다자안보협력만이 지역 내 평화와 안정을 담보하는 것도 아니다. 새로 부상하는 강대국에게는 국제제도에의 참여가 자신들의 국제적 위상을 높이고 영향력을 강화하기 위한 중요한 경로가 되기도 하지만, 동시에 자신을 구속하는 주요 경로가 될 수도 있기 때문이다.[51] 그리고 냉전기의 국가중심적 분석에 기초한 양극성이 국제질서의 안정적 관리를 보장해주는 가장 효과적인 특성이기 때문에 탈냉전기의 다극적 국제질서는 국가들 간의 혼란과 갈등을 증폭시킬 것이라는 현실주의자들의 주장이 국가안보 패러다임이 지배하는 동(북)아시아에서는 나름의 설득력을 지니기 때문이다.

이에 동(북)아시아의 평화와 안정을 위해서는 양자 동맹을 병행·보좌하는 다자기구 창설, 양국 관계에 다자 관계를 동시에 포괄할 수 있는 이중적 협력 관계 구축, 양·다자협력의 틀(bimultilateral cooperation framework) 모색 등 점진적이고 현실적인 방안이 강구되어야 한다.[52] 이래야 동(북)아시아 다자안보와 역내 안정성의 중요한 축인 미국의 참여를 보장하여 미국이 방관자 또는 불개입의 자세를 갖는 것을 견제할 수 있다. 또한 미국의 참여로 대항 파트너인 중국과 러시아의 적극적 참여도 견인하고 북한의 다자안보협력에 대한 우호적 자세도 유도할 수 있을 것이다.[53] 이런 입장을 견지해야 한반도 통일의 불확실성에 대한 주변국의 우려를 불식시키고 통일한국에 대한 지지를 확보할 수 있다.

남한의 통일역량 강화

국내적 통일역량을 강화하기 위한 과제로는 통일교육 내실화, 통일거버넌스 구축, 통일부·NSC 강화, GNP 1% 남북협력·통일기금 조성, 통일국민협약 체결, 남북관계발전위원회 실질화, 통일관련 법·제도 정비 등을 들 수 있다. 이 모든 과제가 다 달성되어야 하겠으나, 통일문제를 둘러싼 남남갈등이 존재하고 다문화사회가 되어가고 있는 현실에서 특히 새로운 통일담론에 대한 모색과 국민적 합의기반 강화가 중요하다.

현재까지 제안된 통일한국의 기본원리는 대체로 자유민주주의, 국민주권의 원리, 대의제 원칙, 권력분립, 법치주의 등이다. 구체적으로는 현승종의 '다원적 자유민주주의', 양호민과 이상우의 '민족주의·자유민주주의', 백영철의 '자유·평등의 원리에 기초한 자유민주주의', 김학준의 '민족자결 및 민족다원주의', 방영준의 '민주주의와 민족주의의 결합체로서의 다원공동체', 권영설의 '시민적·자유주의적 법치국가', 박영호의 '다원적 정치체제' 등이다.[54] 그리고 세계화시대에 들어 '민족주의' 대신 '열린 민족주의'를 통일한국의 이념으로 제시되었다.[55]

이제 한국 사회는 탈냉전과 세계화, 다양한 이주민의 존재로 한국 국민을 더 이상 민족적 범주로만 묶기 어렵다. 한국 사회가 '단일 민족국가'에서 벗어나 다인종·다민족 사회로 변화하고 있는 것이다. 2010년 국내 체류 외국인은 120만여 명 정도이고 전체 결혼의 12%가 국제결혼이다. 2020년이면 남한 어린이 다섯 중 한 명은 다문화가정 자녀가 되리라는 예측이 가능하다. 이미 다문화 사회로 진입한 상황에서 남북 주민의 사회적 통합을 위해 더 이상 민족만을 강조해선 안 된다. 한국 청소년이 국내 거주하는 외국인보다 북한 출신을 더 부정적으로 본다는 연구 결과도 있다. 개인·집단 간의 차이를 인정하고 소통을 중시하는 '다문화주의'를 새로운 통일담론의 기반으로 삼아야 할 것인지에 대한 진지한 고민이 필요한 때다. 차이를 무시하고 타자를 수용하지 않는 태도는 진정한 통합에 장애가 되기 때문이다.

통일의 주체는 더 이상 선험적으로 주어진 기준에 근거한 동질적 주체가 아니며, 다중화된 주체임을 인식해야 하는 것이다. 즉,

통일을 준비하는 과정에서 필요한 것은 서로 간의 다름에 대한 인정과 공존적 삶의 중시, 그리고 문화적 다양성을 존중하며 통일국가의 구성원으로서 전체를 관통하는 다문화적 정체성을 형성하도록 노력하는 것이다.[56]

민족 구성원 모두에게 자유, 민주적 참여, 그리고 균등한 복지를 보장하는 통일국가의 형성을 목표로 하는 '열린 민족주의' 역시 통일담론으로 유효하다. 열린 민족주의는 배타적 민족주의가 아니라, 민족적 정체성을 유지하면서 국제사회의 일원으로서 상호주의적 개방성을 추구하는 민족주의다. 하지만 진정한 열린 민족주의는 안으로도 열려 있는 민족주의다.

열린 민족주의는 타국과의 대립을 통해 규정되는 것이 아니라, 오히려 국내의 시민사회를 민주화할 때만 의미를 가지게 된다. 국가 내 시민들의 상호 관계도 일반적인 자유의 법칙에 따라 평화 관계를 유지할 것이라는 것이 열린 민족주의의 핵심이다. 그러므로 우리 사회의 급격한 다문화 추세에 부응하기 위해서 민족의 개념 정의에 있어 혈통을 중시하는 기존의 태도를 완화하고 한국어·한국의 역사와 문화 전통에 대한 이해, 한민족과 국가에 대한 소속감 등과 같은 문화적 요소를 중심으로 민족 개념을 재정의해 나갈 필요가 있다.[57] 이런 점에서 새로운 통일담론으로 다문화주의와 열린 민족주의는 일맥상통하다고 하겠다.

국내적 통일역량을 강화하기 위해서는 통일·대북정책 추진과 관련한 남남갈등을 최소화하고 통일문제를 민족공동의 문제로 인식하여 합의를 통한 정책추진 기반을 마련해야 한다. 민족문제의 정쟁화는 어느 정파에도 이롭지 않고 통일·대북정책의 '고비용 저효율화'를 가져와 정책의 효율성을 약화시킨다. 보수와 진보를 넘어 민족공통의 안위와 번영을 위해 민족문제를 정쟁의 구도에서 분리시키는 노력이 필요하다. 이런 점에서 통일문제에 대한 국민들의 합의인 '통일국민협약'을 체결해야 한다.

통일국민협약은 통일문제에 대한 공통의 기본적 행위규범의 마련을 통해 민족문제의 정쟁화를 막고 생산적인 대북·통일정책 추진기반을 마련하는 가장 기본적인 사회적 합의다. 여야 정치권, 시민사회, 언론, 여론주도층, 종교계, 노동계와 재계 등 진보와 보수를 망라하는 각 주체의 대표들의 참여를 통해 '통일국민협약추진위원회'를 구성하고, 협약의 내용과 형식, 그리고 추진방식을 논의하는 것이 필요할 것이다. 각 주체의 이해 관계 및 관점의 차이를 인정하는 기초 위에서 민족문제의 정쟁화 방지라는 최소주의적 합의의 형식을 통해 민족문제에 대한 기본적 행위규범을 만들어야 한다. 통일국민협약은 '통일문제에 대한 정치적 이용의 금지' 및 '민족공영 차원의 정책추진'의 원칙을 기반으로 이를 구체화하는 노력으로 귀결되어야 한다.[58]

통일·대북정책 추진 시 국회의 영향력을 제고하는 것도 국내적 합의기반 강화에 필요하다. 대북·통일정책을 포함한 외교정책의 경우 국내정치와는 달리 행정부의 독자적인 업무영역으로 인식되어 왔다. 그러나 1987년 민주화 이후 이 분야에서도 민주주의 국가의 기본적 특성인 '견제와 균형'의 원리가 적용되어야 한다는 지적이 제기되면서 국회의 개입이 필요하다는 인식이 강화되었다.

민주적 통제의 당위성에 따라 국회가 대북·통일정책에 참여한다고 해도 이는 결코 대통령의 통치행위를 제한하고 그 위상에 손상을 입히기 위한 것이 아니다. 이것은 적극적인 입법행위를 통해 논란의 대상이 될 수 있는 대통령의 통치행위에 대한 범위를 설정하고 부족한 법률안들을 입법하여 제공함으로써 통치행위에 대한 정당성을 부여하고, 그 결과 대통령의 행동을 자유롭게 할 수 있다.

대북·통일정책의 추진이 대통령의 통치행위 내지 정치행위의 차원에서 추진되는 상황에서 한 단계 더 나아가 법치행정의 기반 위에서 추진되도록 법적 기반을 확보해야 한다. 즉, 기존의 대북·통일정책 추진에 관한 행정행위에 있어 법치행정의 원리를 구현하고 강화해야 한다. 그래야 대북·통일정책이 국가정책의 일환·국가작용행위로서 법치행정의 원리를 실현하는 기반을 형성하게 될 것이다. 이는 남북 관계의 유동성에 따른 법적 문제 발생에 대비하는 것과 함께 대북·통일정책 추진상 행정체계의 정비와 행정작용에 대한 법적 실효성을 부여함으로써 대북·통일정책의 추진력을 확보할 수 있다.

이렇게 국회의 입법적 통제장치를 마련해야 국민의 합의기반을 형성하는 투명성을 확보할 수 있고, 이러한 법적 기반의 형성은 결과적으로 대북·통일정책의 지속성을 유지하고 대북·통일정책에 대한 초당적 대응을 가능하게 하는 기반이 될 것이다. 따라서 '남북관계기본법'과 그에 따른 '남북관계발전에 관한 기본계획' 및 '남북관계발전위원회' 등을 실질적으로 운영해야 한다.[59]

결론

통일한국의 당사자인 남한과 북한, 그리고 한반도에 절대적 영향력을 가지고 있는 미국과 중국이 2012년 권력교체기를 앞두고 자국의 정치일정을 소화하고 있다. 남한과 미국에서는 대통령 임기가 절반 이상 지난 이유로 차기 대권을 둘러싸고 다양한 인물과 시나리오가 쏟아져 나오고 있다. 중국과 북한은 이미 차기 구도의 골격을 마련하였다.

2010년 10월 제17기 제5중전회에서 시진핑(習近平) 중국 국가부주석이 당중앙군사위원회 부주석으로 선출되어 특별한 상황이 발생하지 않는 한, 2012년 10월에 개최될 예정인 제18차 당대회에서 마오쩌둥(毛澤東), 덩샤오핑(鄧小平), 장쩌민(江澤民), 후진타오(胡錦濤)를 잇는 중국 최고지도자로 등극할 것이다. 북한도 2010년 9월 제3차 당대표자회를 개최하여 김정일의 3남 김정은을 후계자로 결정하였고, 제7차 당대회 이후에는 김정은의 활동반경이 넓어져 사실상 북한을 통치할 가능성이 높다.

중국에서 시진핑을 중심으로 한 제5세대 지도부가 출범하더라도 후진타오 시기와 비교하여 대미·대한반도정책에 있어 당장 큰 변화가 있을 것 같지는 않다. 김정은 후계정권도 연소하고 일천한 경험 때문에 김정일 시기의 대외·대남정책을 쇄신하지 못할 것이다. 김정일과의 일체화를 통한 카리스마 이전이 가장 중요한 과제이기 때문이다. 사회주의 국가에서의 권력계승이 권력투쟁의 역사라고 했지만 반세기 사회주의 기간 동안 권력계승이 일정한 제도화 국면에 들어선 것으로 보인다. 그렇지만 권력계승이 최고지도자 혹은 엘리트들의 타협에 의해 결정된 것이므로 국민에 의한 민주적 동의는 부족하다. 이러한 태생적 정당성의 한계는 사후적 성과에 의해 보완되어야 한다.

그런데 경제성장은 '양날의 칼' 성격을 가지고 있다. 경제성장 초기에는 국민들을 권위적 국가에로 집결시키는 데 기여하지만 일정한 수준에 도달하면 국민들은 그 국가로부터 벗어나고자 한다. 중국에서 지금 다양한 모순이 경제성장의 과실로 인해 잠복상태로 있지만 곧 땅 위로 치고 올라올 기세다. 최근 민주주의에 대한 논의나 시위, 그리고 민족 분란 등이 심심찮게 일어나고 있는 것이다. 중국의 차기 지도부가 이 문제를 원만히 해결하지 못한다면 이는 중국만이 아니라 동아시아를 포함한 전 세계적 위기일 것이다.

북한의 경우도 마찬가지다. 지금 상황에서는 김정은 후계체제가 그럭저럭 버틸 가능성이 높다. 그러나 경제·안보·통합문제 등을 제대로 해결하지 못한다면 언제든지 돌발변수가 출현할 수 있다. 권력교체기에는 항상 권력의 '틈'이 존재하기 때문이다. 만약 그러한 상황이 발생한다면, 즉 한반도 통일의 방향키를 쥐고 있는 중국과 북한에서 예상치 못한 상황이 벌어진다면, 동아시아 질서는 매우 불안정해지고 우리의 통일환경도 유동적으로 변할 것이다. 동아시아에 위기상황이 도래할 수도 있다는 것이다.

그런데 그 위기는 어쩌면 통일의 기회일 수도 있다. 현 상황에서 남한을 제외하고는 한반도가 현상유지 되기를 바라고 있기 때문이다.

이러한 점들을 고려하면, 향후 도래할 동아시아 시대의 모습과 북한 변화의 정도, 그리고 통일한국의 경로 등에서 특정의 시나리오만을 고집할 수는 없다. 현 상황에서는 여러 가지 시나리오가 다 가능하며 우리는 그에 맞춰 대비책을 강구해야 한다. 그럼에도 불구하고 우리에게 최선의 시나리오는 존재할 것이고 그 시나리오의 달성을 위한 과제도 있을 것이다.

우리는 동아시아 시대의 견인차 역할을 하고자 하며 이를 위해 통일한국을 건설하고자 한다. 이를 위해서는 미·중 화해협력이 강화되고 북한의 변화에 기반해 남북 간 연계성이 높아지며 한반도 주변 4국의 통일에 대한 지지가 있어야 한다. 북한의 변화를 유도하고 통일외교를 강화하며 우리의 통일역량을 제고하는 노력이 확대된다면, 동아시아 시대의 도래와 통일한국의 건설과정을 우리의 바람과 같은 방향으로 이끄는 데 도움이 될 것이다. 동아시아 시대와 통일한국을 '감 떨어지기'만을 기다리는 수동적 자세가 아니라 이를 우리의 최선 시나리오대로 견인하는 적극적 자세가 요청된다.

Part 6

동아시아 시대와
한국의 동맹전략

문제설정: 한·미 동맹의 딜레마

중국의 부상으로 대표되는 동아시아 시대의 도래와 더불어 한·미 동맹의 딜레마가 심화되고 있다. 사유실험 수준에서 두 차원의 딜레마를 지적할 수 있다.

첫째, 일반적인 '동맹의 딜레마'로 연루와 방기의 가능성이다. 한국과 미국이 동맹 때문에 지구·동아시아적 수준에서 서로 원하지 않는 분쟁에 연루될 수 있다. 다른 한편, 한·미 동맹에 대한 한국과 미국의 이해 관계가 분기될 수도 있다. 둘째, 한·미 동맹이 야기하는 '안보딜레마'로 한·미 동맹의 강화가 역설적이지만 한국과 미국의 안보에 도움이 되지 않을 수도 있다.

한·미 동맹의 강화, 그리고 그 연장선상에서 한·미·일의 군사협력은 동아시아 지역수준에서 군비경쟁을 가속할 수 있기 때문이다. 2010년 동아시아에서 '신냉전'의 도래가 운위될 만큼 군사경쟁이 가시적이었다. 2011년 1월 미국의 게이츠 국방장관이 중국을 방문했을 때, 중국은 '젠(殲)-20' 스텔스기를 시험 비행했다고 한다.

한·미 동맹의 딜레마와 더불어, 한·미 동맹의 구조조정은 강화의 방향으로 가고 있다. 2010년 10월 8일 제42차 한·미안보협의회(SCM)에서, 한·미는 '전략 동맹 2015(strategic alliance 2015)', '국방협력지침(defense cooperation guideline)', '전략기획지침(strategy plan guideline)', '확장억제정책위원회(extended deterrence policy committee)'의 제도화에 합의했다. 주요 내용은 다음과 같이 정리할 수 있다.

첫째, 이 합의는 한·미 동맹이 한반도 방위를 넘어 전 세계의 안보문제에 관여하는 동맹으로 전환되고 있음을 의미한다. 둘째, 북한의 '불안정 사태'를 언급함으로써 북한의 급변사태는 동맹에 기초하여 효과적으로 대응하겠다는 의지를 천명했다. 셋째, 확장억제정책위원회는 핵우산, 재래식 타격능력, 미사일 방어능력 등을 포함하는 확장억제의 실효성 제고를 위한 협의기구로 등장했다. 2010년 10월 15일 대량살상무기확산방지구상(PSI) 훈련은 한·미뿐만 아니라 일본이 참여하는 형태로 진행되기도 했다.

북·중 동맹 또한 강화되고 있다. 2010년 10월 10일 북한의 당 창건 65주년을 기념하는 행사에, 중국공산당 저우유캉(周永康) 정치국 상무위원, 중국공산당과 대외연락부 부장과 부부장, 길림성위원회 서기, 외교부 부부장, 상무부 부부장, 요녕성위원회 부서기, 흑룡강성위원회 부서기 등이 참석했다. 중국의 후진타오 주석은 10월 9일, "조선로동당이 끊임없이 발전할 것과 중조친선이 대를 이어 전해지기를 바란다"는 축전을 보냈다. 10월 9일 북한과 중국은, '경제기술협조에 관한 협정'에 서명하기도 했다. 이 서명에는 중국의 동북3성 대표자들이 참여했다.

후진타오 주석은 2010년 조선로동당 대표자회에서 새롭게 구성된 '영도집단'의 중국방문을, 북한은 후진타오 주석의 북한방문을 요청했다. 10월 19일에는 북한의 시·도당 책임비서 전원이 중국을 방문했다. 북·중은 한국전쟁에 중국이 참전한 것을 기념하여 군사교류를 진행했다.

이 사실들만 본다면, 동아시아는 중국의 부상과 더불어 한·미(일) 대 북·중의 대립구도로 가고 있는 듯이 보인다. 그러나 중국의 부상은 확실하지만 동아시아 시대의 모습이 무엇일지는 아직 미지수다. 이 글은 이 새로운 시대에 한·미 동맹의 향방을 묻고자 한다.

한·미 동맹의 향방은 동아시아 시대를 구조화하는 하나의 변수다. 19세기 말 조선은 중국 황준헌(黃遵憲)의 《사의조선책략(私擬朝鮮策略)》을 통해 러시아의 남진을 막는 '방아'(防俄)와, 방아를 위해 '친중(親中)', '결일(結日)', '연미(聯美)'해야 한다는 전략을 제시받은 바 있다. 이 전략에 대해 조선의 보수 유생(儒生)은, '친중'은 적절하지만 일본이나 미국과 같은 '오랑캐'와의 관계개선이 적절하지 않다는 소(疏)를 올리기도 했다. 21세기 동아시아

시대에 북한을 적과 위협으로 설정하고 있는 한·미 동맹의 강화는 의도했든 의도하지 않았든 간에 중국을 '적'으로 만드는 효과를 발휘할 수도 있다.

21세기 두 강대국인 미국 및 중국과 어떻게 살아가야 하는가? '친미반중(親美反中)', '친미친중(親美親中)' 또는 '연미연중(聯美聯中)', '연미화중(聯美和中)', '비미비중(非美非中)', '반미친중(反美親中)' 등의 다양한 대안을 생각해 볼 수 있다. 이제부터 한·미 동맹을 매개로 이 질문에 답하려 한다.

동맹의 정치이론

  동맹은 통상 둘 이상의 국가가 상호 안보문제에 대해 공동협력을 추구하고자 하는 공식적 협정을 통해 성립된다.[1] 그 국가들이 동맹을 선택하는 이유는 동맹이 안보를 향상시킬 것이라는 기대 때문이다. 예를 들어 그 기대는 다음과 같은 것들이다.

  첫째, 동맹에 참여함으로써 억지(deterrence) 체제가 수립되거나 강화될 수 있다. 둘째, 동맹에 참여함으로써 전쟁 발발 시에 방위조약(defence pact)이 작동할 수 있다. 셋째, 동맹에 참여함으로써 동맹 참가자 일부 또는 전부가 다른 동맹에 참여하는 것을 사전에 방지할 수 있다. 동맹은 이를 위해 조약형태로 군사적 대응을 명문화하거나 또는 전쟁의 발발 시 상호 의무를 부과하려 한다. 더 나아가 합동군사훈련, 군사참모의 훈련 및 무기조달 등을 동맹의 적절한 행위로 간주하기도 한다. 즉, 동맹은 권력정치(power politics)의 산물이다.

동맹은 동맹에 참여한 회원국가들이 다른 국가들에 대항하여 집단적으로 힘을 증가시킬 목적으로 만들어진다. 따라서 동맹은 세력균형(balance of power)의 정치에서 핵심 변수가 된다.[2] 전통적인 세력균형이론에 따르면 동맹은 능력(capabilities)의 불균형적 분포를 정정하기 위한 과정이다. 신현실주의 이론가인 월츠(K. Waltz)에 따르면,[3] 정치적 행위자들이 세력균형을 이루느냐 또는 우세한 세력에 추종하느냐는 그 체제(system)의 '구조'에 달려 있고, 무정부상태를 특징으로 하는 국제정치구조에서는 균형을 이루려는 행위가 현명한 것이라고 주장한다.

월츠가 보기에 강자에 편승하려는 행위(bandwagoning)와 균형을 이루려는 행위(balancing)는 첨예하게 대조적이다. 국내적 차원에서는 강자에 편승하려는 행위가 패자의 안전에 대한 위협이 되지 않지만, 국제적 차원에서는 강자에 편승하려는 행위보다는 균형을 이루려는 행위가 현명하다. 이유는 한 연합이 다른 연합을 누르고 승리했을 경우 이 연합의 약자들은 같은 연합의 강자들에 복속되기 때문이다.[4] 따라서 약자들은 생존을 위해 편승보다는 균형을 선택한다는 것이다.

월츠류의 신현실주의 동맹이론을 보다 세련화한 월트(S. Walt)는 동맹을 형성하는 요인으로 군사적 능력이나 힘보다 '인지된 위협(perceived threat)'을 중요하게 고려한다.[5] 예를 들어 제2차 세계대전 이후 서유럽과 일본이 소련보다 강력한 군사력을 가지고 있었던 미국과 동맹을 맺은 것은, 소련의 위협 때문이라는 것이다. 월트의 이 위협균형론도 국가의 생존전략으로 강자에의 편승보다 균형을 이루려는 행위가 지배적임을 강조한다.

그러나 월츠와 월트의 세력균형론이나 위협균형론에 대한 비판도 존재한다.

첫째, 위협을 받는 국가들은 그들의 적에 대항하여 균형을 이루려 하기보다는 강자에 편승하려는 경향이 높다는 것이다.[6] 사실 제2차 세계대전 이후 서유럽과 일본의 행태가 편승으로 해석될 수도 있다. 또한 정치적 이익뿐만 아니라 경제적 이익을 고려할 때, 편승이 보다 현명한 선택일 수 있다.[7] 그러나 특정 국가의 조건을 고려하지 않은 일반화는 위험한 것처럼 보인다. 예를 들어 강대국의 경우 편승보다는 균형을 선택할 가능성이 높다. 반면 약소국의 균형을 이루려는 행위는 그들의 안보를 보다 위협하는 선택이 될 수도 있다.

둘째, 세력균형을 지향하는 강대국의 생존전략은 균형과 편승 이외에 '유화(宥和, appeasement)'와 '책임전가(buck-passing)'가 있을 수 있다. 유화는 위협을 가하는 국가의 힘을 인정함으로써 그 국가의 침략유인을 제거하려는 전략이다. 책임전가는 다른 강대국이 침략의 위협을 제거하게 함으로써 위협을 받은 국가는 비용부담을 회피하려는 전략이다. 공격적(offensive) 현실주의자 미어샤이머(J. Mearsheimer)는 실제 국제정치의 세계에서 강대국의 선택은 월츠나 월트가 주장하는 것처럼 균형 또는 편승이 아니라 균형 또는 책임전가이고, 일반적으로 위협을 받은 국가는 책임전가를 선호한다고 주장한다.[8]

앞에서 언급하고 동맹이론은 대부분 강대국의 행태를 설명하기 위한 이론이다. 힘이 불균등하게 분포되어 있는 무정부상태의 국제정치의 세계에서 약소국의 선택은 매우 제한적이다. 강대국에 편승하는 것이 거의 유일한 선택일 수 있다.[9] 특히 냉전과 같은 양극체제에서는 양극이 아닌 국가들의 선택에 의해 세력균형이 바뀔 가능성이 거의 없기 때문에 편승이 약소국의 선택이 될 가능성이 높다. 또한 양극체제에서는 강대국도 약소국을 유인하려는 경향을 갖게 된다. 월츠가 지적하는 것처럼, "양극세계에서는 주변부란 없다. 오로지 두 국가만이 세계적 규모의 행위를 할 능력을 가진 상황에서는 어디에서 일어나는 무엇이건 간에 잠재적으로는 그 두 국가의 관심사다."[10]

강대국과 약소국의 동맹은 '후견-피후견(patron-client)' 국가 관계로 나타나곤 한다. 주권의 상호인정이라는 형식적 평등의 외피가 있지만 실질적 불평등이 작동하는 관계라고 할 수 있다.[11] 이 관계의 지속성과 범위는 안보위협의 성격과 정도, 후견국의 능력과 신뢰도, 피후견국가의 전략적 가치에 따라 변한다. 한·미 동맹은 이 후견-피후견 국가 관계로 표현되는 비대칭적 동맹의 전형 가운데 하나였다. 이 비대칭적 동맹 관계에서 피후견국은 자율성 제약의 대가로 안보우산을 제공받는다.[12] 따라서 피후견국의 입장에서는 안보우산의 신뢰성이 중요할 수밖에 없다.

비대칭적 동맹 관계에서 강대국에 대한 약소국의 행동양식은 순응(compliance), 협상(negotiation), 구성(construction), 저항(resistance) 등으로 분류할 수 있다.[13] 순응과 저항은 행동의 양극단이다. 따라서 그 순수한 형태를 찾기란 쉽지 않다. 그 중간 형태인 협상과 구성의 내용은 다음과 같다.

"협상의 영역을 주어진 구조 내에서 하위국가가 자신의 이익을 극대화하는 방식을 말한다면 구성의 영역은 상위국가와의 상호작용을 통해 자신이 처한 구조의 상대적인 전환을 모색하려는 시도를 지칭한다."

한국의 민주화 및 '중견국가(middle power)'로의 성장은, 한·미동맹에서 한국이 협상과 구성의 선택을 할 수 있는 국내적 토대를 제공했다. 민주화 이후 한·미 동맹을 둘러싼 불협화음이 발생하는 것도 이 때문이라고 할 수 있다.

21세기 한·미 동맹 향방의 토대가 될 이론적 자산의 구성에 있어, 우리는 동아시아 시대를 고려하지 않을 수 없다. 무엇보다도 동아시아 시대가 양극체제의 출현을 의미하는 것인가에 대해 답할 필요가 있다. 동아시아 수준에서 과거 냉전 시대와 같은 미국과 중국의 양극체제가 형성되고 있다면, 주변국인 한국의 선택은 균형 또는 편승으로 축소될 가능성이 있다. 그리고 행위자의 '경로의존적' 선택이 '경로형성적' 선택보다 편리하다면, 중국을 잠재적으로 설정하는 한·미 동맹이 하나의 길일 것이다. 그러나 냉전 시대와 달리 미·중의 경제적 네트워크가 조밀할 뿐만 아니라 중국은 한국의 최대 교역국이다. 냉전 시대와 같은 이분법적 선택이 사실상 불가능한 상태다. 한·미 동맹 관계에서 한국의 자율성도 제고되어 있다. 다음에서는 한·미 동맹의 역사와 쟁점을 검토한 후, 동맹의 향방을 예측하는 시나리오 로드맵을 제시하고자 한다.

탈냉전 · 민주화 시대 한 · 미 동맹의 역사

한·미 동맹은 한국전쟁 이후 한국의 요청으로 1953년 10월 체결된 한국과 미국 사이의 '상호방위조약'으로 시작되었다. 간략한 서문과 6개 조항, 미국의 양해사항으로 구성된 이 조약의 기초는 동맹이론에서 제시하는 것처럼 '공동의 위협'이다. 이 조약에는 위협을 가할 수 있는 가상 또는 실제의 적(敵)이 구체적으로 명시되어 있지는 않지만, 북한을 적과 위협으로 설정하는 동맹조약이다. 그리고 공동의 위협이 군사적 공격으로 나타날 경우 개입할 수 있다는 것과 미군이 한국에 주둔할 수 있음을 허용하는 것이 이 조약의 또 다른 주요 내용이다.

이 조약을 지탱하는 관념은 냉전의 산물인 '반공(反共)'이었다. 출범부터 한·미 동맹은 비대칭적 동맹의 형태를 띠고 있었다. 이 비대칭성은 한국군의 '군사작전권'을 미군에게 이양한 것에서 가장 잘 드러난다. 따라서 한·미 동맹을 유연화할 수 있는 힘은 미국에 있었다. 미국이 주기적으로 동맹의 유연화라는 압박을 가하는 데 사용한 효과적인 정책도구가 바로 '주한·미군의 철수 또는 감축'이었다.

한 연구자는 2003년의 시점에서 한·미 동맹의 역사를 다음과 같이 정리했다. '후견 관계(1953~1969년), 긴장과 대립(1969~1979년), 복원 및 정상화(1979~1989년), 전략적 동반자(1989~2003년)'[14] 라는 이 약사에서 볼 수 있는 것처럼, 한·미 동맹은 비대칭적 위계적 동맹이기는 하지만, 형태 변환을 하기도 했다. 사실, 한·미 관계에는 "평온한 날이 없었다"고도 말할 수 있다.[15] 즉 한·미 동맹에서 하위 행위자인 한국이 미국의 요구에 순응하기만을 선택한 것은 아니다. 예를 들어, 1953년의 한·미 상호방위조약의 체결이나 1960년대 중반의 월남전 파병과 같은 문제에서는 한·미 간에 협상이 있기도 했다.[16] 그러나 한·미 동맹의 기초에 대한 문제제기나 한·미 동맹의 비대칭성과 위계성을 시정하고자 하는 새로운 '구성'에 대한 시도는 거의 없었다.

한국 시민사회의 미국에 대한 문제제기 또는 '반미'(反美)도 1980년대 이전까지는 조직적이었다고 보기 힘들다. 1990년대에 들어서 지구적 차원에서 냉전이 해체되면서 비로소 냉전의 유산이자 냉전을 촉진한, 비대칭적 한·미 동맹의 구조조정에 대한 논의가 이루어지기 시작했다. 1987년 한국의 민주화는 한·미 동맹의 '민주화'를 의제화한 또 다른 계기이기도 했다.

냉전적 세력균형의 추가 미국 쪽으로 기울던 시점인 1980년대 후반, 한·미 동맹 재조정의 '제1계기'가 시작되었다. 1989년 7월 미국의회는 주한·미군의 감축을 요청하는 '넌-워너 수정결의안'을 통과시켰다. 1990년 4월 미국은 주한·미군의 3단계 축소계획이 담긴 동아시아전략구상을 채택했다. 1972년 닉슨독트린 이후 처음으로, 1992년에는 주한·미군의 3단계 감축의 1단계가 완료되어 주한·미군이 3만 6,000여 명으로 줄었다. 같은 해 미국 국방부는 의회에 제출한 보고서에서 북한에 관한 평가를 기초로 한·미연합사의 해체를 시사하기도 했다. 노태우 정부는 북한의 군사적 위협이 소멸된다면 주한·미군의 감축에 동의할 것이라고 발언하기도 했다.

작전통제권 환수는 노태우 정부의 대통령 선거공약이기도 했다. 한·미 동맹의 역사를 고려한다면, 놀라운 변화이기도 했다. 1991년 10월에는 한국에 배치되어 있던 전술핵무기 철수에 미국과 합의했다. 한국의 시민사회도 1988년 2월 '민족의 통일과 평화에 대한 한국기독교회 선언'에서 볼 수 있듯이, 한반도의 평화를 위해서는 '주한·미군의 철수'와 '유엔군 사령부의 해체'가 필요하다는 문제의식을 표출하기도 했다.[17]

한·미 동맹을 위협의 원천인 북한의 군사력과 한·미연합군의 군사력과의 군비경쟁이라는 전략적 상호작용 속에서 이해한다면,[18] 1990년대 초반 한·미 동맹의 이 변화들은, 남북 관계의 긴장완화와 연계될 수밖에 없는 변수들이었다. 1991년 12월 남북한은, '남북 사이의 화해와 불가침 및 교류협력에 관한 합의서'와 '한반도 비핵화에 관한 공동선언'을 채택했다. 1992년에는 1976년 이후 처음으로 한·미합동군사훈련이 중단되기도 했다. 냉전의 해체와 더불어 북한의 '위협'이 감소하고 있다는 '인식'의 산물일 것이다. 이론적으로 본다면, 냉전 시대에 미국이 한국에 대해 설정한 미국의 범위, 비대칭적인 후견-피후견 관계, 안보와 자율성의 교환 등이 해체되고, 호혜적 동맹으로 전화할 수 있는 계기가 마련되었다고 평가할 수도 있을 것이다.[19]

그러나 한·미 동맹은 유연화의 길을 가지 않았다. 오래된 제도의 경화(硬化)에서 파생된 '자산특수성(asset specificities)' 무기체계의 통합·협의 메커니즘, 군사기획과 지휘구조, 하부구조·군사기지 공유, 합동군사훈련 등과 그에 기초한 이익집단들과의 초국적 연결망, 그리고 북한의 핵개발과 더불어 북한의 군사적 위협이 다시금 강조되었다. 북한의 체제위기가 또 다른 위협이 될 수 있다는 무조건적 위협담론을 정당화하는 '정체성의 정치'는, 한·미 동맹의 기원으로부터 이탈한 1990년대 한·미 동맹의 강화를 낳은 요인이었다.[20]

1991년 11월 제23차 한·미연례안보협의회는, 탈냉전시대 한·미 동맹의 '모순'이 표출된 회의였다.[21] 북한의 핵개발과 체제의 불확실성에 맞서 미국의 한국에 대한 핵우산과 한·미연합억제력의 유지가 천명되었다. 그리고 주한·미군의 2단계 감축계획이 연기되었다. 그러나 동시에 남북대화의 필요성과 한반도에서의 군비통제가 언급되었다. 1992년 10월 제24차 한·미연례안보협의회에서는, 한·미연합억제력의 유지와 남북 관계 개선이라는 모순적 담론이 반복되었다. 남북 관계 특히 상호핵사찰 등에 있어서 의미 있는 진전이 없을 경우 '93 팀스피리트 훈련'을 실시하기 위한 준비조치를 계속해 나가기로 합의하였다. '준비조치'라는 애매한 표현은, 한국 국내 정치의 산물이었다. 1992년에 중단되었던 팀스피리트 훈련의 재개를 요구한 측은 한국이었다고 한다. 이 공동성명은 당시 남북대화를 중단시킨 결정적 원인으로 평가되고 있다.[22]

3당 합당으로 형성된 보수세력과 자유주의세력의 정치연합은, 반북정서만큼이나 북한의 위협에 기초한 한·미 동맹의 강화가 임박한 대통령선거에 유리할 것이고 판단했던 것처럼 보인다.[23]

북핵위기를 계기로 북한위협을 '상수화'하면서, 한·미연합억제력의 유지와 남북 관계의 개선이라는 모순을 담지한 채,[24] 동아시아 지역의 불안정을 전제로 한·미 동맹을 '지역안보동맹'으로 전화하려는 논의가 진행되면서,[25] 결국 1995년 미국 국방부는 새로운 안보전략보고서의 발간을 통해 주한·미군의 수를 동결하기로 결정했고, 한·미 동맹의 재편은 중단되었다. 북한이 핵카드와 교환하고자 했던 한·미 동맹의 해체는,[26] 역설적이지만 한·미연합군 사력 유지에 기여했던 것처럼 보인다. 즉 북한의 위협이 상수화되면서, 1990년대 중반 김영삼-클린턴 정부에서는 한·미 동맹의 재

편과 관련된 논의가 사라진 것이다.[27]

탈냉전·민주화 시대 한·미 동맹 재조정의 제1계기에서 우리는 한·미 동맹의 향방에 영향을 미치는 두 변수를 발견할 수 있다. 하나는 미국의 '세계전략'과 동아시아전략에 기초한 동맹전략이다. 탈냉전 초기 미국은 냉전 시대의 '봉쇄'에서 탈냉전 시대의 '혼란'으로 이행했다는 지적이 나올 정도였지만,[28] 1990년대 중반에 들어서면서 '탈냉전의 종언'을 선언하면서 '개입과 확산'의 전략을 구체화하기 시작했다. 소련을 대체하는 '깡패국가'가 설정되었고, 예방적 방위의 이름으로 군사기술혁신이 정당화되었다.[29]

한·미 동맹 유연화의 길이 역전된 이유를 미국의 세계전략의 변화에서 찾을 수 있다. 다른 하나는, 탈냉전·민주화 시대 한·미 동맹 및 한반도 평화과정을 둘러싼 한국의 '국내 정치'다. 단순화한다면 한반도 평화과정은, 한·미 동맹 강화의 길, 남북협력의 길, 동북아 지역협력의 길로 나눌 수 있다.

노태우 정부처럼, 한·미 동맹을 유연화하면서 남북 관계의 개선을 통해 한반도 평화의 길을 설계할 수도 있었다. 한·미 동맹에서 한국의 자율성 증대는 노태우 정부에서 결정되고 김영삼 정부에서 실행한 1994년 평시작전통제권의 환수에서도 확인할 수 있다.[30] 그러나 앞서 지적한 것처럼 1990년대 초중반 한국의 국내 정치는 냉전 시대 한·미 동맹의 지속을 선택했다.[31]

김대중 정부에 들어서면서, 한·미 동맹의 구조조정을 위한 계기

가 다시 마련되었다. '제2계기'라고 할 수 있다. 미국은 2001년 〈4
개년방위정책검토(quadrennial defense review)〉에서 탈냉전 시대
미국의 세계정책을 '개입과 전쟁'으로 규정하고, 미국의 안보를
위협하는 국가, 국가연합, 비국가적 행위자 등에 대처하기 위해
과거의 주한·미군과 같은 붙박이군을 '기동군'으로 전환하기 위한
결정을 내렸다. 이를 위해 2003년 해외주둔 미군을 네트워크화하
는 '해외주둔미군재배치계획(GPR)'을 발표했다. 다른 한편, 한국
은 남북정상회담을 통해 남북협력에 기초한 평화과정을 진행하
고자 했다. 그러나 미국의 부시행정부는 북한을 '악의 축(axis of
evil)' 가운데 하나로 설정하고, 북·미 관계의 진전을 중단했다.[32]

김영삼-클린턴 정부 당시 북한문제를 둘러싼 한·미 갈등이 한
국의 대북 강압정책 대 미국의 대북 포용정책이었다면, 김대중-
부시 정부 하에서는 한국의 대북 포용정책과 미국의 대북 강압정
책이 맞서는 형국이었다.

이 제2계기에서는 대북정책을 둘러싸고 한국과 미국의 이해 관
계가 분기했다. 그리고 한·미 동맹의 재조정은 미국의 세계전략
및 동맹전략의 변화에 따라 한국이 미국의 개입형 동맹 네트워크
에 편입되는 재편이 이루어졌다.[33] 2002년 3월 한국과 미국은 주
한·미군에 제공한 토지의 일부를 한국에 반환하는 '연합토지관리
계획(land partnership plan)'에 합의했다. 한국 내 반미여론을 무
마하고, 주한·미군의 주둔조건을 개선하기 위한 조치였다.[34] 한국

과 미국은, 2003년부터 '미래 한·미 동맹정책구상(FOTA)'을 통해, 서울 내 주한·미군의 이전, 연합군사능력 증강, 군사임무전환 및 주한·미군 재배치 등에 대한 합의사항을 토론하기 시작했다.[35] 특히 주한·미군의 '전략적 유연성'은 한·미 동맹 구조조정의 핵심의제 가운데 하나였다. 또한 미국의 해외주둔미군재배치 계획에 따른 주한·미군 2사단의 평택 이전은, 주한·미군이 더 이상 한국의 안보를 위한 '인계철선(tripwire)'으로 기능하지 않겠다는 의미를 지닌 것이었다. 결국 한·미 동맹 재편의 제2계기에서는, 제1계기에서보다 정교화된 미국의 세계전략, 즉 전 세계에 배치되어 있는 미군을 신속기동군화한다는 계획이 관철되고 있음을 알 수 있다.

김대중 정부는 김영삼 정부와 달리 한·미 공조를 유지하면서 대북정책을 포함한 한반도 평화과정을 추진하려 했기 때문에, 한·미 갈등을 야기할 수 있는 '동맹정치(alliance politics)'에 개입하려 하지 않았다.[36]

실질적으로 한·미 동맹 구조조정의 '제2계기'는 노무현 정부에서 시작되었다고 할 수 있다. 즉, 동맹정치는 노무현 정부의 몫이었다. 미국은 탈냉전 시대에 주한·미군을 북한에 억지하는 목적의 군대로 한정하지 않고 전략적 유연성 확보를 통해 다양한 위협에 대비한 신속기동군으로 전환하고자 했다. 반미면 어떠냐는 발언을 하기도 했던 노무현 정부는 동맹의 유지 또는 강화와 한국의 정치적 자율성을 제고하는 정책을 동시에 추진하고자 했다.[37] '호혜평등'의 한·미 동맹이 대통령 취임사에서 언급될 정도였다. 또한 노무현 정부는 평화번영정책을 통해 동북아 지역협력을 통한 '한반도 평화체제'의 구축을 설계하고 있었다. 그리고 북핵 6자회담을 계기로 동아시아 수준에서 G2로 부상한 중국을 염두에 두고 동북아에서 평화의 촉진자 역할을 하는 이른바 '동북아 균형자론'을 제시하기도 했다.[38]

노무현 정부 하에서 전개된 한·미 동맹 재조정 '제2계기'에서 제기된 의제인 '주한·미군 재배치와 용산기지 이전, 주한·미군의 병력감축, 북핵문제, 이라크파병, 방위비 분담협상, 전시작전통제권의 환수, 주한·미군의 전략적 유연성' 등에서 주한·미군 재배치와 용산기지 이전은 한·미 양국의 이익에 부합하는 방향으로 추진되었다. 방위비 분담과 같은 미시적 쟁점에서는 한·미 사이에 협상이 이루어지기도 했다.[39] 반면, 주한·미군의 병력감축, 북핵문제, 전시작전권 환수, 주한·미군의 전략적 유연성 등은 한국 국내 정치와 시민사회에서 격렬한 논쟁을 야기한 사안들이었다.

보수세력은 이 동맹의 조정이 동맹의 해체라는 결과를 불러올 것이고 따라서 한국의 안보를 위협할 것이라고 비판한 반면, 진보세력은 한국의 정치적 자율성을 제고하겠다는 노무현 정부가 동맹을 강화하는 정책을 선택하고 있다고 비판했다. 노무현 정부의 모순적 정책 '동북아론과 한·미 동맹의 강화, 한·미 동맹의 강화와 자주국방'이 야기한 국내 정치적 균열이었다.[40] 이 의제들을 차례로 살펴

본다.[41]

첫째, 주한·미군의 병력 감축은 앞서 지적한 것처럼, 한·미 동맹의 조정과정에서 미국이 전가의 보도처럼 활용했던 정책도구였다. 또 하나 우리가 주목해야 할 것은, 앞서 1990년대 초반 한·미 동맹 재조정의 제1계기에서 언급한 것처럼 주한·미군 병력의 감축은 그 대강이 이미 결정된 사안이었다. 노무현 정부 시기인 2004년 미국이 제안한 주한·미군 병력감축은 군사혁신을 추구하려는 미국의 세계전략에 부합하는 것이었고, 따라서 노무현 정부는 국내의 안보불안 불식을 위해 미국이 2005년까지 1만 2,500명을 감축하겠다는 제안을 2008년까지 단계적으로 감축하자고 대응하는 '실리적' 방식을 선택했다. 그럼에도 보수세력은 노무현정부가 동맹을 해체하려 한다는 비판을 하기도 했다.

둘째, 주한·미군의 전략적 유연성에 관한 논의에는 동아시아 수준에서 G2 시대, 즉 중국의 부상과 관련된 쟁점, 즉 중국위협론이 담겨 있었지만 표면화되지는 않았다. 주한·미군의 전략적 유연성이 확보되고 한·미 동맹이 지역 동맹으로 전화할 경우, 한·미 동맹은 자칫 중국을 적으로 설정하는 동맹이 될 가능성이 있다. 주한·미군의 전략적 유연성과 관련하여 한·미 간의 쟁점은 한국의 원하지 않은 분쟁에서의 연루 가능성이었다. 2006년 1월 노무현 정부는 주한·미군이 한국의 의지에 관계없이 동북아지역의 분쟁에 개입하지 않는다는 조건으로 주한·미군의 전략적 유연성을 인정했

다. 미국이 전시작전통제권을 한국에 반환하려는 이유도 사실은
주한·미군의 전략적 유연성을 확보하고자 하기 때문이라고 할 수
있다.

셋째, 2003년 이라크파병은 노무현 정부가 보수우파의 동맹해
체에 대한 우려를 불식하고 대북정책과 관련하여 미국의 협조를
얻기 위한 결정이었다. 그러나 이라크파병은 진보세력으로부터
강한 비판을 야기한 결정이기도 했다.

넷째, 북핵문제와 관련하여서는 한·미 협력이 실질적 결과물을
낳기도 했다. 6자회담에서 합의한 2005년 '9·19 공동성명'이 대표
적 사례다. 이 공동성명은 한반도 비핵화와 한반도 평화체제를 의
제화하고 있는 문건이다. 미국의 북한에 대한 금융제재 등으로 이
공동성명의 실행이 지체되기는 했지만, 2007년 2·13 합의와 10·3
합의 등을 거치면서 북핵문제는 해결의 과정에 진입하기도 했다.
북한에 대한 강압정책을 추구했던 미국 정부도 9·19 공동성명에
입각한 북핵문제 해결에 동의하기도 했다. 한·미 동맹이 북핵문제
의 해결에 걸림돌이 되지 않았던 시기였다. 물론 9·19 공동성명에
따라 한반도 평화체제가 의제화된다면, 한·미 동맹의 유연화와 연
계될 수밖에 없다. 북한을 적으로 설정하고 있는 한·미 동맹과 평
화체제의 관계는 일종의 딜레마 관계에 있기 때문이다.[42]

한·미 동맹 재조정의 쟁점:
전시작전통제권의 환수

노무현 정부 하에서 벌어진 한·미 동맹의 구조조정을 둘러싼 최대의 쟁점 가운데 하나가 전시작전통제권 환수의 문제였다. 한국의 진보와 보수는 이 문제를 둘러싸고 갈등했다. 이 갈등 속에는 한·미 동맹의 미래에 대한 한국 내부의 서로 다른 시각이 반영되어 있다. 21세기 동아시아 시대 한·미 동맹의 향방과 관련하여 시사점을 얻을 수 있는 쟁점이기도 하다.

1950년 6월 25일 한국전쟁이 발발하자 유엔은 북한군의 38선 이북으로의 철군을 요구하면서, 같은 해 6월 27일 유엔 안전보장이사회 결의 제1511호(유엔의 대북한 군사제재 결의) 및 7월 7일 결의 제1588호(유엔군 통합사령부 설치 결의)를 근거로 유엔군사령부를 설립했다. 그러나 당시 한국은 유엔 회원국이 아니었기 때문에 안전보장이사회의 결의에 구속되지 않았다. 국제법적으로 한국군에 대한 '작전지휘권(operational command)'은 유엔군 사령부에 귀속되지 않았다. 따라서 같은 해 7월 8일 미국의 트루만 행정부는 한국군에 대한 작전지휘를 위하여 한국군의 작전지휘권을 유엔군 사령부에 이양할 것을 요구했다.

결국 1950년 7월 이승만 정부는 한국군의 작전지휘권을 유엔군사령부에 이양했다. 1953년 10월 '한·미상호방위조약'을 체결할 때 작전지휘권을 한국군에 반환한다는 성명이 발표되기도 했지만, 1954년 11월 한·미상호방위조약의 부속합의서인, 한국에 대한 군사 및 경제원조에 관한 합의의사록에서 유엔군 사령부가 한국의 방위를 책임지고 있는 동안 한국군을 유엔군 사령부의 '작전통제권(operational control)' 아래 둔다는 결정이 내려졌다. 이 합의의사록에 따라 한국군에 대한 작전지휘권이 작전통제권으로 축소되어, 군사작전을 위한 부대 운용에 관한 권한으로 한정되었다. 또한 조약당사자가 유엔에서 미국으로 바뀜에 따라 유엔군 사령부는 미국의 보장에 의해 한국군에 대한 작전통제권을 갖게 되었다.

이 합의는 유엔군 사령부가 한국군의 작전권을 통제하면서도 연합작전을 지휘하고 통제하며 상호 협의하기 위한 정치 및 군사기구를 구성하지 않았다는 점에서 북대서양조약기구(NATO)와 같은 다른 동맹과는 다른 구조다. 1957년 7월 유엔군 사령부가 일본 도쿄에서 서울로 이전하면서, 유엔군 사령관이 주한·미군사령관, 제8군사령관 등을 겸직하게 되면서 사실상 유엔군과 주한·

미군이 통합되었다. 1975년 11월 유엔 총회에서 '유엔 사령부 해체 및 유엔 깃발 하의 외국군 철수'를 주장하는 결의안이 통과되자 한국군에 대한 작전통제권을 행사하던 유엔군사령부의 해체에 대비하지 않을 수 없게 되었다. 1977년 카터 행정부가 등장하면서 주한·미군 철수 논의가 시작되자, 작전통제권문제를 해결하기 위해 1978년 '한·미연합사령부'가 창설되었다. 유엔군 사령부는 작전통제권을 한·미연합사령부에 위임하고, 정전협정 관련 업무와 비무장지대(DMZ) 관할권을 행사하고 있다.

한·미연합사령부의 창설로, 한국군 및 주한·미군에 대한 작전통제에 한국과 미국의 국군통수권자 및 군사지휘기구, 그리고 한국과 미국의 합참의장으로 구성된 군사위원회, 한·미연합사령관으로 이어지는 지휘계통이 만들어졌다. 그리고 한·미 동맹을 총괄하는 정치구조로 '한·미연례안보협의회(SCM)'가 만들어졌다. 이 전환은 부분적이지만 작전통제권 환수의 의미를 지니는 것이었다. 한국과 미국이 협의하는 구조가 만들어졌기 때문이다.

1980년대 말 탈냉전과 민주화로 작전통제권 환수가 정치의제로 상정되었다. 전시작전통제권 환수는 노태우 정부의 선거공약이기도 했다. 그러나 앞서 지적한 것처럼, 1990년대 초 이른바 북핵문제가 발생하면서, 주한·미군의 단계적 철수를 포함한 한·미 동맹의 재조정 작업이 중단되었다. 그럼에도 1994년 11월 한국과 미국은 대한민국 정부와 미합중국 정부 간의 군사위원회 및 한·미

연합군사령부 관련약정의 개정에 관한 교환각서에 서명하는 형태로, 미군은 평시작전통제권을 1994년 12월 1일부터 한국군에 이양했다. 그 결과, 한국군에 대한 평시작전통제권은 한국의 합참의장이, 전시작전통제권은 한·미연합사령관(주한·미군사령관)이 보유하는 체제가 만들어졌다.

2000년 남북정상의 6·15 공동선언 이후 주한·미군이 한국군의 전시작전통제권을 보유하고 있는 것에 대한 문제제기가 다시금 이루어지기 시작했다. 2002년 미선과 효순 양이 주한·미군의 장갑차에 치여 사망한 사건은 반미의 무풍지대였던 한국에서 반미감정을 폭발시킨 계기이기도 했다. 한편, 미국도 '해외주둔재배치계획(GPR)'에 따라 주한·미군의 역할을 재정의하려 했다.

2003년 한·미연례안보협의회에서는 한·미 군사협력의 방향을 한국방위의 한국화, 주한·미군의 지원적 역할로 규정했다. 2003년 출범한 노무현 정부는 전시작전통제권 환수의사를 밝혔고, 2005년 제4차 한·미안보정책구상 회의에서 전시작전통제권 반환 문제를 공식적으로 제기했다. 그리고 2005년 10월 제37차 한·미연례안보협의회에서 한·미 양국은 지휘 관계와 전시작전통제권에 대한 협의를 가속화하기로 합의하였다. 2006년 9월 한·미정상회담에서 미국의 부시대통령은, 전시작전통제권 반환은 한국군의 능력에 대한 신뢰를 기초로 주한·미군의 지속적인 주둔과 유사시 증원 공약에 바탕을 두고 추진할 것임을 확인했다.

한국의 보수세력은 전시작전통제권 환수에 대해 다음과 같은 비판을 제기했다. 첫째, 북핵문제가 해결되지 않은 상황에서 전시작전통제권의 환수는 시기상조다. 둘째, 전시작전통제권의 환수로 한·미 동맹이 약화되어 안보위기를 불러올 수 있다. 셋째, 전시작전통제권을 환수하게 되면 북한의 위협을 고려할 때, 한국의 국방비를 증액할 수밖에 없고, 그리하여 감당하기 어려울 정도의 예산증액이 필요할 것이다. 보수세력은 2012년 전시작전통제권 전환이 무리라는 입장을 견지하면서도, 전시작전통제권이 환수되더라도, 북한의 핵무기를 포함한 대량살상무기의 제거와 북한의 해안을 통한 대규모 한·미 연합 해병강습상륙작전은 미군이 작전통제권을 행사하는 형태를 구상했다.

반면 한국의 진보세력, 특히 전시작전통제권의 환수를 적극 추진했던 노무현 정부는 한·미 동맹이 한국의 경제발전과 안전보장에 기여해 왔음을 부정하지는 않았다. 그러나 한·미 동맹을 호혜평등의 관계로 발전시켜 나가겠다는 생각을 가지고 있었고, 여기에 한국방위의 한국화라는 생각이 중첩되면서, 전시작전통제권 환수문제를 제기했다. 시민사회의 진보세력은 전시작전통제권 환수가 주권국가의 당연한 권리를 회복하는 것이라 간주했다.

한·미 동맹과 자주국방의 병행을 상징하는 노무현 정부의 용어가 '협력적 자주국방'이었다. 이 협력적 자주국방의 구체화가 국방개혁 2020을 통한 한국 방위의 한국화 추진이었다. 또한 노무현 정부는 한국이 자국군의 전시작전통제권을 보유하지 못한 상황에서 한반도 '평화체제'의 구축의 당사자로 나서기 힘들다는 문제의식을 가지고 있었다.[43]

결국, 한국 내부의 논쟁에도 불구하고 2007년 2월 한·미 국방장관 회담에서 전시작전통제권 전환의 시점을 2012년 4월 17일로 확정하게 되었다. 그러나 이 일정도 연기되었다. 2010년 3월에 발생한 천안함 사건이 계기였다. 2010년 6월 한·미 정상회담에서 전시작전통제권 이양, 천안함 사건, 한·미 FTA가 논의되었고,[44] 한·미정상은 2015년 12월 1일에 전시작전통제권을 한국에 이양하기로 합의했다. 보수세력의 전시작전통제권 반환연기 주장과 천안함 사건이 맞물린 결과였다. 다시금 이 문제를 둘러싸고 한국의 보수와 진보가 격돌했다. 이제 한·미 동맹의 향방에 한국의 '국내정치'가 일정한 역할을 하고 있음을 보여주는 사례를 제시해 나가도록 하겠다.

동아시아 시대와 한·미 동맹

　서론에서 예시한 것처럼, 2010년 3월 발생한 천안함 사건 이후의 동아시아 국제정치는, 한·미·일 대 북·중이라는 냉전 시대의 양극체제가 부활하고 있는 것처럼 보인다. 한·미 동맹에 초점을 맞춘다면, 한·미 동맹 구조조정의 '제3계기'가 시작되었다고 할 수도 있다. 그러나 동아시아 시대의 미래를 양극체제로 예측하는 것은 적절하지 않을 수 있다. 양극체제가 하나의 미래일 수 있지만, 우리의 시나리오 로드맵은 여러 경우의 수를 고려해야 한다.

　두 가지 변수로 생각해 볼 수 있다. 첫째, 미국의 대중정책이 '봉쇄(containment)'인가 아니면 '관여(engagement)'인가다.[45] 둘째, 부상하고 있는 중국이 동아시아 수준에서 패권국가의 역할을 할 의도가 있는지의 여부다. 즉 중국도 미국에 대해 봉쇄인가, 관여인가를 선택할 수 있다. 동아시아 시대 미·중 관계를 두 변수를 사용하여 도식화하면 [표 6-1]과 같다.

» **[표 6-1] 동아시아 시대의 미·중 관계**

구분	미국의 대중 봉쇄정책	미국의 대중 관여정책
중국의 패권국가 의도 O	I	II
중국의 패권국가 의도 X	III	IV

시나리오 I의 상황에서 한국은 미국인가, 중국인가의 양자택일의 선택을 강요받게 될 것이다. 경로 의존적이라면, 중국을 적으로 설정하는 한·미 동맹의 재편이 한국의 선택일 것이다. 그렇다면, 동아시아 시대는 냉전 시대와 같은 동아시아 양극체제로 나타나게 될 것이다. 시나리오 II의 상황에서는 한·미 동맹은 선택의 기로에 서게 될 것이다. 한·미 동맹의 해체 또는 한·미 동맹의 재정의가 시도될 수 있다. 시나리오 III은 시나리오 I보다는 갈등이 완화된 형태로 한국은 한·미 동맹을 선택할 가능성이 있다. 시나리오 IV에서 한국의 자율성은 보다 강화될 것이고, 한국의 선택이 동맹의 향방을 결정할 가능성이 높다.

미·중 관계의 변화와 연동되고 있는 한·미 동맹의 딜레마는, 다음의 측면에서 냉전 시대와 근본적 차이를 보이고 있다는 점에 주목할 필요가 있다.

첫째, 미국의 전략변화다. 미국의 국내 정치 경제변수가 핵심 역할을 하겠지만, 21세기 새로운 안보위협에 대한 일국주의적 대처의 한계를 인식하고 '포괄적 관여(comprehensive engagement)'

또는 네트워크적 접근을 하며[46] 한·미 동맹과 미·일 동맹을 매개
로 중국에 대해 냉전 시대처럼 봉쇄를 선택하는 것이다. 그러나
동아시아 수준에서 양극체제를 구축하는 것이 미국의 이익에 부
합하지 않을 수 있다.

2011년 1월 18~21일 중국의 후진타오 주석의 미국방문이 미·
중 관계의 새로운 계기가 될 수 있을지가 주목의 대상이었다. 미·
중은 정상회담에서, '상호존중, 호혜공영에 입각한 협력적 동반자
관계'에 합의했고, 거의 모든 국제문제를 회담의 의제로 삼으면서
국제질서의 규칙제정자로서 G2체제의 등장에 동의한 것처럼 보
인다. 군사·환율과 무역불균형, 인권, 대만문제 등을 둘러싸고 근
본적인 이해의 불일치를 보이고 있는 미국과 중국은, 국내적 고려
때문에 갈등을 증폭하여 서로 위기를 심화시킬 수 있는 선택을 하
지 않고 있다.

둘째, 중국은 '부상하고 있는' 패권국가다. 중국의 미래에 대해
낙관론과 비관론이 교차하고 있다. 부상이 이루어지기 전까지 중
국이 미국에 대해 봉쇄정책을 선택할 가능성은 낮다. 중국 내부
에서도 스스로를 발전도상국으로 자리매김하려는 세력이 아직은
다수를 형성하고 있는 것처럼 보인다. 즉 당분간 중국은 화평발전
(和平發展)을 목표로 한 대외정책에서 이탈하지 않을 것이다.

셋째, 한국의 지정학적 조건은 이분법적 선택을 강요할 수 있
다. 반면 한국의 민주화와 경제성장은 한국의 선택의 폭을 넓히고

있다. 한·미 동맹의 미래와 관련하여 한국의 자율성이 증대한 상황이다.

넷째, 한·미 동맹이 적과 위협으로 설정하고 있는 북한과 남한의 군사력 및 경제력 격차가 확대되고 있다. 한·미 동맹의 존재이유를 재설정해야 하는 이유다.

다섯째, 미국과 동아시아 국가 사이에는 이른바 '태평양 수지균형'이 작동하고 있다. 경제적 네트워크의 파괴는 세계 경제를 파국으로 몰고 갈 가능성이 있다. 만약 미국이 경제위기의 극복을 위해 보호주의를 선택한다면, 1930년대 대공황과 같은 파국이 도래될 수도 있다. 이것은 미국만이 아니라 전 세계 경제의 파국으로 이어질 것이다.

물론, 한반도를 포함한 동북아가 신 냉전으로 가지 않을 것이라는 주장이 근거하고 있는 두 가지 가설의 오류가 지적될 수 있다. 하나는 기능주의적 추론이 오류일 수 있다는 것이고, 다른 하나는 적의 위협이 약화되거나 사라졌다고 해서 동맹이 유연화되거나 해체되지 않을 수 있다는 것이다.

첫째, 경제적 네트워크의 조밀화가 정치군사적 협력을 생산하지 않을 수 있다. 우리는 두 차례의 세계대전을 경험했다. 패권국가의 전환기에 전쟁이 발생할 수 있다는 세력전이이론도 경험적 증거를 가지고 있다. 즉 미국과 중국의 경제교류가 반드시 안보영역에서의 갈등회피로 나아가지 않을 수 있다는 것이다.

둘째, 적의 위협이 완화된 1990년대 초반 한·미 동맹의 조정기회를 가졌지만, 한·미 동맹의 유지·강화를 원하는 국내·국제적 이익집단의 반대에 부딪혔다. 적과 위협의 강화 또는 완화가 반드시 한·미 동맹의 향방을 결정할 변수가 아닐 수 있다는 것이다.

적과 위협은 담론으로 재구성될 수 있고, 우리는 1990년대 초반 이를 경험하기도 했다. 1990년대는 한·미 동맹 변환론자와 한반도 평화체제론자 모두 동의하는 기회상실의 시기다.[47] 흡수통일론자들도 이 시기에 통일외교가 있어야 했다는 반성을 하고 있다. 김대중·노무현 정부 시기 한·미 동맹의 구조조정은, 미국의 안보전략과 한반도 평화체제라는 두 의제를 매개로 한·미 동맹이 재정의되었지만, 한·미 동맹의 미래에 대한 합의를 도출하지는 못했다. 주한·미군의 전략적 유연성과 전시작전통제권의 환수가 쟁점이 되면서 한·미 동맹의 임시조정만이 이루어졌다.[48]

한·미 동맹 구조조정의 제3계기를 맞이하고 있는 이명박 정부는 전시작전통제권의 환수를 연기한 것에서 볼 수 있듯이, 기존의 한·미 동맹을 전방위적으로 강화하려 하고 있다. 외교통상부의 평가에서 볼 수 있듯이, 한·미 동맹은 '21세기 전략 동맹'으로 전환되고 있다.

물론, 1930년대와 같은 파국을 원하지 않는다면, 미·중 관계에서는 시나리오Ⅳ가 실현가능성이 높다고 할 수 있다. 한국은 모든 시나리오에 대비해야 한다. 그리고 무엇보다도 중요한 것은 한국의 '선택'이 시나리오들 가운데 어느 것이 실현될 것인가에 영향을 미칠 수 있다는 점이다. 동아시아 시대의 도래와 더불어 미국은 한국의 전략적 가치를 높이 평가할 수도 있다.

한국은 어떤 시나리오를 지향하는 정책선택을 할 때, 한국의 국가이익에 부합하는가? 미래 한·미 동맹의 대안으로, '현상유지', '임시조정', '전면적 변환', '복합 동맹', '동맹해체' 등이 제시되고 있다.[49] 복합 동맹을 대안으로 제시하는 이들은 기존 냉전 동맹의 주된 임무였던 한반도 방위목표를 한국 정부에 일임하고 '한반도 바깥'에서의 역할을 강화하는 방향으로 동맹의 성격을 복합화할 것을 제안한다.[50]

중국이 지구적 수준에서 미국과 협력한다면, 한·미 동맹이 복합 동맹으로의 전환 또는 '정치 동맹'으로의 전환이 유용한 대안이 될 수도 있다. 정치 동맹은 주한·미군이 없는 상태에서, 미국이 한국에게 핵우산은 제공할 수 있고, 한국과 미국이 서로 신뢰와 존중에 입각하여 정보를 공유하는 형태의 동맹이다.[51] 복합 동맹이나 정치 동맹으로의 전환을 위해서는 한반도 수준에서의 '평화체제' 구축이 수반되어야 한다. 북한을 더 이상적으로 간주하지 않는 평화체제의 구축과 복합 동맹 또는 정치 동맹으로서의 한·미 동맹의 성격전환은 연계될 수밖에 없다.

결국 동아시아 시대 한·미 동맹의 향방은 동아시아 시대 한국의 국가이익과 국가전략은 무엇인가라는 질문에 어떻게 답을 해야 하는가라는 문제로 귀착된다.

국가이익으로서 '한국의 안보'와 '한반도 평화'가 동의어가 아닐 수 있다. 한·미 동맹의 강화론자들은 한국의 안보와 한반도 평화를 등치할 것이다. 그러나 한반도 평화는 남북 관계와 동아시아 다자협력을 통해서도 갈 수 있다. 어느 길을 갈 것인가를 둘러싼 국내 정치적 논쟁이 진행 중이다. 한·미 동맹을 폐기하지 않으면서도 남북 관계와 동아시아 다자협력을 이끌어낼 수 있는지의 여부가 한국의 국가전략에서 고려되어야 할 핵심문제다.

다른 한편 미·중 관계의 미래에 한국의 선택이 촉매제 역할을 할 수 있지만, 지구적 수준의 미·중 관계는 한국이 통제할 수 없는 변수일 수 있다. 그러나 천안함의 국제정치에서 볼 수 있듯이, 한국의 선택은 동아시아 수준에서 미·중 관계의 구조화에 영향을 미칠 수 있다.

동아시아 시대의 미래가 지구적 수준과 지역적 수준에서의 미·중 관계에 의해 내용과 형태가 결정된다고 할 때, 동아시아 시대 한·미 동맹의 미래는 '한국의 국내 정치'와 '동아시아 수준에서의 미·중 관계'에 의해 시나리오 로드맵이 그려질 수 있다. 이 로드맵은 한국의 국내 정치적 선택에 따라 남북 관계의 향방이 결정될 것이라는 가정, 그리고 미국의 한·미 동맹정책은 대중정책의 종속변수 역할을 할 것이라는 가정에 기초한다. 이를 도식화한 시나리오 로드맵이 [표 6-2]다.

» **[표 6-2] 동아시아 시대 한·미 동맹의 시나리오**

구분	미중 협력	미중 갈등
한국의 안보	현상유지 또는 임시조정	냉전 동맹
한반도 평화	정치 동맹, 동맹 해체	복합 동맹

2010년 3월 천안함 사건 이후 동북아 국제정치는, 한·미 동맹의 냉전 동맹적 성격을 강화하고 있다. 앞서 서론에서 지적한 것처럼, 2010년 10월 한·미안보협의회에서 전략 동맹과 확장억제위원회의 설치에 합의했을 때, 우리는 북·중 동맹이 강화되고 있음을 볼 수 있다. 2010년 11월 북한의 연평도 포격 이후 서해상에서 전개된 한·미합동군사훈련에는 미국의 핵추진 항공모함인 조지 워싱턴호가 참여한 것에 대해 중국은 민감하게 반응하기도 했다. 우리는 2010년 동북아 국제정치를 통해 한·미 관계와 한·중 관계가 안보문제와 관련하여 제로섬적 성격을 가질 수도 있음을 확인한 바 있다.

한국의 선택이 미·중 갈등을 야기할 수도 있다. 한·미 동맹의 미래와 관련하여 한국의 국내 정치가 핵심 변수인 이유다. 특히 한국의 대북정책은 동아시아 수준에서 미·중 관계를 구조화하는 변수가 되어 가고 있다. 미·중의 갈등은 한반도의 불안정을 제고하게 될 것이다. 따라서 한국의 외교·안보정책은 연미연중 내지는 연미화중을 지향할 수밖에 없다. 한·미 동맹이 대중정책의 지렛대로 사용된다면, 한반도에서 냉전적 질서의 도래가 불가피하다.

냉전적 질서를 그리워하지 않는다면, 한·미 동맹 구조조정의 제 3계기에서 한국의 선택은 한반도 평화를 지향하는 대북정책을 지렛대로 한·미 동맹을 상수화하거나 신성화하지 않고 가능한 여러 대안들을 검토해야 한다. 국내 정치적으로 이 합의를 도출할 수 있을지가 한·미 동맹의 향방과 관련하여 관건적 요소다.

결론

동맹은 둘 이상의 국가가 상호 안보문제에 대해 공동협력을 추구하고자 하는 공식적 협정을 통해 성립된다. 힘의 정치의 산물인 동맹은, 동맹에 참여한 회원 국가들이 다른 국가들에 대항하여 집단적으로 힘을 증가시킬 목적으로 만들어진다.

1953년 10월 한국은 미국과 상호방위조약의 체결을 통해 동맹관계를 형성했다. 즉 냉전 시대의 양극체제에서 양극의 하나인 미국과 반공의 이념을 공유하면서 북한을 적과 위협으로 설정하는 편승을 선택했다. 전형적인 후견-피후견 관계의 비대칭적 동맹인 한·미 동맹을 통해 한국은 자율성 제약의 대가로 안보우산을 제공받았다. 이 비대칭성은 한국군의 작전통제권을 미군에게 이양한 것에서 상징적으로 드러났다. 따라서 한·미 동맹의 형태변환을 추동하는 힘은 미국이 가지고 있었다. 그리고 미국이 주기적으로 동맹의 재편을 위해 사용한 효과적인 정책수단은 주한·미군의 철수 또는 감축이었다.

지구적 수준의 탈냉전과 한국의 민주화는, 한·미 동맹의 구조조정을 야기한 요인들이었다. 탈냉전 초기 미국은 동아시아전략구상을 발표하면서, 한국방위의 임무를 한국군에 넘기려 했다. 한국의 민주화로 한국의 자율성은 증대되고 있었다. 그러나 1990년대 초 남북한 교차승인이 이루어지지 않고, 이른바 북핵위기가 촉발되면서 한·미 동맹의 유연화는 저지되었다. 북한의 군사력뿐만 아니라 동북아의 전략적 불안정도 한·미 동맹의 강화를 정당화하는 담론이었다.

또한 이 시기에, 한·미 동맹의 재편방향을 둘러싼 국내 정치적 갈등이 형성되기 시작했다. 김대중·노무현 정부를 거치면서 한·미 동맹의 재편은 대북화해협력정책에 따른 남북 관계의 변화와 맞물리면서 국내 정치가 문제화되었다. 이와 더불어 2001년 9~11월을 전후로 한 미국의 세계전략의 변화에 따라, 주한·미군의 재배치 및 기지이전, 방위비 분담금, 전시작전통제권의 환수, 주한·미군의 전략적 유연성, 한국군의 해외파병 등이 한·미 동맹 재편의 쟁점이 되었다.

이 변화를 추동한 또 다른 잠재변수가 중국의 부상이었다. 중국의 부상은 미국패권의 쇠퇴와 동아시아 시대의 개막을 알리는 신호탄이다. 지리적으로 인접한 강대국의 등장으로, 한국은 '동맹은 연애결혼이 아니라 편의에 따른 동거'라는 경구를 떠올리기도 한

다. 다른 한편, 한국판 중국위협론도 형성되고 있다. 즉 북한을 적
과 위협으로 설정하고 있는 한·미 동맹의 재편에 중국변수를 설정
할 수밖에 없게 된 상태다. 제2차 북핵위기의 해결을 위한 6자회
담이 2003년부터 시작되면서 중국은 6자회담 의장국으로 부상했
고, 그 결과 동아시아 수준에서 G2체제의 맹아가 만들어졌다.

2010년 천안함 사건 이후 미·중의 대립과 센카쿠 열도를 둘러
싼 중·일분쟁의 처리과정에서 나타난 일본의 몰락은, 동아시아
G2체제가 작동하고 있음을 알리는 지표다. 미·중 관계가 동아시
아질서 구조화의 형태를 결정하는 핵심변수로 등장하면서, 한국
은 다시금 '편승이냐 균형이냐'라는 냉전 시대의 이분법적 질문에
직면한 것처럼 보이기도 한다. 이 질문은 한국 국내 정치에서 핵
심 의제가 된 상태다.

따라서 동아시아 시대 한·미 동맹의 미래는 '미·중 관계', 그리고
'한국의 국내 정치'라는 두 변수의 함수가 될 것이다.

첫째, 동아시아 수준에서 미·중 관계의 미래는 두 국가의 서로
에 대한 정책이 봉쇄인가, 관여인가에 따라 네 가지 시나리오를
생각해 볼 수 있다. 미국과 중국의 봉쇄를 선택한다면, 동아시아
냉전체제가 등장할 것이다. 천안함 사건 이후 한·미 동맹 대 북·중
동맹이라는 대립구도가 등장하기도 했다. 미국과 중국이 서로 관
여를 선택한다면, 미·중 협력의 G2체제가 형성될 것이다.

6자회담은 미·중 협력의 G2체제의 한 사례라고 할 수 있다. 이

경우 전환이 불가피하지만, 한·미 동맹을 유지하면서 동아시아에서 다자 간 안보협력의 제도화의 길을 갈 수도 있다. 미국이 봉쇄를 선택하고 중국이 발전도상국으로 자신의 정체성을 유지하면서 관여를 선택하거나, 또는 미국이 관여를 중국이 신흥강대국론에 입각하여 봉쇄를 선택하는 경우, G2체제의 불안정성이 높을 수밖에 없다. 따라서 이 두 G2체제는 갈등과 협력의 G2체제 어느 하나로 귀결될 것이다.

동아시아 수준에서 G2체제의 협력과 갈등은 북한변수를 둘러싸고 전개되어 왔다. 즉 미국과 중국이 북한문제와 관련하여 공동의 이익을 구성할 수 있는가의 여부가 관건이다. 미국은 중국에게 책임 있는 이해상관자로서의 역할을 요구하며, 오바마 정부 등장 이후 '책임전가(buck- passing)'를 하고 있다. 미국과 중국이 북한문제에 함께 관여할 수 있다면, 동아시아 수준에서 미·중 협력의 G2체제가 만들어질 수 있을 것이다.

물론 북한문제를 둘러싸고 미·중이 갈등하면서도, 미·중 협력의 G2체제가 가능할 수도 있다. 미국과 중국을 포함한 동아시아 국가 사이에는 이른바 '태평양 수지균형'이 작동하고 있다. 미국의 재정적자와 무역적자를 동아시아국가들이 보전하는 균형이다. 중국과 동아시아국가들도 수출을 통해 이 균형을 유지하고 있다. 이 경제적 네트워크의 파괴는 세계 경제를 파국으로 몰고 갈 가능성이 있다.

만약 미국이 경제위기의 극복을 위해 보호주의를 선택하고 G20와 같은 다자적 경제기구를 통해 국제통화·금융제도의 개혁에 대한 합의를 도출하지 못한다면, 1930년대 대공황과 같은 파국이 도래할 수도 있다는 것이다. 미국도 중국도 안보갈등이 경제갈등으로 비화되는 것을 원하지 않을 것이다. 따라서 미국과 중국은 소규모의 갈등을 지속하지만, 경제적 이유 때문에 협력의 기조를 유지할 가능성이 높다.

둘째, 미국과 중국이 서로 봉쇄를 선택할 경우, 한국의 자율성은 제약될 수밖에 없다. 냉전 시대와 같은 이분법적 질문이 작동하게 된다. 안보를 미국에, 경제를 중국에 의존하고 있는 한국으로서는 최악의 시나리오다. 행위자의 경로의존적 선택이 경로형성적 선택보다 편리하다면, 중국을 적으로 상정하는 방향으로 한·미 동맹의 재편이 이루어질 가능성이 높다.

다른 한편, 경제적 고려 때문에 한·미 동맹에서 이탈하는 선택도 생각해 볼 수 있다. 이 시나리오에서는, 한국이 미·중 갈등을 조정할 수 있는지의 여부가 관건이다. 미국과 중국이 북한문제를 둘러싸고 대립할 때, 한국이 대북 지렛대를 가질 수 있다면, 일정하게 미·중 갈등을 조정하는 역할을 할 수 있다. 따라서 한국의 대북정책이 미·중 관계와 그에 따른 한·미 동맹의 향방을 결정하는 데 있어 중요한 역할을 하게 된다.

다시 말해, 한국의 대북관여정책은 미국과 중국이 서로 관여하는 G2체제의 조건이 될 수 있다. 미·중 협력의 G2체제가 형성된 다면, 한국은 한·미 동맹의 향방과 관련하여 보다 많은 자율성을 갖게 될 것이다. 그리고 중국의 부상으로 한국이 미국에 대해 가질 수 있는 전략적 가치가 상승하고 있다면, 한국은 동맹의 해체부터 동맹의 강화까지 다양한 선택지를 갖게 될 것이다. 즉 한·미 동맹이 한국의 전략적 자산이 될 수도 있다. 미래 한·미 동맹의 대안으로, 현상유지, 임시조정, 전면적 변환, 복합·정치 동맹, 동맹 해체 등이 제시되고 있다.

복합 동맹은 기존 냉전 동맹의 주된 임무였던 한반도 방위목표를 한국 정부에 일임하고 '한반도 바깥'에서의 역할을 강화하는 방향으로 동맹의 성격을 복합화하려는 것이다. 정치 동맹은 군사 동맹을 신뢰와 존중에 입각한 동맹으로 전환하는 것이다. 한·미 동맹을 복합 동맹이나 신뢰와 존중에 기초한 정치 동맹으로 전환하기 위해서는 반드시 한반도 수준에서의 평화체제가 필요할 것이다. 한반도 평화체제는 동아시아 수준에서 협력적 G2체제의 토대가 될 뿐만 아니라 한·미 동맹이 동아시아 수준에서 안보딜레마를 야기하지 않게 하는 조건이다.

결국 동아시아 시대 한·미 동맹의 향방은 동아시아 시대 한국의 국가이익과 국가전략은 무엇인가라는 질문에 어떻게 답을 해야 하는지 문제로 귀착된다. 무엇보다도 국가이익의 정의를 둘러싼 국내 정치적 합의가 결정적이다. 미·중 간에 최악의 시나리오가 전개될 수도 있지만 최악의 경우에도 한국에게 대북 지렛대가 있다면, 미·중 갈등을 조정할 수 있는 능력을 가질 수 있다.

한국은 한반도 평화체제의 구축을 통해 한·미 동맹의 변환과 동아시아 다자간 안보협력이 모순되지 않도록 국가전략을 설계할 수 있어야 한다. 지구적 수준에서의 미·중 관계를 한국이 통제할 수는 없지만, 미래의 한·미 동맹에 대한 한국의 선택은 동아시아 수준에서 미·중 관계의 구조화에 영향을 미칠 수 있다.

Part 7

동아시아 시대의 도래와 한국의 외교·안보전략

우리는 동아시아 질서의 구조적 변화에 준비가 되어있나

세계는 지금 새로운 시대의 도래를 맞이하고 있다. 다름 아닌 동아시아 시대의 도래다. 제2차 세계대전 이후 미·소 냉전 시대의 도래나, 냉전 종식 후 미국 일극 시대의 도래와 버금가는 국제·정치적 변화가 지금 한반도를 둘러싼 동아시아에서 일어나고 있는 것이다. 이것은 정치·경제 구조의 변화에 따른 힘의 구조에 지각변동이 일어나고 있음을 의미한다. 그것은 다름 아닌 서(西)에서 동(東)으로의 부(富) 이동에 수반된 힘의 변화다.

이러한 현상의 핵심에는 중국의 부상이 있다. 지금까지 세계 질서를 이끌어 왔던 서구 선진 민주주의 국가들의 경제가 정체현상을 보이는 반면, 중국을 중심으로 한 BRICs 국가들의 성장이 지속되면서 국제정치·경제 질서는 미국 중심의 일극체제에서 다극체제로 서서히 움직이고 있는 것이다. 그것은 다름 아닌 리처드 하스(Richard Haas)가 주장하는 이른바 불안정한 무극화의 세계[1]

이기도 하다. 이런 무극화의 국제 관계는 지금까지 우리가 경험했던 냉전적 양극화의 세계나 미국 중심의 일극적 세계와는 그 성격을 달리 하고 있다. 무엇보다도 새로운 형태의 행위주체, 정책목표 및 수단을 요구하고 있는 것이다.[2] 전통적인 민족국가 NGO를 포함한 다양한 행위주체들과 중첩되면서, 정책 목표가 전통적인 위협에 대응하는 군사적 안보에서 인권, 식량, 환경, 의료보건 등 포괄적 안보나 인간안보 등으로 이행하는 모습을 보이고 있다. 또 정책 수단 면에서도 군사력과 같은 경성권력보다는 비군사적인 연성권력의 중요성이 상대적으로 증가하고 있다.

이러한 세계에서는 위협이 다양할 뿐만 아니라 식별 자체가 쉽지 않다. 그러므로 적과 동지의 구별이 쉽지 않으며 협력과 대립의 좌표축을 세우기도 쉽지 않다. 자연히 적과 동지의 분명한 구분에 의존했던 냉전적 동맹 관계로는 대처하기 어려울 수밖에 없다. 하지만 우리는 그동안 냉전구조의 틀에 갇혀 무극적 세계의 도래에 대한 국가전략의 필요성에 대한 인식 자체가 부족했다. 이 때문에 우리의 국가전략은 한·미, 한·일, 한·중, 한·러 등 양자 관계의 틀에 얽매여 있다.

이러한 양자 관계의 국가전략은 다름 아닌 안전보장과 경제발전을 미국에 의존할 수밖에 없었던 지정학적 환경의 산물이었다. 이 전략은 '부담의 최소화'를 통한 '국익의 최대화'전략이었으며 그 결과는 매우 성공적이었다. 그러나 동아시아 시대의 도래와 더불어 절대적으로 보였던 미국의 힘이 상대화되고 있는 지금 과연 이러한 전략을 계속할 수 있을 것이냐의 문제가 바로 우리의 국가전략이 직면하고 있는 딜레마인 것이다.

그렇다면 이러한 구조적 변화의 시기에 우리에게 요구되는 기본전략은 무엇일까? 물론 이에 대한 견해는 다양하다. 하지만 아직까지 우리전략의 기본 전제는 '견제와 관여(hedge and integrate)'다. 이런 전제 하에서 우리가 취할 외교·안보전략은 연미화중(聯美和中)이다.[3]

이것은 연미통중(聯美通中)과 연미연중(聯美聯中) 간의 중간 전략이다. 연미통중이 미국에 기울어진 동맹우선전략이라고 한다면 연미연중은 미·중을 다같이 포괄하는 균형전략이다. 이에 반해 연미화중은 미국과의 동맹을 근간으로 하면서 중국을 중심으로 한 아시아 각국과 중층적 이익의 협조 기반을 구축하는 전략이다. 이것은 한마디로 우리의 운명이 미·중의 파워게임에 의해 규정되는 것을 극복하고자 하는 전략이다.

우리가 '대립의 기폭제'가 아니라 '자동안정화의 장치'로서 기능할 수 있게 하자는 것이다. 즉, 이것은 흔히 얘기하는 한·미 동맹론에서 한·미·중 세력균형론으로의 이행을 의미하는 것은 아니다. 한·미 동맹을 기축으로 하면서 경제적 상호의존, 환경, 의료보건 등 지구적 문제들을 둘러싼 제도의 형성(rule-making) 과정에 중국과 함께 하면서 신뢰 관계를 구축해가는 전략인 것이다.

외교·안보전략이 군사적 차원에서만 이루어지는 시기는 지났다. 또 양자적 차원에서 전개되던 시기도 지났다. 중국의 부상에 따른 동아시아의 역학변화에 대응할 수 있는 다자적 접근법이 시대적 과제로 등장하고 있는 시기다. 하지만 불행하게도 우리는 지금 미국에 붙을 것인가, 중국에 붙을 것인가 하는 이분법적 전략 사고의 틀에서 해방되지 못하고 있는 실정이다. 북한의 핵개발과 도발에 따른 안보의 문제가 한·미 동맹을 통해 다루어야 할 가장 중요한 현안임에는 틀림없다. 그러나 이것은 어디까지나 한·미 관계와 동시 병행적으로 우리가 중국이나 여타 국가들과 함께 다루어야 할 지정학적 전략의 문제다. 다른 말로 하면 이제 한·미 관계는 미·중 관계와 한·중 관계를 떠나서 성립되기 어려워지고 있다는 것이다.

중국의 부상으로 국가 간 힘의 균형에 변화가 발생하고 있는 지금 우리로서는 우리 나름대로의 대중 비전을 필요로 한다. 이 비전을 바탕으로 미·일을 비롯한 여타 아시아 국가들과 함께 이 비전의 방향으로 중국을 유도하는 한편, 중국과 기술 격차를 벌려 우리를 통하지 않고 중국이 세계로 뻗어나가는 것이 쉽지 않다는 점을 주지시킬 필요가 있는 것이다. 다자적 협력안보나 동아시아 공동체 같은 것이 우리의 중요한 외교·안보전략의 하나로 등장하는 이유가 바로 여기에 있다.

이 때문에 우리의 외교·안보전략은 한·미 동맹, 한·중 접근, 미·

중 간 세력균형, 혹은 협력적 다자주의 중에서 하나를 선택하는 것이 될 수 없다. 미국이나 중국, 그리고 일본이 다 같이 한반도에서 제로섬적인 모순 관계에 빠지지 않고 공통의 이익을 찾아 복합적인 그물망(네트워크)을 형성할 수 있도록 우리가 주도적인 역할을 추진할 필요가 있다. 여기서 무엇보다도 시급한 것은 아마도 한·미 관계를 한·중 관계와 대립적인 것으로 보는 중국의 부정적인 인식을 하루 빨리 완화시킬 수 있는 정책 지혜일 것이다.[4]

말할 필요도 없이 앞으로 중국이 어떠한 방향으로 움직이느냐가 우리의 국운을 좌우할 가장 불안정한 요인임에 의심의 여지가 없다. 경제성장에 따른 군사력의 증대로 동아시아는 물론 보다 직접적으로는 한반도에서 중국의 영향력이 점점 커지고 있는 현실을 감안한다면 한·미 동맹을 통한 중국 봉쇄 같은 전략은 현명한 전략이 될 수 없다. 경제적으로 점점 중국에 대한 의존이 심화되어 가고 있는 우리의 현실에서 볼 때 대화와 교류를 통한 신뢰조성으로 전략적인 공존·공생의 길을 모색하는 쪽이 더 현명한 길이라 판단되기 때문이다.

그렇다면 중국의 부상에 따른 동아시아의 국제역학 변화에 과연 우리는 외교·안보전략 면에서 준비가 되어 있는 것일까? 국가의 전략을 다시 한 번 정립해야 할 시점이지만 유감스럽게도 이런 준비는 제대로 되어 있는 것 같지 않아 보인다. 더욱이 천안함 침몰사건과 연평도 사건을 계기로 국가전략이 냉철한 국가이익적 관점보다는 국민감정적 차원에서 다루어지고 있는 경향마저 노정시키고 있는 실정이다. 차이나 피버(중국 열기)와 차이나 배싱(중국 때리기) 사이를 널뛰기하는 국민감정을 반영하듯 '한·미 동맹을 강화하면 할수록 중국이 우리에게 잘할 것'이라는 대미일변도 사고가 다시 우리를 지배하고 나타나기 시작하고 있는 것이다.[5]

이러한 자세로는 결코 새로운 동아시아 시대의 도래를 헤쳐 나가기가 쉽지 않다. 왜냐하면 국민여론에 어필할 수 있는 화려한 외교적 성과를 쉽게 손에 넣을 수도 없을 뿐만 아니라 동시에 우리의 국력으로 문제를 쉽게 해결할 수도 없는 상황이기 때문이다.

동아시아에서 중국의 부상에 따른 미국의 상대화 현상은 지금까지의 우리 국가전략의 기반이었던 한·미 동맹 관계의 위상은 물론 우리의 대외인식에도 중대한 영향을 미치기 시작했다.

중국의 부상이 우리에게 미치는 영향은 두 가지의 차원에서 중요한 의미를 내포하고 있다. 첫째는 경제대국 중국과의 경제 관계에 대한 관심이다. 이미 한·중 교역액이 미·일 두 나라의 교역액을 합친 것보다 많아지고 있는 현실이기 때문이다. 두 번째는 경제적 성장에 따른 중국의 정치·군사적 영향력 증대에 대한 우리의 관심과 우려다. 이러한 현실에 대응하는 우리의 전략은 말할 필요도 없이 중국과의 대립을 회피하면서 중국을 우리가 그리는 비전에 맞는 방향으로 유도할 수 있는 방안을 모색하는 일일 것이다. 하지만 우리의 대응은 미국과 중국 사이에서 복잡하면서도 미묘한 입장을 보이고 있다. 이미 우리는 지난 참여정부 당시 이러한 친중이냐 친미냐 하는 이분법적인 전략적인 편 가르기의 혼선을 경험한 바 있다.

그렇다면 우리는 왜 이와 같은 이분법적 전략 트랩에서 벗어날 수 없는 것일까? 아마도 미국이냐 중국이냐로 갈라지고 있는 국민여론과 결코 무관해 보이지 않는다. 우리 국민 대부분은 지금까지 미국 덕에 살아오고 있다고 느꼈다. 그런데 어느 날 갑자기 중국 때문에 먹고 살게 되었다고 생각하는 사람들의 숫자가 더 많아지기 시작했다. 이미 지적하였다시피 경제적으로 볼 때 우리의 우방인 미국과 일본보다 중국이 더 중요해지고 있을 뿐만 아니라, 한반도 평화의 지렛대를 중국이 쥐고 있다고 생각하는 사람들이 늘어났기 때문이다.

이런 현상은 자연 국내 정치지평의 세력균형에 변화를 몰고 오기 시작했다. 즉, 미·일과의 연계를 주장하는 해양세력과 중국과의 연계를 중시하는 대륙세력 간에 외교·안보전략을 둘러싼 힘의 줄다리기를 촉발시키고 있는 것이다.

문제는 우리가 언제까지 이러한 편들기의 줄다리기전략 속에 매몰되어 있어야 하느냐 하는 것이다. 동아시아 시대의 도래는 바로 이러한 우리의 편들기전략의 극복을 요구하고 있다. 외교·안보전략에 대한 발상의 전환이 필요한 시점이다. 하지만 불행하게도 아직 그런 준비가 되어있지 못한 것이 우리의 현실이다.

나카소네 전 일본 수상은 일본의 재생을 위한 '외교 4원칙'을 다음과 같이 주장한 바 있다. 외교·안보전략은, 첫째 국력의 범위를 벗어나서는 안 되고, 둘째 갬블링하듯이 해서도 안 될 뿐만 아니라, 셋째 내정을 초월한 국익추구의 관점에서 행해져야 하며, 마지막으로 세계의 정통적인 조류에 따라가는 것이 되어야 함을 역설하고 있다.[6]

결코 남의 얘기가 아니다. 우리도 동아시아 시대의 새로운 외교·안보전략을 모색함에 있어서는 여론의 감정적인 선호와 국가의 합리적인 전략 사이에 발생할 수 있는 마찰을 극복하는 것이 우선적 과제다. 이러한 바탕 위에서 세계의 정통적인 조류에의 참여를 통해 국익을 최대화하는 데 중견국가로서의 국력을 집중시켜야 한다.

다자적 질서와 냉전적 질서의 교차점에 선 한국

G20의 성공적인 개최와 더불어 다자적 질서에 대한 전략적 대응문제가 외교·안보 써클의 주요 담론으로 등장하고 있다. 지금까지 양자적 관계에 묶여 있던 우리 외교의 틀을 다자적인 국제 관계에 맞도록 업그레이드하자는 발상이다. 이것은 말할 필요도 없이 미국의 상대적 쇠퇴와 중국의 부상에 따른 새로운 동아시아의 질서의 재편에 따라 나타나는 움직임이다. 이러한 움직임의 근저에는 한·미 동맹을 중심으로 한 양자적 외교전략만으로는 다자적 국제 질서에 대응할 수 없다는 인식이 깔려 있다.

학계나 언론계를 중심으로 전개되어온 이런 논의가 최근에는 정부 일각에서도 논의되기 시작한 모습이다. 신각수 외교통상부 차관이 개인적인 견해임을 전제로 제기한 '가교외교(bridging diplomacy)' 구상이 그런 움직임 가운데 하나다.[7] 그는 우리가 세계 14위의 경제력을 가진 중견국가로서 새로운 다자외교의 패러다임에 의한 외교를 펼칠 때가 되었다고 주장하고 나섰다. 그의 주장에 따르면 경제적으로 선진국과 개도국의 중간에 위치하고 있을 뿐만 아니라, 문화적으로도 동서양의 중간적인 위치에 있는 우리나라로서는 지금 진행 중인 다극화의 국제질서에 어떻게 대응하여 그 존재감을 높일 것인가를 심각히 고민하지 않으면 안 될 시점에 와 있다는 것이다. 이러한 고민에서 그가 제시한 다자외교의 새로운 패러다임이 가교외교다.[8] 이것은 한·미 양자 관계를 중심으로 전개되어온 우리 외교 패러다임에 대한 사고와 발상의 전환을 촉구하고 있는 것으로도 해석될 수 있다.

가교외교의 개념은 참여정부에 추진하려 했던 균형자(balancer) 개념과 다르게 정의되고 있다. 신차관에 따르면 균형자 개념이 기본적으로 우리의 역량을 과대평가하여 주변 강대국들 간에 세력균형을 도모하려 한 것이었다면, 가교외교의 개념은 우리의 능력에 맞는 '연결역할'을 통해 외교역량을 확보하는 전략이다. 전자는 미국은 물론 주변 강대국들의 의심과 불신의 대상이 되는 제로섬적인 개념이었지만 후자는 양자적 관계와 지역·세계적 차원에서 전개되는 포지티브섬 개념이라는 것이다.[9]

이러한 가교외교의 무대는 한반도의 지정학적인 공간을 넘어서는 다자적 질서의 공간이다. 신차관은 우리의 국력을 신장하고 이 국력을 외교력으로 변환시킬 수 있는 촉매제가 다름 아닌 다자적 외교라고 보고 있다. 이런 다자적 외교를 성공적으로 추진하기 위해서는 가교외교라는 새로운 패러다임이 우리에게 필요하다는 것이다. 왜냐하면 가교외교야말로 다자적 국제질서 속에서 우리 외교의 중심을 깊게 하여 국가이익을 보다 다원적으로 확보할 수 있게 할 것으로 보이기 때문이다. 특히 다자외교를 중시하고 있는 중국의 부상이 몰고 오는 동아시아의 국제질서 속에서는 우리에게 이러한 다자외교의 중요성이 더욱 절실하게 대두될 수밖에 없다. 여기에 지금까지 양자 관계에 초점이 맞추어져왔던 외교·안보전략을 지금부터는 다극화의 국제 질서에 상응하여 다자 관계의 외교·안보전략으로 전환해야 하는 이유가 있는 것이다.

말할 필요도 없이 양자적 외교·안보전략이 특수한 케이스를 중심으로 성립하고 있다면 다자적 외교·안보전략은 보편적인 것을 해결하는 데 중점을 두고 있다. 따라서 자연 최대공약수 내지 공통분모를 만들고자 하는 것이다. 그래서 완전 승자나 완전 패자가 있을 수 없다. 더 이상 상대방의 이익을 침해하지 않는 한 자신의 이익을 도모할 수 없는 균형점에서의 해법을 모색하는 전략이 다자적 외교·안보의 본질이다.[10)]

이러한 다자적 접근은 양자적 접근에 비해 외교·안보문제가 쉽게 국내 정치를 문제화하는 우리나라에 특히 필요한 전략일 수 있다. 양자적 외교는 대체로 국내 정치의 연장선상에서 이루어지는 경우가 많기 때문에 쉽게 정치적 혼란을 불러 올 수 있다. 한·미 간은 물론 한·일, 한·중 간의 양자 관계가 쉽게 국내 정치적 충돌을 몰고 오는 우리로서는 감정적인 국민여론과 합리적인 국가이익 간의 마찰을 극소화할 필요가 있다. 더구나 역사문제, 영토문제, 이데올로기문제 등 양자 관계로 풀기 어려운 난제들이 가득한 동아시아에서는 OSCE(유럽안보협력기구)와 같은 다자적 틀에 의한 해법이 절실히 요구되고 있는 것이다. 왜냐하면 다자적 접근은 개별 국가의 이익을 전면에 내세우기보다는 보편적 가치 속에 그것을 포함시킴으로써 이익과 희생 간에 균형을 도모할 수 있는 장점이 있기 때문이다. 2011년 현재 중단되고 있기는 했지만 6자 회담은 동아시아에서 최초로 시도되고 있는 다자간 안보외교의 전형이다.

이러한 가교외교를 통한 다자외교의 성공적인 추진을 위해서는 다자적 외교에 적합한 창의력과 전문성을 배양하는 것이 무엇보다도 시급할 것이다. 신차관의 지적처럼 이를 바탕으로 국민적 감정과 합리적 국익 간의 갈등을 최소화할 수 있는 원칙 중시의 외교를 통해 국력에 상응하는 국제적 책임을 이행하는 것이 필요함은 말할 필요도 없다.[11]

하지만 이러한 다자외교를 추진하는 데 극복하기 힘든 상황이 우리를 곤경으로 몰아넣고 있다. 미·중을 축으로 한 신냉전적 상황이 우리가 처한 동북아시아의 국제적 현실로 다가오고 있기 때문이다. 그동안 동북아시아에서는 북핵문제 해결을 위한 6자회담이라고 하는 다자적 접근을 통해 한국전쟁 이후 미국과 중국 사이에서는 전례 없는 협조 관계가 형성되어 왔다. 한때 미국의 6자회담 대표였던 크리스토퍼 힐(Christopher Hill)은 미 의회 청문회에서 "미·중 관계가 지금보다 더 나은 적이 있었는가" 하고 반문할 정도였다. 하지만 천안함 침몰사건과 연평도 포격사건을 거치면서 중국과 한·미 간에 전략적으로 서로 메우기 힘든 갭이 존재한다는 사실이 분명해지기 시작했다. 여기에 센가쿠 열도를 둘러싼 중·일 간의 영토분쟁이 겹치면서 동북아는 그야말로 한·미·일 vs. 중·북 갈등이라는 신냉전적 대결구도로 빠져들고 있는 것처럼 보인다.

이러한 동북아의 국제현실이 신냉전의 서막인지, 아니면 중국의 부상에 따른 한반도를 둘러싼 지정학적 역학 관계의 조정과정인지는 아직 판단을 내리기가 쉽지 않다. 다만 분명한 것은 한반도 주변에 불안정 요인이 증가하고 있다는 사실이다. 자연 다자적 흐름과 신냉전적 흐름 사이에서 우리 외교·안보의 좌표축을 어디에다 놓아야 할지 판단하기 쉽지 않다. 천안함 침몰사건과 연평도 포격사건을 보면서 우리는 북핵문제, 한반도의 평화와 안정도, 그리고 통일도 중국을 통하지 않고서는 풀 수 없다는 사실을 확인하고 있다. 이러한 현실에서 다자외교의 앞길은 험난할 수밖에 없다.

G2와 G20가 교차하는 현 시점에서 한·미 동맹이 강조되는 이유가 여기에 있다. 역설적이게도 한·미 동맹의 재정의가 요구되는 시점에서 재확인과 재강화의 움직임이 일어나고 있는 것이다.

　이러한 상황에서 우리 외교·안보전략에 제기되는 과제는 다름 아닌 다자 관계와 양자 관계의 상호보완적인 연계문제일 것이다.

　동아시아 시대의 도래에 필연적으로 요구되는 다자적 외교의 중요성과 냉전적 상황의 전개에 따른 양자적 한·미 동맹의 중요성을 어떻게 결부시킬 것인가는 우리의 사활적인 국익과 안전보장을 좌우하는 문제다. 이를 위해 한·미 동맹을 동북아시아의 지역적 맥락에 효과적으로 접목시켜 그 의미를 넓히는 작업은 바로 해양세력과 대륙세력을 접하고 있는 반도국가의 장점을 어떠한 형태로 전략화할 것인가의 문제이기도 하다.

한국 외교·안보의 과제와 전략

외교·안보 목표

G2와 G20 시대의 도래, 한국 외교·안보전략의 발판을 재구축해야 할 시점이다. 대립축이 확실했던 냉전 시대와 달리 오늘날 우리는 외교·안보의 좌표를 어디에 놓아야 할지 결정하기가 쉽지 않다. 전문가의 표현을 빌리면 외교·안보전략은 대지(大地)와 같은 것이다. 흔들리면 경제활동도 문화활동도 불가능하다. 지금 그동안 우리 안보와 번영의 토대를 이루어왔던 이 대지가 흔들리고 있다.

말할 필요도 없이 우리가 오늘의 G20 의장국으로까지 성장한 것은 그동안 안정적이고 신뢰할 만한 외교·안보 환경이 뒷받침되었기 때문이다. 우리가 이러한 환경의 보호를 받을 수 있었던 것은 어떻게 보면 '역사적 행운(historical fortunes)'이기도 했다. 즉 안보와 경제를 같은 틀 안에서 움직일 수 있게 해준 국제 질서가 있었기 때문이다. 그래서 우리가 좀 실수를 해도, 또는 우리가 좀 외도를 해도 우리의 안보와 번영 전략은 이른바 미국 중심의 '자유주의적 질서(liberal order)' 속에서 보호를 받을 수 있었다.

하지만 이미 지적했다시피 미국의 상대적 쇠퇴와 중국의 부상에 따라 그러한 역사적 행운을 더 이상 향유하기가 어려워지고 있다. 안보의 틀과 경제의 틀 간에 이반 현상이 나타나고 있기 때문이다. 안보의 틀은 더욱 더 미국에 의존적이 되어가는 반면, 경제의 틀은 점점 중국에 빠져들어 가는 모습이 우리가 직면한 현실이다. 하지만 이런 이반 현상이 일어나고 있는데도 우리는 좌표를 설정하지 못하고 우왕좌왕하고 있는 형편이다. 아마도 천안함 침몰사건과 연평도 포격사건은 이런 이반 현상이 몰고 올 파장의 심각성을 알리는 경종(wake-up call)인지도 모른다.

말할 필요도 없이 외교·안보전략의 가장 중요한 목적은 국익(national interest)의 실현에 있다. 이 국익 중 가장 중요한 것이 안보와 경제다. 물론 안보와 경제는 서로 다르다. 안보가 힘의 관계를 의미한다면 경제는 부(富)의 문제다. 하지만 이 두 가지가 서로 밀접히 연계되지 않은 세계를 상상하기는 쉽지 않다. 안보와 경제는 전술적으로 트레이드 오프(trade-off)될 성질의 것이 아닐 뿐만 아니라 우리의 선택에 의해 분리될 수 있는 성질의 것도 아니기 때문이다.

그런데 동아시아 시대의 도래와 더불어 우리는 지금 안보와 경제가 분리되는 현실에 직면하고 있다. 이런 현실을 어떻게 극복하여 국익을 최대화할 것인가가 우리 외교·안보전략의 핵심이 되지 않으면 안 된다.

그러나 외교·안보전략의 목적이 국익의 실현에만 있는 것은 아니다. 우리가 공유하는 보편적 가치의 신장과 범세계적 문제 해결을 위한 국제적인 협조와 기여 또한 중요하다.[12] 특히 다극적 질서의 등장에 따라 우리의 이익만을 추구할 것이 아니라 국제사회에 어떻게 협조하고 기여할 것인가를 심각히 고려해야 한다. 국제적 협조와 기여는 우리의 국격(國格)을 높이는 데 도움이 된다. 국격이 높아지면 자연 국가의 위엄(dignity)과 명예도 확보될 수 있을 것이다. 우리는 미·중 양대 세력의 틈 속에서 보호받을 수도 있지만 또 쉽게 무시되거나 경시될 수도 있는 숙명적인 환경 속에 처해 있다. 우리 역사가 이것을 말해 주었고, 지금도 그렇게 될 가능성이 적지 않다. 그러나 우리는 국익은 좀 손해를 볼 수 있어도 국가의 위엄과 명예가 경시되는 것은 허용해서는 안 된다.[13]

연평도 포격 사건 이후 다이빙궈 중국 대외담당 국무위원은 한국 방문을 15분 전에 통고하고 인천 공항에 도착하자마자 대통령과의 면담을 요구했다. 이 같은 외교적 결례는 우리 국가의 위엄과 명예에 대한 중대한 도전이기도 했다. 이와 같이 우리 외교가 존엄과 명예를 지키지 못한다면 중국의 부상에 따른 동아시아 시대에 우리의 존재가치는 평가절하되지 않을 수 없을 것이다.

그렇다면 동아시아 시대의 도래에 따라 국익의 실현, 국제적 협조와 기여, 그리고 국가의 위엄과 명예를 확보하기 위한 우리 외교·안보의 과제는 무엇이며 그 전략은 어떠해야 할까?

외교·안보의 과제와 전략

지금까지의 논의를 요약하면 우리가 직면한 국제 질서는 G2와 G20가 중첩되어 나타나는 다극화의 질서로 변동하고 있다는 것이다. 문제는 어떻게 우리가 한반도의 안보와 평화·경제적 번영, 그리고 국가적 위상을 제고하기 위해 이런 질서의 변화에 대처할 수 있는 우리 나름대로의 구상과 전략을 제시하느냐 하는 것이다. 말할 필요도 없이 우리의 기본적인 자세는 한·미 동맹을 바탕으로 한 현실적인 국가이익의 관점에서 국제적인 협조외교를 펼쳐나가는 것이다. 어디까지나 핵심적인 문제는 어떻게 한·중 관계와 마찰 없이 한·미 관계를 전개할 것인가에 있다.

동맹전략이냐 협상전략이냐

미국의 힘에 의한 패권적 안정(hegemonic stability)에 의존해왔던 동아시아의 질서가 중국을 중심으로 한 BRICs의 등장으로 다극화의 양상을 보임에 따라 지금까지 동맹전략에 의존해왔던 외교·안보전략 패턴이 앙탕트, 즉 협상(entente)전략으로 변모하는 모습을 보이기 시작하고 있다. 참여정부 시절의 균형자론이나 작금의 가교외교론 등은 모두 이러한 질서변화에 대응하기 위한 앙탕트전략의 일환으로 해석될 수 있다.

협상전략은 국가이익의 차이를 인정하는 인식의 바탕 위에서 서로 타협할 수 있는 이슈나 문제들을 동맹에 의존하지 않고 해결해 나가는 협조 관계의 구축을 목표로 하는 전략이다. 국력이나 이데올로기 상의 차이는 말할 것도 없고 역내 문제를 해결할 다자적 제도도 없는 복잡한 동아시아의 상황에서 동맹에 의존한 국가이익의 추구는 점점 난관에 봉착하고 있는 실정이다.

그래서 동맹에 의존하지 않고 국가이익을 달성하려고 하는 정치적 움직임이 우리나라는 말할 것도 없고 아시아 각국에서 나타나고 있다. 특히 안보 면에서는 미국과의 관계가 중요하지만 경제 면에서는 중국과의 관계가 중요해지고 있는 우리로서는 동맹에 과도한 의존을 하지 않으면서 중국과 앙탕트 관계를 유지할 수 있는 전략이 무엇인가를 고민하지 않을 수 없는 현실에 직면한 것이다.

그러나 앙탕트전략이 한·미 동맹과 모순되지 않는다는 원론적인 주장에도 불구하고 현실적으로는 미·중 간의 신 냉전적 대립구도에 적응해야 할 우리로서는 그러한 전략을 내세우는 데 위험부담이 적지 않다. 2010년 천안함 사건과 중·일 간 센카쿠 열도 분쟁

으로 동아시아의 질서가 미·중 관계에 의해 구조화되고 있는 국제
정치적 현실이 우리를 다시 한 번 편승이냐 균형이냐의 이분법적
대응전략으로 내몰고 있기 때문이다.

김대중·노무현 정부를 거치면서 시도되었던 한·미 동맹 '재정
의'를 통한 앙탕트전략의 추구는, 이명박 정부에 들어와서 북한의
핵개발과 도발에 따른 위협증가로 한·미 동맹 '재확인' 내지 '재강
화'로 급선회하고 있다.

역사적 관점에서 우리의 외교·안보전략을 논할 때 흔히 제기되
는 문제는 한 말의 비극적인 모습이다. 한 말의 쇄국적인 고립전
략과 세력균형전략이 망국의 비운을 초래했기 때문이다. 그래서
해방 이후 우리는 한·미·일 동맹 관계를 기축으로 한 해양전략을
추구해왔다. 하지만 중국의 부상과 북한의 핵개발로 새롭게 조성
되고 있는 불확실성에 대비하기 위해 김대중· 노무현 정부는 앙탕
트 전략을 시도했다. 북한과의 화해협력을 통해 한반도의 긴장을
완화시키려는 이런 전략은 국내 정치적 세력 관계의 변화를 반영
하는 전략이기도 했다.

김대중 정부가 한·미 동맹에 기초한 앙탕트정책을 시도했다면
노무현 정부는 여기서 한걸음 더 나갔다. 이른바 '균형자론'으로
알려진 정책은 미국과의 동맹에 기초했던 외교·안보이익을 중국
에 편승함으로써 얻고자 한 균형정책이었다. 이것은 지금까지 한·
미·일 동맹을 기초로 했던 해양전략의 변화를 의미하며, 중국에 편

승하는 대륙전략의 추구였다.[14) 이러한 정책은 오랫동안 한·미 동
맹 전략에 기초해왔던 안보·경제이익에 대한 공감대가 줄어들고
있는 현실과 결코 무관하지 않은 것이었다. 하지만 균형전략은 잘
하면 문제가 없지만 잘못하면 한 말의 비운이 되풀이될 수 있다는
점에서 아직 현실적인 대안으로 자리 잡기는 어려워 보인다.

이러한 현실을 반영하듯 균형전략의 움직임은 북한의 핵개발
과 도발로 그 토대가 잠식되었다. 결과는 한·미 동맹 강화를 기축
으로 하는 정치세력의 등장이었다. 한·미 동맹을 통한 해양전략의
복원을 의미하는 변화였다.

2010년 10월 미국의 힐러리 클린턴 국무장관은 한 연설에서
'아시아·태평양 지역에서의 미국의 적극적 관여(engagement)'에
관한 입장을 밝힌 바 있다.

이 연설에서 클린턴 국무장관은 미국의 아시아·태평양정책의
주요 도구인 동맹·파트너십·다자기구와 관련하여, 일본, 한국, 호
주, 태국·필리핀 순으로, 동맹 관계를 인도네시아, 베트남, 싱가
포르, 말레이시아·뉴질랜드, 인도, 그리고 중국과의 파트너십 관
계를, 아세안, APEC, 메콩강하류구상, 태평양제도포럼(Pacific
Island Forum) 순으로 다자기구를 언급했다. 클린턴 장관은 일본
과의 동맹을 미국의 이 지역에 대한 관여의 초석으로, 한·미 동맹
을 '이 지역과 세계의 안정과 안보의 핵심'으로, 베트남이 포함된
아세안을 '역내 지역구도 형성의 핵심 중추'로 묘사했다. 미·중 관

계와 관련하여 서로 적으로만 바라본다면 그 누구의 이해 관계에
도 부합하지 않는다고 말하고 있지만, 미국이 아시아·태평양 국가
들과 협력하여 중국을 포위하려 하는 형국으로 해석될 소지도 있
다. 미국과 중국은 인도를 자기편으로 끌어들이기 위해 경쟁을 벌
이고 있기도 하다.

미국이 아시아·태평양 지역에서 펼치는 외교에 대해 중국은 냉
전 시대의 이분법적 대응을 하고 있다고 평가할 수 있다.[15] 이런
이분법은 2010년의 동아시아 시공간에서는 작동했다. 동아시아
수준에서 미·중 갈등은 북한 쟁점을 둘러싸고 진행되고 있다. 클
린턴 장관에 따르면, 북한의 도발을 막을 수 있는 방안을 마련해
'남북 관계'를 개선하고 북한이 '6자회담'에 복귀할 수 있도록 하
는 것이 미·중 협력이다. 2010년처럼 미국과 중국이 서로 책임전
가를 하면서 갈등할 때, 한국은 냉전 시대의 이분법적 선택을 강
요받게 된다. 미·중이 갈등할 때, 한·미·일 대 북·중·러의 대립구도
가 불가피하다.

하지만 G2와 G20 시대의 등장으로 안보이익과 경제이익이 상
충되는 가운데 우리에게 요구되고 있는 것은, 해양전략이냐, 대륙
전략이냐 하는 양자택일의 문제가 아니다. 어떻게 이러한 이분법
적 대립을 극복하는 전략을 마련할 것이냐의 문제인 것이다.

여기서 동맹과 균형의 미래는 미·중 관계에 의해 그 선택지가
결정될 가능성이 높다. 만일 미국과 중국이 서로 봉쇄정책을 편다

면 한·미 동맹 대 북·중 동맹의 대립구도가 고착화될 수 있다. 반면 미·중이 관여정책을 택한다면 한·미 동맹의 기축 위에서 앙탕트전략을 구상해볼 수 있다. 미·중 관계 여하에 따라 동맹전략은 매우 가변적이다. 또한 우리의 이익이 미·중 관계에 의해 경시될 경우 한·미 동맹에 대한 국내 정치적 반발은 거세질 것이다.

2011년 1월 역사적인 미·중정상회담은 동아시아는 물론 세계적 수준에서 G2가 작동하기 시작했음을 알리는 신호탄이었다. 미국과 중국은 군사, 경제, 인권 등의 분야에서 갈등을 드러냈지만, 서로를 봉쇄하는 전략의 선택은 회피하고, 갈등을 봉합했다. 미·중 갈등이 서로의 국가이익에 도움이 되지 않을 것이라는 고려의 결과였다.

한반도 문제와 관련해, 미국과 중국은 이번 정상회담에서 9·19 공동성명과 여타의 관련 유엔 안보리 결의안에 기초하여 한반도에서 '평화와 안정'이 중요한 문제임을 공유했다. 이를 위해서는 남북대화가 필수적 조치임을 지적한 후, 양국은 동북아시아의 평화와 안정을 유지함에 있어 '한반도 비핵화'가 중요하고, 이를 위해서는 9·19 공동성명의 다른 공약들을 이행하는 것이 필요함을 강조했다. 미·중은 또한 북한의 우라늄 농축 프로그램과 관련한 우려를 표명했다.

6자회담의 재개 또한 클린턴 장관이 앞서 언급한 것처럼 미국과 중국의 공동이익의 한 부분이었다. 즉, 한반도 문제와 관련하여 미·중은 한반도의 평화와 안정을 우선 언급하면서 남북 관계의 진전을 요구했고, 한반도의 비핵화를 위해서는 6자회담의 재개가 이루어져야 한다는 데 합의했다.

미·중이 한반도의 평화와 안정을 최우선의 이익으로 설정하고 있는 상황에서 한·미 동맹의 강화는 자칫 미·중 갈등을 촉발하는 요인이 될 수 있다. 한국의 정책선택이 한반도문제를 둘러싼 미·중 관계의 미래에 영향을 미치고 있는 것이다. 우리의 선택은 한·미 동맹이 북한은 물론 중국까지 적과 위협으로 설정하는 방향이 아닌 새로운 차원으로 재편하는 것이 되어야 한다.

우리가 주도하는 한반도 평화체제는 미·중이 한반도 및 동아시아에서 협력을 지속할 수 있는 하나의 공공재일 수 있다. 단기적으로는 미·중이 정상회담에서 지적한 것처럼 남북대화가 재개되고 우리가 대북지렛대를 활용할 수만 있다면 한국은 미·중 간에 자동안정화 장치의 역할을 수행할 수도 있다.

다른 한편으로는 경제적 차원에서 기술격차를 벌려 중국으로 하여금 한국과의 경제적 파트너십이 서로에게 윈-윈 게임이 된다는 사실을 인지토록 하는 극중(克中)전략도 한·미 동맹의 새로운 재편의 움직임을 가속시킬 수도 있다. 예를 들어 한반도 방위는 한국이 담당하고 지역적이거나 지구적 문제에 대해서는 동맹의 역할을 강화하는 이른바 복합 동맹으로의 방향전환은[16] 세력균형 정책으로부터 앙탕트적인 다자주의로의 이행을 촉발할 수 있다.

동아시아 시대의 한·미 전략 동맹

북한의 핵개발과 도발로 잠시 느슨해지는 듯했던 한·미 동맹 관계의 중요성이 다시 부각되고 있다. 한반도의 안보와 평화, 지속적인 경제성장을 위해서도 한·미 동맹의 중요성은 재론의 여지가 없다. 특히 한국이 북한의 핵개발에 대한 억지력을 보유하지 않는 한 한·미 동맹을 강화해 가는 것은 한국 외교·안보전략의 필수 사항이 아닐 수 없다.

그러나 앞서 지적했던 것처럼 앙탕트적 전략을 실현하기 위해서는 한·미 동맹의 새로운 재편이 불가피하다. 한반도 평화와 안정, 그리고 핵문제의 해결을 위해서는 한반도 평화체제 구축이 유용한 대안일 수 있고, 이를 위해서는 한·미 동맹에 대한 새로운 상상력이 요구될 수밖에 없다.

예를 들어 복합 동맹론이 제시하는 것처럼, 한반도 차원을 넘어서는 동아시아 지역의 안전보장, 민주주의, 시장경제 등의 이슈는 말할 것도 없고, 지구 온난화나 인도적 지원과 같은 전지구적 문제의 해결을 위해서도 한·미 간의 상호 협력은 필수불가결하다. 따라서 한국의 외교·안보전략의 기본 축은 동아시아 시대의 도래에도 불구하고 한·미 동맹일지도 모른다. 특히 동아시아의 정세가 불안정한 상황에서는 한·미 동맹은 우리 외교·안보에 필수적인 요소가 될 수도 있다. 우리의 선택지가 넓어지고 있음에도 불구하고 우리 외교·안보의 전략 축이 한·미 동맹에 기초한 다자간 협조주의를 크게 벗어날 수 없는 이유가 여기에 있다.

그러나 동아시아 시대의 도래와 더불어 우리는 자주적인 외교·안보전략에 대한 유혹으로부터 벗어나기가 쉽지 않다. 균형자론에서 보았듯이 중국 카드를 사용하여 미국과 거리를 두려했던 경험에 비추어 보면 이러한 현상은 언제든지 재현될 소지를 안고 있다. 마치 드골이 자주적인 핵무장을 표방하여 미국과 거리를 두려했던 것과 마찬가지로 이러한 것들은 동맹에 균열을 가져올 수 있다. 그러나 많은 국제정치 전문가들이 주장하듯이 드골은 미국의 비위를 아무리 건드려도 미국이 그를 껴안지 않을 수 없는 냉전적 상황에서의 '역설적인 행운'을 누릴 수 있었다.

하지만 우리는 다극화 시대에서 자칫 잘못하면 이집트의 나세르처럼 국제적인 고아로 내몰릴 수 있다. 따라서 동아시아 시대 한·미 동맹의 대안으로 현상유지, 전면적 변환, 복합 동맹, 동맹해체 등이 제시되고 있지만, 동맹을 해체하거나 군사 동맹을 정치 동맹으로 전환할 가능성은 아직 그렇게 커 보이지 않는다.

그렇다고 하여 한·미 관계를 강화하는 것이 미국에 대한 수동적인 추종을 의미하는 것이 되어서는 안 된다. 우리가 미국의 안전보장에 전적으로 의존하고 있는 한 미국의 의도에 따를 수밖에 없는 측면이 있을 것이다. 그러나 미국의 세계 전략과 우리의 생존 전략 간에는 차이가 있기 때문에 서로 간의 전략적 이해에 대한 올바른 인식이 전제되지 않은 한 한·미 관계는 결코 바람직하지 않을 것이다. 예컨대 1994년의 북·미 핵합의나 한국의 핵물질 실험, 그리고 최근의 FTA 재협상에서 볼 수 있는 바와 같이 미국과 한국 사이에는 엄연한 국익의 차이가 존재하고 있기 때문이다.[17]

더구나 지금과 같이 중국의 부상이 우리에게 제기하는 미묘하고 복잡한 동아시아의 현실에서 한·미 동맹 일변도의 기본 전략만을 고수하고 있기는 어렵다. 특히 한·미 간의 가치 동맹(민주주의, 시장경제, 세계평화)은 이웃 중국에 위협으로 간주될 수 있기 때문이다. 여기서 우리는 어떻게 한·미 동맹을 우리의 국익에 맞는 형태로 재구축하는 전략을 마련할 것인가에 대해 고민할 필요가 있을 것이다. 우리에게 바람직한 질서는 안전과 평화와 번영, 그리고 민주주의적 가치가 지켜지는 질서다. 이를 위해서는 한·미 동맹을 성숙한 관계로 발전시키는 것이 중요하다.

G2 시대의 도래에 필요한 한·미 간의 성숙한 동맹은 어떠한 모습일까? 그것은 미국에 추종하는 형태가 아니라 서로 간에 영향을 줄 수 있는 협력 관계에 토대를 둔 동맹을 의미한다. 다른 말로 하면 일방적으로 끌려 다니는 형태에서 미래 비전에 따른 상호협력적인 동맹으로의 재조정을 의미한다. 이렇게 될 경우 우리의 역할이나 부담이 늘어날 수 있다. 방위비 분담을 둘러싼 한·미 협상에서는 이

미 이러한 현상이 나타나고 있다. 그러나 이러한 것에 인색할 경우 미국의 전략에서 우리의 비중은 줄어들 수밖에 없을 것이다. 따라서 우리의 이니셔티브에 의해 적극적으로 문제에 대처함으로써 여러 면에서 우리의 역할을 강화할 필요가 있다.

우리의 이니셔티브에 미국이 따라오는 형태로 파트너십이 구축될 수 있을 것이다. 이러한 파트너십 구축에서 단기적으로 중요한 것은 전작권 환수에 따른 한국군의 방위능력 제고이지만, 장기적으로는 한반도에서 평화와 안전을 담보하는 억지력으로서 효과를 발휘할 수 있도록 동맹에 대한 신뢰 관계를 심화시키는 일일 것이다. 보완적인 역할 분담이 뒤따르지 않을 수 없다. 여기서 중요한 것은 지구적이고 지역적인 역할은 미국에 맡기고 한반도의 국지적인 문제는 우리가 해결할 수 있는 능력을 확보하는 일이다.

변화된 동아시아의 국제 질서에서 우리는 어떠한 외교·안보 비전에 따라 어떠한 전략으로 이런 문제에 대응할 것인가? 무엇보다 가장 중요한 외교·안보전략의 과제는 한·미전략 동맹과 한·중 전략적 협력동반자 관계를 어떻게 조화시킬 것이냐의 문제일 것이다. 점점 현실화되고 있는 신냉전적 한·미 대 북·중 대립구도를 어떻게 상호 협력적 구도로 전환시킬 수 있을 것인가에 우리 외교·안보전략의 초점이 맞추어져야 한다. 그것은 한마디로 말하면 한·미 동맹을 축으로 하면서 동아시아에서 중층적 협력 관계를 구축하는 일일 것이다. 이를 위해서는 우리의 외교·안보의 축에 중국을 보다 중요하게 위치시킬 필요가 있을 것이다.

하지만 지난 반세기 동안 미국과의 동맹체제에 의존해 살아온 우리로서는 한·미 동맹이 중국의 이익에 배치되지 않는다는 점을 부각시키기가 쉽지 않다. 작금에 일어나고 있는 천안함 사건이나 연평도 사건에서 보듯이 한·미 동맹과 중국 간에는 구조적으로 대립구도가 형성되기 쉽기 때문이다. 또한 경로형성적 길을 가는 것보다는 경로의존적 길이 편하고 안정적이다.

이명박 정부에서 벌어지고 있는 한·미 동맹의 재편도 경로의존적인 측면이 강하다. 예를 들어, 2010년 10월 제42차 한·미안보협의회(SCM)에서, 한국과 미국은 '전략 동맹 2015(Strategic Alliance 2015)', '국방협력지침(Defense Cooperation Guideline)', '전략기획지침(Strategy Plan Guideline)', '확장억제정책위원회(Extended Deterrence Policy Committee)'의 제도화에 합의했다.

첫째, 이 합의는 한·미 동맹을 한반도 방위를 넘어 전 세계의 안보문제에 관여하는 동맹으로 전환되고 있음을 의미한다. 둘째, 북한의 '불안정 사태'를 언급함으로써 북한의 급변사태 동맹에 기초하여 효과적으로 대응하겠다는 의지를 천명한 것이기도 했다. 셋째, 확장억제정책위원회는 핵우산, 재래식 타격능력, 미사일 방어능력을 포함하는 확장억제의 실효성 제고를 위한 협의기구로 등장했다. 이후 대량살상무기확산방지구상(PSI) 훈련은 한·미뿐만 아니라 일본이 참여하는 형태로 진행되기도 했고, 한국과 일본의 군사협력을 제도화하려는 논의들이 진행 중이기도 하다.

그러나 한국의 선택이 한·미·일 대 북·중·러의 대립구도를 만든다면, 그것은 우리의 국가이익에 부합하지 않는다. 우리에게 요구되는 것은 견고한 한·미 동맹으로 중국을 억지할 것이냐, 아니면 한·미 동맹을 이완시켜 대중접근을 강화할 것이냐의 양자택일적 상황에서 벗어날 수 있는 전략을 어떻게 마련할 것이냐일 것이다.

한반도의 안전을 담보할 수 있는 억지력을 확보하기 위해서는 한·미안보체제가 절대 양보할 수 없는 우리의 생존전략이다. 이것을 중국이 이해하도록 하는 작업이 필요하다. 한·미 동맹은 대중국 전략적 카드로 보일 수도 있지만 한반도의 평화와 안전을 담보하는 동북아와 한반도의 공공재로 기능할 수 있음을 설득해야 한다.

2002년 탕자쉬엔(唐家璇) 외교부장은 "미국의 아시아·태평양지역에서 건설적이고 적극적인 역할을 환영하고, 미국과 함께 아시아·태평양지역의 평화와 안전보장을 공동으로 유지해가기를 바란다"고 말했다. 우리는 한·미 동맹이 우리 외교·안보의 기축이며 동시에 동아시아 지역의 국제적 공공재임을 설명하여 중국의 한·미 동맹 경계심을 완화시킬 필요가 있다. 이러한 노력의 바탕 위에서 한·미 안보 체제가 결코 한·중 전략적 협력 관계와 모순되지 않도록 복합화해가는 작업이 필요하다. 물론 이러한 작업은 한국 외교·안보전략의 목표가 미·중 간의 협력 증진에 있다는 전제에 입각해야 한다.

이미 한·미 동맹 관계가 복합화되어가고 있는 현실에서 한·중 관계의 복합화도 거스를 수 없는 현실적인 과제로 등장하고 있다. 이를 위해서는 한·중 양국의 공통의 이익에 착목한 양국 관계의 심화와 더불어 서로에게 위협이 되는 것을 막기 위한 지역적인 다자적 협력 관계의 구축이 무엇보다도 필요할 것이다.

한·미 양국은 중국이 이러한 다자적 협력 기제에 참여할 수 있는 명분과 이해를 제공하는 노력을 기울여야 한다. 미·중 간의 공유 목표를 최대한 부각시킬 수 있는 지역안보사안이나 인간안보 문제, 북한 핵문제 해결 등 공유된 관심사항을 위한 노력을 배가하는 작업이 중요하다. 6자회담은 한·미 동맹을 유지하면서도 동북아 차원에서 다자간 안보협력을 제도화할 수 있는 한 계기일 수 있다.

물론 이러한 노력의 성공여부, 즉 G2 시대에 걸맞은 한·미 동맹의 재편은 두 변수에 의해 결정될 것이다. 하나는 미·중 관계의 미래이고, 다른 하나는 한국의 국내 정치다. 미국은 중국을 전략적인 경쟁자 또는 적으로까지도 보면서도, '책임 있는 이익상관자(responsible stakeholder)'로서 자유주의적 국제 질서에 동참할 것을 요구하고 있다. 그러나 중국이 미국의 이 요구를 거부할 경우 미국이 중국을 '봉쇄(containment)'하는 것은 불가능한 상황이다.

2011년 미·중정상회담은 미국과 중국이 상대방에게 취할 수 있는 정책의 한계가 어디까지인지를 보여준 사건이었다. 미·중이 갈등을 봉합한 상태에서 관여와 협력으로 간다고 할 때, 한·미 동맹의 미래와 관련하여 한국의 선택, 즉 한국의 국내 정치가 중요한 역할을 수행할 수밖에 없다.

한국이 중국에 어떠한 입장을 취하느냐에 따라 미국의 입장도 바뀔 수 있고, 한국이 미국에 어떠한 입장을 취하느냐에 따라 중국의 입장도 바뀔 수 있다. 따라서 한·미 관계와 한·중 관계가 미·중 관계에 영향을 미치고, 미·중 관계가 한국에 설정하고 있는 정책의 한계를 우리는 생각하지 않을 수 없다.

앞서 언급한 클린턴 국무장관의 연설에서 미국은 한·미 동맹의 유지를 아시아·태평양 지역에서 자신들의 국가이익을 실현하기 위한 정책도구로 간주하고 있음을 알 수 있다. 주목할 만한 것은 클린턴이 한·미 동맹을 '이 지역과 세계의 안정 및 안보의 핵심'으로 묘사하고 있다는 점이다. 이로써 한국 방위에 초점을 맞추었던 한·미 동맹의 방향전환을 생각하고 있음을 알 수 있다. 한국 외교·안보전략의 목표가 미·중 간의 협력 증진에 있다는 전제에 입각한다면, 우리는 미국의 동맹전략의 변화를 적극 활용할 수 있어야 한다.

이 변화의 추동과 더불어 한·중 양자 관계는 물론 지역적인 다자 관계의 구축에서 한국이 적극적인 이니셔티브를 가지기 위해서는, 한국 국내 정치에서 미래 한·미 동맹의 모습과 한·중 관계 및 남북 관계의 미래에 대한 합의를 도출할 수 있어야 한다.

한국이 동맹정책 및 그 정책에 영향을 미치는 대중정책과 대북정책에서 일정하게 지렛대를 가질 수 있고 또한 이를 기초로 한반도 평화체제를 주도할 수 있다면, 한·미 동맹이 한·중 관계와 대립되는 상황을 예방할 수 있다. 다시 강조하지만, 한국 외교·안보전략의 목표가 미·중 간의 협력 증진에 있다는 것에 대한 국내적 합의가 형성되느냐, 아니냐에 따라서 한·미 동맹의 향방은 아주 다르게 나타날 수 있다.

중국의 부상에 대한 한국의 대응전략

우리의 대중국전략은 역설적인 현실의 극복을 목표로 해야 한다. 즉 경제적 상호의존성은 높아지고 있으나 군사·안보적으로는 긴장상태가 발생하고 있는 역설적인 현실의 극복이 최우선 과제이다. 이러한 역설은 중국의 한반도 정책은 있는데 한국의 중국정책은 부재한 상황에서 벌어지는 문제일 수 있다.[18]

이러한 현실에서 우리가 취해야 할 가장 중요한 전략 목표는 중국이 우리에게 위협이 되지 않도록 하는 환경을 만들어내는 일일 것이다. 국제정치 이론에서는 경제교류가 30%를 넘어서면 국가 간의 관계는 평화적인 모드로 전환한다고 말한다. 하지만 한·중 관계는 오히려 거꾸로 가는 정랭경열(政冷經熱)이다. 경제적으로는 상호의존도가 높아지고 있지만 정치·안보 면에서는 한파가 몰아치고 있는 상황이다.

경제적으로 중국과의 교류가 우리 무역에서 차지하는 비중이 30%를 넘어서고 있다. 우리의 기술과 중국의 제조업이 보완적인 분업형태를 이루면서 나타나고 있는 현상이다. 기술격차를 넓혀 각 분야에서 중국을 계속 리드하는 전략이 필요하다. 하지만 정치안보 면에서는 아직 신뢰구축이 제대로 되어 있지 않은 상태다. 따라서 양국 관계의 심화를 통해 경제적 상호의존을 군사안보 면으로 확산시키는 전략을 모색하지 않으면 안 된다.

그러나 우리가 택할 전략은 미·중 간의 관계변화에 따라 결정될 가능성이 높다. 만일 미·중 관계가 경쟁 내지 갈등 관계로 전개된다면 우리의 선택지가 매우 좁아질 수 있다. 우리가 미국의 대중 포위전략에 말려들지 않을 수 없기 때문이다. 실제로 천안함 사건과 연평도 사건으로 한·미 대 북·중 대립구도가 형성되고 현실에서 한·중 관계는 지금까지와는 다른 새로운 단계로 진입하고 있는지도 모른다. 이것이 사실이라고 한다면 새로운 단계에 맞는 구조조정을 통해 지금까지와는 다른 대응전략을 모색하지 않으면 안 된다.[19]

하지만 김흥규 교수의 지적처럼 우리는 이런 미·중 간의 전략적 갈등과 경쟁 구도를 전제로 한 대중인식에서 벗어날 필요가 있다.[20] 물론 인권문제나 대만문제를 둘러싸고 미·중 간의 갈등은 언제나 터져 나올 수 있지만, 북핵문제의 해결이나 한반도의 안정에 대해서는 공통의 이해를 지니고 있기 때문이다. 아마도 이런 현실을 가장 적나라하게 표현한 것은 미국 측 6자회담 대표였던 크리스토퍼 힐의 미 의회 청문회 발언이었을 것이다. 그는 미 의회 청문회에서 중국에 아웃소싱한 북핵문제가 답보상태를 면치 못하고 있는데, 이에 대해 비판을 받자 "미·중 관계가 지금보다 더 좋은 적이 있었는가"라고 반문하고 "그것은 다름 아닌 북핵문제 때문"이라고 말했던 것이다.

이러한 미·중 관계의 작동원리에서 볼 때 우리 외교·안보의 기축인 한·미 동맹 관계는 양자 관계로만 이루어질 수 없는 단계에 진입하고 있는 것이다. 즉, 우리의 향후 외교·안보전략에는 반드시 중국이라는 요소가 개입하지 않을 수 없는 상황에 직면하고 있다는 말이다. 실제로 중국의 부상은 경제적 이익의 측면에서뿐만 아니라 군사적 위협의 측면에서도 우리의 외교·안보전략의 기축인 한·미 동맹의 위상을 변화시키고 있다. 김흥규 교수는 이러한 현실에서 우리가 택할 수 있는 대중전략으로 크게 연미통중(聯美通中), 연미화중(聯美和中), 연미연중(聯美聯中) 등의 전략을 제시하고 있다.[21]

그러나 한·미 동맹을 기축으로 하고 있는 우리의 외교·안보 현실에서 미·중에 대한 이분법적인 인식을 넘어서는 새로운 전략의 채택에는 상당한 시련이 뒤따를 것으로 보인다. 그러므로 이러한 전략적 선택을 위해서는 부동구화(不同求和)의 자세가 전제되어야 한다. 즉, 지(和)를 추구하지만 부동(不同)이라는 것을 이해할 필요가 있다는 것이다. 이것은 동을 지나치게 강조하기보다 화를 위해서 공통의 이익을 찾아내려는 상호노력이 전제되어야 함을 의미한다. 선택지를 좁히지 않고 다면적인 관계를 유지할 때 이분법적인 대응으로 치우치는 것을 막을 수 있기 때문이다.

김흥규 교수가 제시한 3가지 전략 중 연미통중전략은 미·중 갈등 속에서도 미국과 연대하면서 중국과 소통을 강화하는 전략이다. 미·중 갈등에 연루되는 것을 피하면서 우리의 외교적 옵션을 확대함으로써 북핵문제 등과 같은 이슈에 대해 우리가 가교적 역할을 할 수 있게 하는 것이다. 이 전략이 이 명박 정부 초기의 전략적 선택지였다고 한다면 현 단계에서 우리가 추진할 전략은 연미화중전략이라고 그는 주장하고 있다. 특히 미국과의 관계를 중시하면서도 어느 일방에 치우친 일변도 외교보다는 쌍방네트워크 외교를 강화해야 한다는 점을 강조하고 있다. 중국과 주요사안에 있어 공통의 이해 관계영역을 확인하고 그 교집합을 넓혀 나가 쌍방이익의 조화를 추구하는 전략이다. 이 전략 속에는 협력과 헤징의 요소가 다 존재하지만 헤징보다는 협력을 전면에 내세워 신뢰를 형성하고 화합을 도모하는 데 중점을 두고 있다.

그러나 그는 궁극적으로 연미연중전략이 우리의 외교·안보전략이 추진해야 할 방향이라고 주장한다. 이것은 한마디로 미·중을 다 같이 포괄하는 외교전략이다. 그러나 그는 이러한 전략은 미·

중 관계에 대한 논제로섬적 인식이 바탕이 될 때 비로소 가능하다고 보고 있다.[22] 향후 중국 경제가 한국 경제에 차지하는 비중을 고려하고, 한반도 급변사태와 통일국면을 우리가 주도하기 위해서는 이 전략이 필수적이라는 것이다.

물론 그의 지적처럼 한·미·중 관계를 정삼각형의 형태로 발전시키는 것이 가장 이상적일 수 있다. 하지만 문제는 현실적인 가능성의 문제다. 등거리 외교로 인식되기 쉽기 때문이다. 우리는 천안함 사건과 연평도 사건에 따른 북·중 관계의 전개에서 한반도문제에 대한 중국의 건설적인 역할에 한계가 있음을 보았다.[23]

북한문제, 동북공정, 해양마찰 등에서 볼 수 있듯이 한·중 관계는 아직 해결해야 할 많은 난제들을 안고 있다. 선린 우호 관계의 확대 심화가 무엇보다도 시급하지만 이러한 양국 간의 관계로 문제가 쉽게 해결될 시대는 아니라는 것이 점점 분명해지고 있다. 이러한 현실에서 우리의 기본전략은 중국이 위협이 되지 않도록 하는 환경을 구축하는 작업이 되어야 한다. 그것은 한·중 양국 간의 공통이익에 착목한 양국 관계의 확대 심화 발전인 동시에, 중국이 한반도문제에 건설적인 역할을 할 수 있게 하는 다자적 협조 체제의 구축일 것이다.

이를 위해서는 '중-중 관계' 속의 한·중 관계와 '한-한 관계' 속의 한·중 관계에 대한 세심한 대책이 요망되고 있다. 우선 중국의 대한 정책이 장기적 전략에 의해 용의주도하게 전개되고 있다는 이미지로부터 탈피할 필요가 있다. 대한(對韓) 정책에 대한 중국 정권 내부의 의견이 반드시 통일되어 나타나고 있는 것 같지는 않다는 판단 때문이다. 중국 내부의 반한 감정과 대한(對韓) 강경책의 입지가 확대되지 않도록 하는 대화채널 구축과 퍼블릭 디플로머시가 요구된다.

이와 마찬가지로 우리 내부에도 반중 감정과 대중 강경책을 요구하는 목소리가 있는가 하면 한·중 간의 상호보완적인 관계를 중시하는 목소리도 있다. 대중 정책은 이러한 여러 움직임들은 고려하면서 합리적인 국익추구와 감정적인 여론 사이의 갭을 메울 수 있는 방향으로 전개되지 않으면 안 될 것이다. 다른 말로 하면 중국 열기(china fever)와 중국 때리기(china bashing) 사이를 왕래하는 감정적 여론을 뛰어 넘는 중국 정책이 필요하다는 것이다.[24]

아직 성숙한 단계에 진입하지 못하고 있는 한·중 관계의 발전을 위해 양국 간에 신뢰를 쌓는 작업(trust-building)부터 서두르지 않으면 안 되는 시점이다.

북한의 변화와 통일을 위한 전략

동아시아 시대의 도래에 따른 한반도전략의 최우선 과제는 북핵문제 해결이다. 그동안 북핵문제는 6자회담 등 여러 채널을 통해 해법이 모색되었으나 결과는 북한의 2차례에 걸친 핵실험 강행으로 나타났다. 미국을 비롯한 국제사회는 유엔안보리의 대북 제재조치(결의 1874호)를 통한 '압박'과 6자회담을 통한 '대화'의 이중전략을 추진해왔으나 북한의 저항에 부딪혀 이렇다 할 성과를 내지 못하고 있는 실정이다. 이명박 정부에 의한 '비핵·개방·3,000'전략이나 그랜드 바겐 구상도 북한의 비핵화를 이끌어내는 데 실패했다.

그렇다면 대화와 압박의 이중전략이 실패한 현시점에서 다른 대안이 있는가? 그리고 미국이 비핵화(denuclearization)정책에서 비확산(nonproliferation)정책으로 선회할 경우 우리의 대응전략은 무엇일까?

이것은 지금 우리가 직면하고 있는 절박한 문제들이다. 이러한 상황에서 천안함 사건과 연평도 사건으로 대화 채널인 6자회담 창구도 닫히고 있다. 천안함 사건과 연평도 사건 해결 없이 6자회담에 응하지 않겠다는 것이 우리 정부의 입장이기 때문이다. 북핵 문제가 북한의 3차 핵실험과 같은 새로운 위기 국면으로 치달을 가능성을 배제하기 어려운 상황이 전개되고 있다.

어떻게 해야 하나? 고립 압박 정책이 별 성과를 거두지 못하고 있다면 다른 대안을 강구해야 한다. 대화를 통한 외교적 노력으로 당장 성과를 거두기는 어려울 것이다. 그러나 상황의 악화를 막으면서 단계적인 해결책을 모색하는 방법 외에 다른 현실적인 대안은 없어 보인다. 그러므로 '선 천안함-연평도, 후 6자회담'의 속박에서 하루 빨리 벗어날 필요가 있다. 6자회담은 북핵 해결은 물론 한반도의 평화와 안정에 중요한 역할을 담당할 안보대화의 틀이다. 한반도의 안정에 직접적인 이해 관계를 갖고 있는 주변 4강이 동북아에서 처음으로 시도하고 있는 다자적 협조체제이기도 하다. 물론 한반도 정세가 계속 악화되고 북한이 3차 핵실험을 감행할 경우 이에 대비한 포스트-6자회담전략도 검토하지 않으면 안 될 것이다.[25]

'선 핵문제 해결, 후 남북 관계 개선'의 전략은 이미 유효기간을 넘겼다고 봐야 한다. 기대했던 것과는 정반대의 결과인 핵문제의 악화 3대 세습체제의 강화, 그리고 북·중 동맹의 유착을 초래하고 있기 때문이다. 이런 상황의 악화 속에서 미국의 '전략적 인내(strategic patience)'도 한계에 다다른 느낌이다. 따라서 이제는 핵문제와 남북 관계를 디카플링(decoupling)하여 따로 따로 접근하는 평행(parallel)전략을 고려해 볼 필요성이 제기되고 있다. 핵문제는 6자회담을 통해서 다루고, 천안함과 연평도 사건은 남북 관계의 차원에서 해결하는 평행적 접근이 천안함 사건 이후 긴장이 고조되고 있는 한반도 정세에 출구를 만들어 줄 수 있을 것으로 보이기 때문이다.

기다리는 전략의 수정에는 우선 정부의 대북인식 전환이 전제되어야 한다. 북한을 '악의 집단'으로 매도하는 것과 이러한 집단과 협상을 벌이는 것을 구별할 필요가 있다. 우리가 이러한 악의 집단에 대한 전복을 시도하지 않는 한 최선의 방법은 이런 집단의 체제적 속성을 변화시켜 평화와 통일의 장정에 참여시키는 것이다. 김갑식 박사의 표현대로 노무현 정부가 북한의 변화를 '유인'하는 데 실패했다면, 이명박 정부는 북한의 변화를 '강제'하는 데 실패했다. 노무현 정부의 포용정책과 차별화된 '비 포용 무시정책'을 택한 이명박 정부는 '기다리는 전략'으로 북한의 변화를 강제하려 했으나 결과는 남북 관계의 파탄이요, 북핵문제의 악화로 나타났다.[26]

따라서 새로운 전략은 포용정책과 비포용정책의 장단점에 대한 점검에서부터 시작해야 한다. 노무현 정부의 포용정책은 남북 관계의 진전을 가져왔지만 북한의 일방주의에 끌려 다녔다는 비난을 면하기 어려우며, 이명박 정부의 비포용정책은 북한의 자세를 고치는 '학습효과'는 있었지만 남북 관계를 파탄시켰다는 비난에서 벗어나기 어렵다.

여기서 우리가 심각히 고려하지 않으면 안 될 것은 비포용정책이 북한의 변화를 강제할 수 없을 뿐만 아니라 한반도 정세가 남북의 차원을 넘어 국제화되어 버리는 결과를 초래하고 있다는 사실이다. 한반도문제가 다시 국제적 세력에 의해 좌우되는 것을 막기 위해서도 포용정책을 통한 한반도문제의 한반도화전략이 필요한 이유가 여기에 있다.

그러나 포용정책을 택하더라도 우리는 과거의 실수를 되풀이해서는 안 된다. 포용정책이 북한의 변화를 도모하는 데 일정의 효과를 거두었다는 점은 인정하지만 의미 있는 변화를 유인하지 못했다는 반성 하에서 보다 효율적인 개입방식을 모색해야 할 필요가 있다. 그러한 개입방식은 남북 관계의 특수성을 국제적 현실과 조화시키는 동시에 남남 관계와 남북 관계의 갈등을 극복할 수 있는 국민적 합의의 바탕에서 출발하지 않으면 안 된다.

그렇다면 북한의 변화를 유인할 수 있는 대책은 어떤 것이 있을까? 무엇보다도 시급한 것은 대국적인 견지에서의 남북문제 해결이다. 남북 관계에 돌파구를 마련할 수 있는 특단의 조치가 필요하다. 그것이 정상회담이 되든, 특사파견이 되든 위기로 치닫고 있는 남북 관계에 출구를 마련할 수 있는 대책을 모색해야 한다. 이러한 바탕 위에서 북핵문제 해결을 위한 북·미 간 대화를 재개해야 할 것이다.

오바마 정부가 '전략적 인내'정책의 한계를 실감하고 새로운 접근법의 필요성을 모색하고 있는 상황에서 남북 관계의 돌파구는 북·미 관계와 선순환 구조를 이룰 수 있을 것이다. 이를 위해서는 한·미 동맹이 주변을 위협하는 것이 아니라 한반도의 안정을 담보하는 공공재로서 기능하도록 하는 정책 마인드가 필요하다.

그 다음으로 그동안 방치하다시피 했던 한반도의 평화관리와 분단 극복의 통일외교전략을 다시 한 번 가다듬을 필요가 있다. 한반도의 평화관리와 통일문제가 동아시아의 질서 재편과 시기적으로나 구조적으로 맞물려 제기되고 있기 때문에 한·미 동맹의 재정의와 재강화가 북·중 동맹을 결속시키는 방향으로 이루어지지 않도록 해야 한다. 미군주둔이 지니는 공공재적 성격을 중국이나 북한에 납득시키는 전략이 무엇보다도 필요할 것이다. 북한은 우리의 주요한 위협이지만 다른 한편으로는 통일의 길을 열어갈 대화와 협력의 대상이라는 이중적 성격을 고려해 한반도 평화체제 구축, 남북 경제협력의 확대 심화, 남북대화의 정례화 및 제도화를 추진해야 한다.[27]

동아시아 시대의 도래에 따른 이러한 한반도전략의 성공여부는 한·미 동맹과 남북 관계에 대한 우리와 중국의 시각차를 얼마나 좁힐 수 있느냐에 달려 있음은 재론의 여지가 없다.

양자 관계의 심화와 다자적 지역협력체제 구축

앞서 지적했다시피 동아시아 시대에 한국이 직면한 최대의 전략과제는 중국이다. 어떻게 중국과 공통의 이익을 만들어낼 것이며, 또 어떻게 중국이 우리의 안보와 통일에 방해가 되지 않도록 할 것인가가 무엇보다도 중요하다. 상호의존적인 경제에도 불구하고 긴장하고 있는 정치 안보 관계를 개선하기 위해서는 중국의 건설적인 역할을 담보할 수 있는 중층적인 지역 다자 협력체제의 구축이 절실하기 때문이다.

물론 동아시아에서 다자적 지역협력 체제를 구축하기에는 아직 여건이 미비하기 짝이 없다. 실제로 경제규모나 발전단계의 차이는 말할 것도 없고 이데올로기나 정치체제의 차이, 그리고 불안정한 안보환경 등으로 인해 다자적 지역협력 체제를 추진하기가 쉽지 않기 때문이다. 하지만 바로 이러한 대립과 갈등 때문에 이를 극복하기 위한 다자적 지역 협력체제가 절실히 요구되고 있는 것이다.

그동안 동아시아 지역에서는 여러 가지 형태의 다자적인 협력 시도가 있었다. 아세안 확대외상회의, ARF, APEC, ASEM, ASEAN+3, EAS 등 정치체제가 유사한 아세안을 중심으로 한·중·일을 비롯한 미국, 호주, 뉴질랜드, EU 등이 참가하는 형식의 대화 포럼으로 진행되어 왔다. 하지만 아직 이렇다 할 다자적 지역 협조체제를 만들어 내지 못하고 있는 실정이다. 왜냐하면 각국이 지역 협력체제를 외교전략의 일부로 간주하고 있기 때문이다.[28]

그러나 이러한 상황 속에서도 동아시아에는 지역 협력의 공통 기반이 될 수 있는 경제적 상호의존 관계가 확대되고 있다. 역내 무역이 60%를 넘는 EU의 수준에는 못 미치지만 40%대 중반에 머물고 있는 NAFTA 수준보다 높은 50% 대에서 이루어지고 있다. 여기서 중요한 것은 어떻게 이런 지역협력 기반을 확대·발전시킬 현실적인 방안을 모색할 것인가 하는 것이다. 아마도 그것은 무역이나 투자와 같은 경제적 기능과 정치 안보 기능을 한 데 묶

기 보다는 따로 따로 하는 기능적인 '다자 협력의 틀'을 만드는 것일 것이다.[29]

이것은 EU와 같은 단일 지역공동체의 전(前)단계에 해당하는 기능별 지역적 다자 협력체다. 예컨대 무역·투자·금융 부문의 경제적 협력, 북핵문제와 한반도 평화체제 문제 등을 다루기 위한 6자회담, 비전통적 안보에 관한 동아시아 안보포럼, 그리고 한·중·일의 특수한 역사적 경험과 영토문제 등을 논의할 수 있는 역사공동위원회와 차세대 인재교육 및 교류의 활성화를 위한 인재교류센터 설치와 교육프로그램 개설 등이다. 이로써 삼국 간의 신뢰조성 등을 위한 기능적 틀을 중층적으로 구축하는 것이 한 방법이 될 것이다.

또한 우리는 성공적인 한국 모델의 고도화와 국제화를 통하여 양적인 면에서는 중국과 경쟁할 수 없지만 질적인 면에서 앞서고 있는 장점을 이용함으로써, 안정을 위해 발전이 필요하며 발전을 위해 평화를 필요로 하는 중국으로부터 협력을 유도해낼 수 있을 것이다.

하지만 지금 이명박 정부의 신아시아 구상은 너무 추상적이고 포괄적인 내용으로 점철되어 있어 지역협력에 대한 구체적인 정책이 결여되어 있다. 동아시아적 차원보다는 전 세계적인 차원의 비전을 강조하다 보니 중국의 부상에 따른 동아시아의 여건변화에 대한 우리의 구체적인 대응전략이 보이지 않고 있다.[30]

　지금 한·중 관계는 '경열정랭'으로 표현되고 있다. 언제까지 정치와 경제가 따로 따로 진행되기는 어렵다. 동북공정은 물론 북한 문제를 둘러싼 국민감정의 악화에 따라 정치적 긴장 관계가 발생하면 정치가 경제를 압도하고 나타날 가능성도 배제할 수 없다. 따라서 중국의 부상에 따라갈 것이냐, 아니면 대항할 것이냐의 선택지에 휘말릴 것이 아니라 중국의 군사적 위협을 억지할 수 있는 다자적 지역 협력 기구의 마련에 전향적인 이니셔티브를 취할 필요가 있다.

결론

　우리는 G20 정상회의를 성공적으로 개최한 세계 15위권의 경제 강국이다. 또 2012년 핵안보 정상회의를 서울에 유치한 중견국가 (middle power)다. 동아시아 시대의 도래와 더불어 우리에게는 이러한 위상에 걸맞은 국제적 역할이 요구되고 있다. 그렇다면 한국이 앞으로 취해야 할 전략의 방향은 어떠한 것이 되어야 할까?

　무엇보다도 중요한 것은 우리가 동아시아 시대의 도래에 '관객'으로 머물러 있어서는 안 된다는 것이다. 미국, 중국, 일본 등과 함께 새로운 질서 구축의 주역으로서 적극적인 역할을 모색해야 한다. 비록 우리가 양적으로는 중국 경제에 필적할 수 없지만 질적인 차원에서 중국에 대해 영향력을 지속하고 있다. 중국은 아직 우리의 발전모델을 답습하고 있기 때문에 기술 격차를 넓혀 각 분야에서 질적 우위를 유지할 수 있도록 한층 분발하지 않으면 안 된다.

　이러한 우위를 계속 유지하기 위해서는 '한국형 발전 모델'의 선진화와 국제화가 필요하다. 신자유주의적 워싱턴 컨센서스의 결함이 명백해진 이상 한국형 발전 모델이 동아시아 지역협력의 모델로 자리매김할 수 있는 찬스는 더욱 커지고 있기 때문이다.

지금 중국이 한국 외교·안보의 최대 전략과제로 등장하고 있다. 어떻게 경제적 상호의존 관계를 유지하면서 긴장을 관리할 것인가를 고민하지 않으면 안 된다.

그러면 한·미 동맹의 강화만으로 충분하겠는가 하는 의문이 일어나지 않을 수 없다. 전략좌표의 수정이 불가피해지고 있다. 동맹 재강화 일변도가 아니라 재정의에 바탕을 둔 재강화가 요구되고 있기 때문이다. 하지만 이러한 정책 수정은 정치적인 혼란을 야기할 수 있다. 중국도 북한도 한·미 동맹을 시험하고 있기 때문이다. 감정적인 국민 여론이 합리적인 정책수정의 발목을 잡지 않도록 국민적 합의도출 과정을 소홀히 해서는 안 된다.

:: Part 1

1) 정문길 외, 《발견으로서의 동아시아》, 문학과지성사, 2000, pp.57~58; 백영서, "중국에 '아시아'가 있는가? 한국인의 시각"

2) 〈*The Korean Journal of International Studies*〉 Vol. 50, No. 3, p.103, 2010, Kim Keeseok, "How Has Korea Imagined Its Region?: Asia-Pacific, Northeast Asia, and East Asia"

3) 와다 하루키 지음, 이원덕 옮김, 《동북아시아 공동의 집》, 일조각, 2004, pp.54~64

4) 와다 하루키, 《동북아시아 공동의 집》, pp.75·83

5) http://en.wikipedia.org/wiki/Economy_of_the_People%27s_Republic_of_China(검색일: 2011년 4월 1일).

6) http://en.wikipedia.org/wiki/List_of_countries_by_foreign_exchange_reserves(검색일: 2011년 4월 1일).

7) 〈동아시아브리프〉 제5권, 3호, p.7, 2010, 정재호, "세계 속의 동아시아, 중국의 '부상', 그리고 한국"

8) 〈*Bloomberg Businessweek*〉, 14 Nov. 2010, Shamim Adam, "China to Exceed U.S. by 2020, Standard Chartered Says", http://www.businessweek.com/news/2010-11-14/china-to-exceed-u-s-by-2020-standard-chartered-says.html(검색일: 2011년 4월 1일).

9) http://en.wikipedia.org/wiki/List_of_the_largest_trading_partners_of_the_People%27s_Republic_of_China(검색일: 2011년 4월 1일)

10) 〈동아시아브리프〉 제5권, 2호, p.7, 2010, 이숙종, "세계 속의 동아시아"

11) http://www.imf.org/external/pubs/ft/survey/so/2010/CAR051210A.htm(검색일: 2011년 4월 1일).

12) 〈동아시아브리프〉 제5권, 2호, p.11, 2010, 이숙종, "세계 속의 동아시아"

13) 정문길 외, 《발견으로서의 동아시아》, 문학과지성사, 2000, p.93, 아리프 딜릭, 김수영 역, "역사와 대립되는 문화인가?", "동아시아 정체성의 정치학"

14) 강상중 지음, 이경덕 옮김, 《아시아 공동의 집을 향하여》, 뿌리와 이파리, 2002; 백영서, 《동아시아의 귀환: 중국의 근대성을 묻는다》, 창작과비평사, 2000; 와다 하루키 지음, 이원덕 옮김, 《동북아시아 공동의 집》, 일조각, 2004; 왕 후이 지음, 이욱연 옮김, 《새로운 아시아를 상상한

다: 동아시아의 비판적 지성》, 창작과비평사, 2003; 정문길, 최원식, 백영서, 전형준, 《발견으로서의 동아시아》, 문학과 지성사, 2000; 〈대한정치학회보〉 제9집, 2호, 2000, 조성환, 김용직, "문명과 연대로서의 동아시아: 근대 중국과 한국 지식인의 동아시아 인식"

15) 〈*Foreign Affairs*〉 Vol. 83, No. 4, 2004 James F. Hoge, Jr., "A Global Power Shift in the Making"를 보라. 또한 역사학자인 폴 케네디(Paul Kennedy)는 "서구에서 아시아로의 글로벌 권력 이동은 피하기 힘들어 보인다"고 지적한 바 있다.

16) Kishore Mahbubani, 《*The New Asian Hemisphere: The Irresistible Shift of Power to the East*》, Publicaffairs, 2008

17) 존 아이켄베리의 반박을 포함하여 의 논의에 대해서는 반론도 만만치 않다. 〈*New Perspectives Quarterly*〉 Vol. 25, No. 3, 2008, G. John Ikenberry, "China and the Rest Are Only Joining the American-Built Order"

18) David C. Kang, 《*China Rising: Peace, Power, and Order in East Asia*》, Columbia University Press, 2007, p.201

19) 〈*International Security*〉 Vol. 25, No. 1, 2000, Kennth Waltz, "Structural Realism after the Cold War"

20) 〈*Newsweek*〉, 2008.05.03, Fareed Zakaria, "The Rise of the Rest"; 〈*Foreign Affairs*〉 Vol. 87, No. 3, Fareed Zakaria, "The Future of American Power: How America Can Survive the Rise of the Rest"

21) 〈*Foreign Affairs*〉 Vol. 87, No. 3, pp.20~35, 2008, Richard N. Haass, "The Age of Nonpolarity: What Will Follow U.S. Dominance"

22) Paul M. Kennedy, 《*The Rise and Fall of the Great Powers*》, Vintage, 1989

23) 〈*The Wall Street Journal*〉, January 14, 2009, Paul Kennedy, "American Power Is on the Wane"

24) Mahbubani, 《*The New Asian Hemisphere: The Irresistible Shift of Power to the East*》

25) Dimitry Orlov, 《*Reinventing Collapse: The Soviet Example and American Prospects*》, New Society Publishers, 2008

26) 〈*Foreign Affairs*〉, pp.20~35, 2009, Josef Joffe, "The Default Power: The False Prophecy of America's Decline"

27) Joffe, "*The Default Power*", p.24

28) 〈*Foreign Affairs*〉 Vol. 87, No. 3, pp.18~43, 2008, Zakaria, "The Future of American Power"

29) Kennedy, "American Power Is on the Wane"

30) Susan L. Shirk, 《*China: Fragile Superpower*》, Oxford University Press, 2007

31) 〈*Foreign Affairs*〉, Vol. 89, No. 6, pp.143~145, 2010, Elizabeth C. Economy, "The Game Changer: Coping With China's Foreign Policy Revolution"; 〈*Foreign Affairs*〉, October 14, 2010, George J. Gilboy and Eric Heginbotham, "China's Dilemma: Social Change and Political Reform"

32) 〈*Foreign Affairs*〉 Vol. 89, No. 3, p.41, 2010, Robert D. Kaplan, "The Geography of Chinese Power: How Far Can Beijing Reach on Land and at Sea?"

33) Kaplan, "*The Geography of Chinese Power*", pp.33~35

34) 〈*Foreign Affairs*〉 Vol. 86, No. 1, pp.115~127, 2007, David M. Lampton, "The Faces of Chinese Power"

35) 〈*Foreign Affairs*〉 Vol. 87, No. 1, 2008, Ikenberry, "The Rise of China and the Future of the West: Can the Liberal System Survive?"; 〈*New Perspectives Quarterly*〉 Vol. 25, No. 3, 2008, "China and the Rest Are Only Joining the American-Built Order"

36) 〈*Foreign Affairs*〉 Vol. 87, No. 4, pp.57~69, 2008, C. Fred Bergsten, "A Partnership of Equals: How Washington Should Respond to China's Economic Challege"

37) 〈*Foreign Affairs*〉 Vol. 89, No. 6, pp.142~152, 2010, Elizabeth C. Economy, "The Game Changer: Coping With China's Foreign Policy Revolution"

38) 〈*Foreign Affairs*〉, Vol. 89, No. 6, pp.142~152, 2010, Economy, "The Game Changer"

39) Joshua Kurlantzick, 《*Charm Offensive: How China's Soft Power Is Transforming the World*》, Yale University Press, 2007

40) 〈*Foreign Affairs*〉 Vol. 86, No. 1, p.124, 2007, Lampton, "The Faces of Chinese Power"

41) Kang, 《*China Rising: Peace, Power, and Order in East Asia*》, p.202

42) John J. Mearsheimer, 《*The Tragedy of Great Power Politics*》, W.W. Norton, 2001.

43) Yasuhiro Izumikawa, "*The Rise of China, US-China Relations, and the Future of East Asia: A Social Exchange Network Analysis*", in Taik-young Hamm and Kun Young Park (eds.), 《*Sino-Us Relations and The Korean Peninsula*》, The KAIS International

Conference Series No. 17, KAIS, 2009, pp.190~192.

44) 〈*Foreign Affairs*〉 Vol. 87, No. 1, 2008.01~02, Ikenberry, "The Rise of China and the Future of the West"; 〈*New Perspectives Quarterly*〉 Vol. 25, No. 3, 2008, "China and the Rest Are Only Joining the American-Built Order"

45) 니어재단 동아시아 시대 준비 제3차 세미나(2010년 5월 6일, 경남대 극동문제연구소)에서 박건영·이혜정·김재철·이희옥 교수를 모신 토론이 있었다.

46) 미국과 중국의 동아시아에서의 패권 장악 경쟁에 초점이 맞추어 동아시아 지역질서 변동 가능성을 논한 논문으로는 Cooney(2009)가 있다. Kevin J. Cooney, "Chinese-American Hegemonic Competition in East Asia: A New Cold War Or Into the Arms of America?", in Kevin J. Cooney and Yoichiro Sato, 《*The Rise of China and International Security: America and Asia Respond*》, Routledge, 2009

47) Mearsheimer, 《*Tragedy of Great Power Politics*》, 2002; 〈*Boston Feview*〉, Fed/Mar, 2005, Stephen M. Walt, "In the National Interest"; Stephen M. Walt, 《*Taming American Power: The Global Response to US Primacy*》, W.W. Norton, 2005

48) 존 미어셰이머는 2005년 〈*Foreign Policy*〉 1월호에 실린 즈비그뉴 브레진스키와의 중국 관련 논쟁에서 중국이 아시아의 패권국가가 되려고 할 때, 미국의 정책결정자는 세계 유일의 패권국가로서의 지위를 유지하기 위해 중국을 봉쇄하고 약화시킬 것이라고 주장하였다. 〈*Foreign Policy*〉, 2005.01, Zbigniew Brzezinski and John J. Mearsheimer, "Clash of the Titans", http://www.foreignpolicy.com/articles/2005/01/05/clash_of_the_titans? (검색일: 2010년 11월 1일)

49) 〈동아시아브리프〉 제5권, 3호, p.10, 2010, 정재호, "세계 속의 동아시아, 중국의 '부상', 그리고 한국"

50) 중국의 부상에 대한 아시아 각국의 입장과 대응에 대해서는 Kang, 《*China Rising: Peace, Power, and Order in East Asia*》, chapters 5~8; Kevin J. Cooney and Yoichiro Sato, 《*The Rise of China and International Security: America and Asia Respond*》, Routledge, 2009; 〈*Pacific Affairs*〉 Vol. 82, No. 4, pp.657~675, 2009~2010, Jae Ho Chung, "How East Asia Responds to the Rise of China: Patterns and Variations" 참조.

51) Kang, 《*China Rising: Peace, Power, and Order in East Asia*》, pp.197~199,

52) Robert S. Ross, 《*Chinese Security Policy: Structure, Power and Politics*》, Routledge,

2009, pp.87~115

53) Robert G. Sutter, 《*China's Rise in Asia: Promises and Perils*》, Rowman & Littlefield, 2005, pp.167-277; Robert G. Sutter, 《*China's Rise: Implicatons for US Leadership in Asia*》, East-West Center, 2006, pp.24~29; Izumikawa, "The Rise of China, US-China Relations, and the Future of East Asia", pp.195~196에서 재인용.

54) 〈*Pacific Affairs*〉 Vol. 82, No. 4, pp.657~675, 2009~2010, Chung, "How East Asia Responds to the Rise of China"

55) 정재호 교수는 동아시아 국가들의 선택에 영향을 미치는 3개의 요인으로 미국과의 동맹 여부, 정권의 성격, 그리고 중국과의 영토 분쟁 여부를 들고 있다.

56) 〈동아시아브리프〉 제5권, 3호, p.11, 2010, 정재호, "세계 속의 동아시아, 중국의 '부상', 그리고 한국"

57) 〈동아시아브리프〉 제5권, 1호, pp.6~15, 2010, 신윤환, "중국의 부상과 동아시아공동체의 미래"

58) 〈동아시아브리프〉 제5권, 3호, p.12, 2010, 정재호, "세계 속의 동아시아, 중국의 부상, 그리고 한국"

:: Part 2

1) 중국의 동반자 외교의 유형화에 대한 더 자세한 분석은 졸고, 〈한국정치학회보〉 제43집, 2호, 2009, "중국 동반자외교 소고"

2) 이는 2011년 2월 8일자 〈인민일보(人民日報)〉의 해외판 사설인 "중국은 대외교로 간다"라는 기사에서 유추한 것이다.

3) 〈*China Daily*〉, 2010.12.13, Bingguo. Dai, "Stick to the Path of Peaceful Development"

4) 가교외교 개념은 신각수의 글에서 착안하였다. 이 글은 〈국제관계연구〉 제15권, 제1호(통권 제28호), 신각수, "가교외교구상: 한국다자외교(架橋外交構想: 韓國多者外交)의 새로운 패러다임을 찾아서"

5) 이러한 구상은 Ronald Burt, 《*Social Capital: Theory and Research*》, "Structural Holes versus Network Closure as Socail Capital", edited by Nan Lin, Karen S Cook, and R. S. Burt, Aldine De Gruyter, 2001에서 영감을 얻었다.

6) 지니계수는 0과 1 사이의 값을 가지는데, 값이 0에 가까울수록 소득분배의 불평등 정도가 낮

다는 것을 뜻한다. 보통 0.4가 넘으면 소득분배의 불평등 정도가 심한 것으로 본다.

7) 이 표는 그간 필자가 발표한 글들에서 수정을 거쳐 보완한 것이다. 그 출처는 〈주요국제문제분석〉, 2010. 09. 01, 김흥규(외교·안보연구원), "천안함 사태와 한·중 관계"

8) 이는 필자가 이명박 정부의 출범 초기 한국의 대외전략의 방향으로 제시한 개념이다. 김흥규 〈주요국제문제분석〉, "한·중 관계 평가와 신정부의 대중정책: 외교·안보 분야를 중심으로", 외교·안보연구원, 2008.02.27

9) 이에 대해 보다 더 자세한 내용은 〈외교〉, 제95호, 2010.10, 김흥규, "천안함 사태 이후 대중국 외교과제"

10) 이에 대해 더 자세히는 필자의 〈주요국제문제분석〉, "한·중 전력적 협력동반자 관계 형성과 한· 중관계", 외교·안보연구원, 2008.06.12 및 〈주요국제문제분석〉, "천안함 사태와 한·중 관계", 외교·안보연구원, 2010.09.01를 참조하시오.

:: Part 3

1) Fareed Zakaria, 《*The Post-American World*》, W.W. Norton and Company, 2008

2) 〈*Newsweek*〉, 2008.05.12, Fareed Zakaria, "The Rise of the Rest", (http://www.newsweek.com/id/135380/output/print, 검색일: 2009.01.25)

3) National Intelligence Council, 《*Global Trends 2025: A Transformed World*》, 2008.11, (http://www.dni.gov/nic/PDF_2025/2025_Global_Trends_Final_Report.pdf, 검색

4) 〈조선일보〉, 2009.04.02

5) 〈*Foreign Affairs*〉 Vol. 88, Iss. 5, 2009.09~10, Josef Joffe, "The Default Power: The False Prophesy of America's Decline"

6) 예를 들면 중국 국방대 류밍푸(劉明福) 교수가 출간한 책 《중국몽(中國夢)》이 중국에서 화제다. 이 책은 국내총생산(GDP)에서 일본을 제쳐 주요 2개국(G2) 반열에 오른 중국이 패권국가가 되는 방안을 다루고 있다.

7) 〈동아일보〉, 2010.06.02

8) Giovanni Arrighi, 《*Adam Smith in Beijing: Lineages of the Twenty-First Century*》, Verso, 200 7, pp.279~280

9) 〈*Financial Times*〉, 2003.09.22, Martin Wolf, "Asia is Awakening"

10) Giovanni Arrighi, 《*Adam Smith in Beijing: Lineages of the Twenty-First Century*》, pp.279~280

11) 〈*World Economic Outlook Database*〉, International Monetary Fund, 2007.04 참조.

12) David M. Lampton, 《*The Three Faces of Chinese Power: Might, Money, and Minds*》, University of California Press, 2008, pp.25~29

13) 앞의 책, p.115

14) 골드만 삭스, 〈세계경제논문〉, 제99호, 2003.10

15) 박종철, 이상현, 박영준, 백승주 외, 《2020 선진 한국의 국가전략 I: 안보전략》, 통일연구원, 2006, pp.56~58, 이상현, "2020 선진 한국의 세계 안보전략"

16) 이 표현은 당시 국무부 부장관이었던 로버트 죌릭이 사용한 것이다. Robert B. Zoellick, "Whither China: From Membership to Responsibility?" Deputy Secretary of State, Remarks to National Committee on U.S.-China Relations, New York City, 2005.09.21, (http://www.state.gov/s/d/former/zoellick/rem/53682.htm).

17) 〈*A Global Imperative: A Progressive Approach to U.S.-China Relations in the 21st Century*〉, 2008.08, Nina Hachigian, Michael Schiffer, and Winny Chen, Center for American Progress

18) Ellen L. Frost, James J. Przystup, and Phillip C. Saunders, 《*Strategic Forum*》 No. 231, "China's Rising Influence in Asia: Implications for U.S. Policy", Institute for National Security Studies, National Defense University, 2008.04

19) Thomas J. Christensen, 《*International Security*》 Vol. 31, No. 1, "Fostering Stability or Creating a Monster? The Rise of China and U.S. Policy toward East Asia", 2006 여름, pp.125~126

20) U.S. Department of Defense, "Annual Report to Congress - Military and Security Developments Involving the People's Republic of China, 2010", Office of the Secretary of Defense (http://www.defense.gov/pubs/pdfs/2010_CMPR_Final.pdf, 검색일: 2010.08.17).

21) 〈*Quadrennial Defense Review Report*〉, 2010.02, U.S. Department of Defense, (http://www.defense.gov/qdr/images/QDR_as_of_12Feb10_1000.pdf).

22) 〈*PacNet Newsletter*〉, #12, 2010.03.15, Michael McDevitt, "The 2010 QDR and Asia:

Messages for the Region"

23) Andrew S. Erickson, 《Jane's Intelligence Review》, "[China Watch] Ballistic trajectory: China develops new anti-ship missile", pp.2~4, 2010.02

24) U.S. Department of Defense, "Annual Report to Congress-Military and Security Developments Involving the People's Republic of China, 2010", pp.29~33

25) 〈PacNet〉, #37, 2010.08.23, Ralph A. Cossa, "China's Expanding 'Coastal Waters'", Pacific Forum CSIS

26) "Speech at the Meeting Marking the 30th Anniversary of Reform and Opening Up," Hu Jintao, General Secretary of the CPC Central Committee, 2008.12.18

27) 쩡삐쩬[鄭必堅]·이희옥 역, 《중국 평화부상의 새로운 길》, 한신대학교 출판부, 2007 참조.

28) 〈노컷뉴스〉, 2010.08.04, "심각해지는 중국 내 '혐한감정', 이대로 괜찮은가"

29) 〈China Brief〉, Vol. X, Issue 17, 2010.08.19, The Jamestown Foundation, "Haws vs. Doves: Beijing Debates 'Core Interests' and Sino-U.S. Relations", (http://www. jamestown.org/programs/chinabrief/).

30) 〈한국일보〉, 2010.08.04, "中장성, 대양해군으로 나갈 것"

31) 〈People's Daily Net〉, 2010.07.27

32) 〈Xinhua News Agency〉, 2010.07.25, 중국 국방대 Han Xudong 교수

33) 〈Global Times〉, 2010.08.05; Sina.com, 2010.08.06

34) Charles P. Kindleberger, 《The World in Depression, 1929-1939》, University of California Press, 1973, p.305

35) 대표적인 시각은 Robert O. Keohane, 《After Hegemony: Cooperation and Discord in the World Political Economy》, Princeton University Press, 2005, Princeton Classic Editions.

36) 《Ethics and International Affairs》, 17, 2, pp.89~98, 2003, David Singh Grewal, 〈Network Power and Globalization〉; 〈Metaphylosophy〉, 36, 1/2, pp.128~144, 2005, 〈Network Power and Global Standardization: The Controversy over the Multilateral Agreement on Investment〉; 《Network Power: The Social Dynamics of Globalization》, Yale University Press, 2008

37) 네트워크 권력의 속성을 잘 정리한 글로는 《세종정책연구》 제6권, 2호, 2010, 김치욱, 〈글로벌

스탠다드의 형성과 미국의 네트워크 권력: 국제투자협정을 중심으로〉 참조.

38) 〈*Network Power and Global Standardization: The Controversy over Multilateral Agreement on Investment*〉, pp.136~137, David Singh Grewal

39) 〈*Foreign Affairs*〉, 2009.01~02, Anne-Marie Slaughter, "America's Edge: Power in the Networked Century"

40) 박인휘 편, 《세계화시대 한국의 국가안보》, 새사회전략정책연구원, 2010, pp.70~71: 박인휘, "한국 국가안보의 주요 내용과 특징: 함의와 관계의 복합성"

41) 청와대 홈페이지의 100대 국정과제 참조(http://www.president.go.kr/kr/policy/tasks/100.php).

42) 〈*Going Global: The Future of the U.S.-South Korea Alliance*〉, Center for New American Security, 2009.02, Kurt Campbell, Victor D. Cha, Lindsey Ford, Nirav Patel, Randy Shriver, and Vikram J. Singh.

43) 〈조선일보〉, 2010.08.28, "정부 '선 천안함 후 6자회담'서 입장 변화… 6자회담 재개 추진하며 천안함 논의"

44) 〈연합뉴스〉, 2010.08.27, "김정일-카터 회동 끝내 무산"

45) 〈*WebMemo*〉, No. 2990, 2010.08.25, Bruce Klingner, "Another Presidential Rescue Mission in North Korea," Heritage Foundation, (http://www.heritage.org/wm2990).

46) 〈한반도 복합 그물망 통일과 동아시아〉, 하영선, 미래전략연구원(http://www.kifs.org) 미래전략포럼 발표문(2010년 6월 21일)

47) 〈조선일보〉, 2010.05.27, "미·중 전략대화 테이블에 올라온 '천안함'… 팽팽한 탐색전"

:: Part 4

1) 북방정책은 이미 전두환 정권기부터 구상되었다. '북방정책'이라는 용어는 1983년 6월 당시 이범석 외무부 장관이 처음으로 공식석상에서 사용했다. 이범석 장관 본인의 설명에 의하면 이 용어는 "종래의 '대공산권정책'이라는 표현이 국제정세 변화에서 부적절한 측면도 있고, 불필요한 자극적인 요소가 있어서, 그것을 회피하기 위해 사용한 것"이었다고 한다. 외무부 싱크탱크의 보고서에 의하면 그 주 내용은 '중소와의 실질적 관계 혹은 외교관계를 수립한다'는 것이었다. 1986년에는 국가안전기획부 중에 '북방실'이 설치되어, 정권으로서도 노력했지만 전

두환 정권기에는 중국과의 비정치적 관계에 있어서 약간의 진전을 보일 뿐이었다. 미·소 신냉전기가 다시 그림자를 드리움과 동시에 군부주도의 독재정권이라는 국내정치 현실이 탈냉전 외교의 커다란 장애요인이 된 것이다. 정보기관이 외교정책 중심이 된 것 자체가 북방정책의 현실과 한계를 노정했다.

2) 한승주 외교부 장관이 주도한 '신외교' 방침은 ① 세계화, ② 미래지향, ③ 지역협력, ④ 다원화, ⑤ 다변화 등 5개의 개념을 기둥으로 하는 것이었다. '신외교'의 중요한 부분으로서 지역외교의 구상이 적극적으로 내세워졌다.

3) ASEAN 웨이의 원형은 1974년에 인도네시아 룸폴트 장군이 사용한 것에서 기인한다. 그 후 '느슨한 지역주의'라 불리기도 하는데, 1990년대에 들어 정식으로 정착하게 되었다. 룸폴트는 ASEAN 웨이의 특징을 ① '애매함=법적구속'보다 정치적 합의를 우선시, ② '침묵=공식적인 자리'에서는 체면을 중시하며 억제적인 내정불간섭주의, ③ '점진주의=합의'를 서두르지 않고 약자의 보조에 맞추는 자세, ④ '순응=대립'을 공적으로 논하지 않고 보류하는 방식을 허용, ⑤ '선린=지역'의 독자성을 확신하여 역외간섭을 배제, 이 5가지로 복합적으로 특징 지었다.

4) 동아시아 지역공동체구상은 그 후 1998년 ASEAN+3정상회의에서 김대중 한국대통령이 '동아시아비전그룹(EAVG)'설치를 제안해 검토에 나섰다. 또한 1999년 의 ASEAN+3마닐라 회의에서는 '동아시아 협력에 관한 공동성명'이 나와, 필리핀의 에스트라다 대통령은 일찍이 '동아시아공동체(EAC)의 적극적 추진'을 주장하였다. 또한 2000년 11월 ASEAN+3정상회의에서 김대중은 나아가 동아시아스터디그룹(EASG) 설치를 제안했다.

5) 동아시아 경제협력은 각 국가의 외교정책 일환으로 각국 정상의 연이은 발언이 그 토대가 되었다고 할 수 있다. 예를 들어 이전 마하티르, 주룽지, 고척동, 탁신, 아로요, 김대중, 메가와티, 고이즈미, 하토야마 등 각국 정상은 모두 동아시아 자유무역권, 자유경제권, 공동시장, FTA 제창을 실시했다. 또한 ASEAN 및 일본, 중국, 한국 등이 최근 10년 동안 여러 가지 틀을 만들어왔다.

6) 격차문제는 가난한 국가의 사람들이 가까운 부유한 나라로의 이동을 수반하는 문제를 가져왔다. 또한 환경오염, HIV, SARS, 조류인플루엔자와 같은 전염병 등도 일국차원에서 해결을 할 수 없고, 각국이 함께 대처하지 않으면 안 되게 되었다.

7) 2008년의 금융위기는 경제활동의 안정을 위해서도 지역의 안보가 불가피하게 중요하게 됨에 따라 경제와 안보의 상호관계가 밀접하게 인식되기 시작하였다.

8) 동아시아에는 APEC과 북한문제를 둘러싼 6자회담 등 대다수에 미국이 참가하고 있다.

9) ASEAN은 1967년 결정 이후 역내의 유일한 다자적 협력체로서 모델역할을 하였을 뿐만 아니

라 EAEG처럼 동아시아협력에 대한 지적재산권, ASEAN 웨이와 불개입원칙 같은 규범에서 역할을 하였다. 또한 양자 혹은 다자간의 FTA의 촉진자, ARF, APT, EAS와 같은 공식적인 기구들의 설립과 운영에 많은 역할을 하였다.

10) ARF를 예를 들더라도 이를 개혁하자는 문제의식은 갖고 있더라도 이를 실행하기 힘든 것이 현실이다.

11) 1980년대 말 이후 APEC, ARF(ASEAN지역 포럼), ASEAN+3, 6자회담, EAS, 한·미일정상회의, 미·중경제전략대화 등 다양한 제도가 구축되었다.

12) 적어도 ASEAN의 정책선호와 형성 방식을 존중한 것이었다.

13) 강대국이 국제적인 공공재(예를 들어 군사력 전개를 통한 지역 안정 등)를 제창하고 있는 경우도 있을 수 있다.

14) 어느 정도 리스크 회피와 균형정책이 필요한 것인지는 그 국가의 가치와 아이덴티티 등이 고려할 수 있는 기준이다. 민주주의와 시장경제, 인권과 같은 규범을 공유할 경우 강대국으로부터의 노골적인 권력행사에 직면할 가능성은 낮아 리스크 회피, 균형정책을 강구할 필요성은 감소할 것이다. 이에 비해 가치가 다른 국가는 이질적이기에 강대국의 장래에 대해 강하게 우려를 나타낼 수밖에 없다. 즉 동아시아국가들은 신중한 리스크 회피와 균형정책을 강구할 필요성이 있는 것이다.

15) 대만문제에 대한 미국의 태도는 일본에게도 영향을 미친다. 만약 미국이 대만을 중국에 양보하면 일본은 미·일동맹을 재고할 필요성이 생기며 동아시아 질서의 큰 전환점을 맞이할 수 있다.

16) 진창수, 《세종정책연구》, "일본의 동아시아 전략: 전개 쟁점, 그리고 한국의 대응", 세종연구소, 2011

:: Part 5

1) 클라이드 프레스토위츠 저, 이문회 역, 《부와 권력의 대이동》, 지식의 숲, 2006; 앨빈 토플러, 김중웅 옮김, 《부의 미래》, 청림출판, 2006 참조.

2) 통일연구원, 《통일환경평가 제4차 워크숍 자료집 Ⅱ》, 2010.09.08; 〈서울대학교 통일평화연구소 학술심포지움 자료집〉, 2010.09.07, 정은미, "'이중적' 통일인식과 대북인식의 '북한효과'" 참조.

3) 박성조, 〈법무부·IPUS·HSS 공동주최 국제학술회의 자료집〉, "동·서독 간 통합의 정치경제적

측면", 2010.10.04

4) 북한은 사회주의경제건설이론의 주요한 특징으로 '경제에 대한 정치 우위의 원칙'을 들고 있다. 즉 '혁명과 건설이 정치에 의하여 앞길이 밝혀지지 못하고 대중에 대한 정치적 영도가 정확히 보장되지 못하면, 경제우위, 경제실무주의에 빠져 실패를 할 수밖에 없다'고 바라본다. 최중극, 〈경제연구〉 2호, "경애하는 수령 김일성 동지의 사회주의경제건설에 관한 사상리론은 주체의 혁명위업승리를 담보하는 위대한 학설", 1995, p.8

5) 〈로동신문〉, 2000.10.05, 황창만, "우리 당은 준엄한 시련 속에서 단련된 불패의 당이다"

6) 고난의 행군에 대한 자세한 내용은 김갑식, 〈현대북한연구〉 8권, 1호, "1990년대 '고난의 행군'과 선군정치: 북한의 인식과 대응", 2005, pp.12~16 참조.

7) 김재호, 《김정일 강성대국 건설전략》, 평양출판사, 2000, p.7

8) 〈로동신문〉, 1998.08.22

9) 김재호, 《김정일 강성대국 건설전략》, 평양출판사, 2000, pp.12~13

10) 총련학자와의 면담, 일본, 2009년 11월.

11) 〈북한경제리뷰〉, 2009.11, p.16, 이석, "2000년대 북한경제와 강성대국의 경제적 의미"

12) 북한은 김정은 후계체제를 공고화하려면 2012년 강성대국의 진입을 선포할 수밖에 없다. 그러나 2012년 '경제 강국 진입'이 무망하다는 것은 북한도 잘 알고 있다. 따라서 북한은 2011년 신년공동사설에서 인민생활 향상을 체감할 수 있는 두 가지 지표인 '농업과 경공업'에서 농업의 위상을 축소시키고, 경공업의 위상을 강화하면서 이를 지식경제 시대의 CNC기술 획득과 연관시켰다. 경제 강국의 징표를 '생활수준(GDP/식량) 향상'에서 '자립적 민족경제 건설과 (국방공업의) 과학기술수준 발전'으로 전환하려는 의도가 엿보이는 것이다. 2010년 8월 25일 선군혁명영도 50주년 보고대회에서의 김영남 보고와 9월 김정일 총비서 추대에 대한 로동신문 보도문에서 강성대국을 정치사상강국, 군사강국, '과학기술강국' 등으로 나열한 것도 눈여겨 봐야 한다. 〈이슈와 논점〉, 174호, 2011.01.04, 김갑식, "북한의 2011년 신년공동사설 분석과 전망"

13) 로승일, 〈김일성종합대학학보-철학·경제〉 55권, 3호, "우리 공화국의 자주적인 친선의 대외정책", 2009

14) 〈로동신문〉, 2001.01.02, 2002.01.16, 2002.11.12

15) 〈로동신문〉, 2001.01.09

16) 현대북한연구회 엮음, 《김정일의 북한, 어디로 가는가?》, 한울, 2009, p.119; 우승지, "김정일

시대 북한의 국제관계론 이해"

17) 김철우, 《김정일장군의 선군정치》, 평양출판사, 2000, pp.125~126

18) 이수훈, 《세계체제, 동북아, 한반도》, 아르케, 2004, pp.174~175

19) 김봉호, 《선군으로 위력 떨치는 강국》, 평양출판사, 2005, p.149

20) Zbigniew Brzezinski, 명순희 옮김, 《대실패(*The Grand Failure*)》, 을유문화사, 1989; 민족 통일연구원, 《북한 사회주의 체제의 위기수준 평가 및 내구력 전망》, 민족통일연구원, 1996; 통일연구원, 《북한 체제의 내구력 평가》, 통일연구원, 2006; 〈*Atlantic Monthly*〉, 2006.10, Robert D. Kaplan, "When North Korea Falls"; 최진욱 외, 《북한체제의 안정성 평가: 시 나리오 워크숍》, 통일연구원, 2008; 전현준 외, 《북한의 국력 평가 연구》, 통일연구원, 2009; Foreign Policy & Fund For Peace, "the Failed States Index", 2010

21) 체제안정화 요인과 체제불안정화 요인에 대해 상대적 평가를 하였다. +3이면 체제안정화 요 인의 가장 높은 점수이며, -3이면 체제불안정화 요인의 가장 높은 점수다. 서재진 외, 〈북한체 제 안정성 분석〉(미발표논문), 2008

22) 최근 북한은 7·1조치와 화폐개혁에 따른 숙청을 단행했지만, 엘리트와 주민들 사이에서 그 논 란이 완전 종식되지 않은 것으로 보인다.

23) http://www.foreignpolicy.com/articles/2010/06/21/2010_failed_states_index_ interactive_map_and_rankings

24) 경남대 극동문제연구소 주최 〈제1회 북한의 체제전환과 국제협력 학술회의 자료집〉, p.14~16, 2006.09.15; 김갑식, 〈사회주의 체제전환에 대한 비교연구〉; 〈*Theory and Society*〉, 23/2, 1994, pp.221~222, Ivan Szelenyi and Balazs Szelenyi, "Why socialism failed"

25) 이우영, 〈현대북한연구〉 4권, 1호, "북한에서의 국가와 사회: 시민 사회론은 적용 가능한가?", 2001, p.237

26) 김갑식, 〈이슈와 논점〉, 126호, 2010.10.04, "북한 '조선로동당대표자회' 개최 결과와 향후 전 망"; 〈JPI정책포럼 자료집〉, , "북한 당대표자회와 김정은 후계체제 전망", 2010.11.04 참조.

27) http://news.chosun.com/site/data/html_dir/2010/09/27/2010092700039.html

28) 2010년 개정된 당의 규약에서는 총비서를 '선거'하는 것에서 '추대'하는 것으로 변경했다. 북 한은 수령이 갖고 있는 세 가지 직위(총비서, 최고사령관, 국방위원장)를 선거 또는 임명되는 자리가 아니라 전 인민의 염원을 모아 추대되는 자리로 보기 때문이다. 김정일은 1991년 최고 사령관직에, 1998·2003·2009년 국방위원장직에, 1997·2010년 당총비서에 각각 '추대'되었

다. 〈이슈와 논점〉, 179호, 2011.01.12, 김갑식, "북한 노동당규약의 개정 배경과 특징"

29) 〈*Online Series*〉, 2010.10.12, 박형중, "당대표자회와 과도적 권력체계의 출범", http://www.kinu.or.kr/issue/index.jsp?page=1&num=686&mode=view&field=&text=&order=&dir=&bid=DATA01&ses=&category=1(검색일: 2010.10.18).

30) 유세희, 이정식 편, 《전환기의 북한》, 대한교과서주식회사, 1991, p.3, 고병철, "북한의 정치변화"

31) 〈*Foreign Affairs*〉, 2010.10.25, Jennifer Lind, "The Once and Future Kim: Succession and Stasis in North Korea"

32) 통일교육원, 《통일교육지침서》, 통일교육원, 2008, pp.16~17

33) 〈산경논총〉 25권, 2호, 2006, 김창권, "한반도 통일비용에 관한 비판적 소고"

34) 미래기획위원회, 《21세기 한반도 정세 변화와 통일의 비전》, 통일연구원 공동주최 학술회의 자료집, 2009.05.18, pp.19~20, 윤덕민, "새로운 한반도 통일비전을 찾아서"

35) 통일교육원, 《통일교육지침서》, 통일교육원, 2008, pp.19~20

36) 김정일, 《김정일선집 14》, "위대한 수령 김일성동지의 조국통일유훈을 철저히 관철하자", 조선로동당출판사, 2000, pp.341~342, (1997.08.04); 장석, 《김정일장군 조국통일론 연구》, 평양출판사, 2002, p.82

37) 김갑식 외, 《통일 · 남북관계 사전》, 통일교육원, 2004, pp.10~13

38) 〈로동신문〉, 2008.10.31, 2008.11.23, 2008.12.05, 2008.12.20, 2010.03.13

39) 〈로동신문〉, 2010.08.18, 2010.08.19

40) 통일교육원, 《통일교육지침서》, 통일교육원, 2008, p.13

41) 김재철 외, 《주변4국의 중장기 동북아 안보전략 분석》, 동북아시대위원회, 2005, pp.96~97

42) 노영구, 《북한의 평화적 변화유도전략과 한·중 군사협력방안》, 국방대학교 안보문제연구소, 2007, p.206; 이숭희, "한반도 통일을 위한 대 주변국 국제협력방안"

43) 신상진 외, 《한반도 냉전체제 해체: 주변국 협력유도방안》, 통일연구원, 1999, pp.56~57; 노영구, 《북한의 평화적 변화유도전략과 한·중 군사협력방안》, 국방대학교 안보문제연구소, 2007, p.212; 이숭희, "한반도 통일을 위한 대 주변국 국제협력방안"; 〈주변4국의 중장기 동북아 안보전략 분석〉, 김재철 외, p.104

44) 〈주변4국의 중장기 동북아 안보전략 분석〉, 김재철 외, p.105; 〈한반도 냉전체제 해체: 주변국 협력유도방안〉, 신상진 외, pp.80~81

45) 우평균, 《푸틴 시대 러시아정치·외교와 극동개발》, 한국학술정보, 2008, p.227; 노영구, 《북

한의 평화적 변화유도전략과 한·중 군사협력방안》, 국방대학교 안보문제연구소, 2007, 노영
　　구, 《북한의 평화적 변화유도전략과 한·중 군사협력방안》, 국방대학교 안보문제연구소, 2007,
　　p.216, 이승희, "한반도 통일을 위한 대 주변국 국제협력방안"

46) 안병욱, 《한반도 통일국가의 체제구상》, "총론: 한반도 통일국가의 목표와 체제", 한겨레신문
　　사, 1995, p.17

47) 임동원, 《피스메이커》, 중앙북스, 2008, pp.103~104; 김대중, 《김대중 자서전 2》, 삼인, 2010,
　　p.284

48) 이하는 김갑식, 〈현대북한연구〉 12권, 1호, "남북관계와 북한 변화: 남북관계 발전 과제를 중
　　심으로", 2009 참조.

49) 이하는 〈한반도 통일론의 재구상〉, 고려대 민족문화연구원 · 경남대 극동문제연구소 공동주
　　최 학술회의 자료집, pp.248~251, 2010.09.09~10, 박건영, "미중관계의 미래와 한반도의 통
　　일" 참조.

50) 이하는 김갑식, 〈통일문제연구〉, 52호, "동북아 지역안보 패러다임과 북핵문제", 2009,
　　pp.32~34 참조.

51) 〈*Survival*〉 Vol. 41, No. 4, pp.62~80, 1999~2000, W. Michael Reisman, "The United
　　States and International Institution"

52) 김병기, 김태형, 〈전략연구〉, 36호, "미국의 동북아 다자안보체제 구축 의도와 우리의 대응",
　　2006, pp.72~73; 이신화, 〈전략연구〉, 36호, "동북아안보공동체 구축에 관한 소고", 2006, p.28

53) 〈*Foreign Affairs*〉 Vol. 74, No. 4, p.95, 1995, Joseph Nye, "East Asian Security: The
　　Case for Deep Engagement"

54) 정율길, 《바람직한 통일국가의 모형》, "통일국가의 정치제도", 국가정보연수원, 1997, pp.5~6

55) 황병덕, 《통일한국의 정치이념》, 민족통일연구원, 1994, p.3

56) 이수정, 〈한반도 통일론의 재구상〉, "다문화주의와 통일담론", pp.25~31; 추병완, 《평화지향
　　적 통일교육의 이론과 실제》, 통일교육원, 2007, pp.44~45

57) 추병완, 《평화지향적 통일교육의 이론과 실제》, 통일교육원, 2007, pp.46~47

58) 조한범, 〈개혁시대〉 10권, 2호, "이명박 정부 대북정책과 '통일국민협약' 제안", 2008, pp.34~35

59) 이외에도 GDP 1% 수준에서 남북협력 · 통일기금을 조성할 필요가 있다. 국내외 전문가들에
　　따르면, 한반도 통일비용은 적게는 50조 원에서 많게는 2,000조 원이 예상된다. 최근 남한의
　　GDP가 1,000조 원 정도이므로 그의 1%인 10조 원 정도를 매년 기금으로 조성하는 방안도 검

토해야 할 것이다. 통일비용에 대한 자세한 설명은 이승현, 김갑식, 《한반도 통일비용의 쟁점과 과제》, 국회입법조사처, 2010 참조.

:: Part 6

1) G. Evans and J. Newnham, 《*The Penguin Dictionary of International Relations*》, Penguin Books, 1998, p.15

2) 예를 들어 다음과 같은 진술을 볼 수 있다. "근대 국제정치에서 국가들이 동맹을 맺는 가장 중요한 이유는 세력균형이다. 국가의 안전을 보장해줄 수 있는 국가 이상의 국제 제도가 부재한 상태에서 국가들은 자력구제의 원칙에 의해 안보를 추구해야 하고, 그 과정에서 타국과의 군사동맹을 통해, 공격국가, 혹은 패권국가로부터의 안전을 도모하는 것이다." 하영선 편, 《21세기 신동맹》, 전재성, "동맹의 역사", EAI, 2010, p.35

3) K. Waltz, 박건영 옮김, 《국제정치이론》, 사회평론, 2000, pp.196~197

4) 월츠가 균형을 이루려는 행위를 정상으로 취급하는 이유는 다음과 같다. "만일 국가들이 힘의 극대화를 원한다면 그들은 강한 쪽의 동맹에 가입할 것이고, 결과적으로 국제정치의 장에서는 세력균형보다는 세계적 패권체제가 형성될 것이다. 실제로 이러한 세계적 패권체제는 일어나지 않았으며, 그 이유는 국제체계가 '강자에의 편승'보다는 균형을 형성시키는 행위를 유도하기 때문이다. 국가들의 제일차적 목표는 힘의 극대화가 아니라 그들의 체제 내 위치를 유지하는 것이다."

5) S. Walt, 《*The Origin of Alliances*》, Cornell University Press, 1987

6) R. Powell, 《*In the Shadow of Power: States and Strategies in International Politics*》, Princeton University Press, 1999

7) 〈*International Security*〉, 1994 여름, R. Schweller, "Bandwagoning for Profit: Bringing the Revisionist State Back In"

8) J. Mearsheimer, 《*The Tragedy of Great Power Politics*》, W.W. Norton & Company, 2001

9) 그러나 약소국에게 선택의 여지가 없는 것은 아니다. 냉전의 역사를 새로이 쓰고 있는 개디스(J. Gaddis)가 지적하는 것처럼, "'미국과 소련'의 피지배자들이 협력할 것인가 아니면 저항할 것인가? 제국을 운영하는 어려움은 이에 따라 다양할 것임에 틀림없다. 그러나 이 선택을 하

는 사람들은 정복자들이 아니라 피정복자들이다. … 유럽인들과 일본인들은 결정적인 행위자들이 된다. 왜냐하면 소련과 미국의 지배를 그들이 막는 것은 거의 불가능했겠지만, 그들이 그러한 과정을 환영하거나 두려워하는 데서는 자유로웠기 때문이다". J. Gaddis, 박건영 옮김, 《새로 쓰는 냉전의 역사》, 사회평론, 2002, p.479

10) Waltz, 《국제정치이론》, p.265

11) "한·미 동맹의 사례에 있어 안보와 자율성 사이의 상호교환은 전쟁수행을 통한 작전권의 이양이라는 독특한 형태로 이루어졌다. 따라서 한·미 안보 관계의 특수성에 대한 이해를 위해서는 단순한 권력분포나 안보적 환경뿐만이 아니라 그것이 갖는 비공식성과 위계성에 대한 검토가 병행되어야 하는 것이다. 한반도의 분단과 단독정부의 수립, 그리고 한국전쟁의 경로를 통해서 이루어진 한·미 동맹은 양국 간에 한국의 안보에 대한 분업구조를 만들어 냈으며 그 결과 한·미 안보관계는 현실주의의 기본 가정인 무정부성이 아닌 위계적인 성격을 가진 '비공시적 제국' 하의 구멍 난 주권의 특성을 갖게 되었다." 신욱희, 《순응과 저항을 넘어서: 이승만과 박정희의 대미정책》, 서울대학교출판문화원, 2010, p.8; 비공식적 제국의 성립에 의해 국제관계의 실질적 불평등이 작동하는 과정에 대해서는, 〈International Organization〉, 49: 4, 1995, A. Wendt and D. Friedheim, "Hierarchy under Anarchy: Informal Empire and the East German State" 참조.

12) 안보와 자주의 교환이 고정된 전제는 아니다. 두 가지 문제가 지적될 수 있다. "하나는 지식의 저변에 깔려 있는 인식의 문제, 즉 약소국 주권제한을 당연한 것으로 받아들이는 인식적 전제에 관한 것이다. 다른 하나는 비대칭성 내에 역동적으로 존재하는 국력의 변화 및 주권 제한의 내용과 범위의 '구성'에 관한 논의다", 이수훈 편, 《조정기의 한·미 동맹: 2003-2008》, 김기정, "전환기의 한·미 동맹: 이론과 현상", 경남대 극동문제연구소, 2009, pp.362~363

13) 신욱희, 《순응과 저항》, pp.17~29

14) 우암평화연구원 편, 《정치적 현실주의의 역사와 이론》, 이민룡, "한·미 동맹의 이론과 현실", 화평사, 200315) 평온한 날이 없었던 한·미 관계에 대한 통사로는, 박태균, 《우방과 제국, 한·미 관계의 두 신화: 8·15에서 5·18까지》, 창비, 2006 참조.

16) 신욱희, 《순응과 저항》, pp.71~104

17) 이만열, 《한국기독교와 민족통일운동》, 한국기독교역사연구소, 2001, pp.397~414

18) 서재정, 이종삼 옮김, 《한·미 동맹은 영구화하는가: 군사동맹과 군사력, 이해관계, 그리고 정체성》, 한울, 2009

19) 〈역사비평〉, 86, 2009, 박명림, "순응과 도전, 적응과 저항: '미국의 범위'와 한·미 관계 총설"; 신욱희, 《순응과 저항》; 〈국제정치논총〉, 36: 1, 1996, 장노순, "교환동맹모델의 교환성: 비대칭 한·미 안보동맹"; 〈한국과 국제정치〉, 24: 1, 2008, 김기정, "전환기의 한·미 동맹: 이론과 현상"

20) 서재정, 《한·미 동맹》, 3, 4, 5장

21) 한·미연례안보협의회 성명은 http://www.mnd.mil.kr 참조.

22) 임동원은 그의 책 《피스메이커》에서 팀스피리트훈련 재개가 담긴 공동선언 초안을 제시한 것은 한국이었다고 밝히고 있다. 미국은 팀스피리트훈련이 재개되지 않으면 한국이 변상을 해야 한다는 요구를 하기도 했다고 한다. 역사적 사실의 촘촘한 재구성이 필요한 부분이다. 임동원, 《피스메이커: 남북관계와 북핵문제 20년》, 중앙books, 2008, pp.297~303

23) 탈냉전과 민주화로 자율성이 증대된 한국이, 국내 정치에서 '친미반북' 대 '반미친북'의 이분법적 균열구조를 생산하게 되면서, 그 자율성이 제한될 수밖에 없었다.

24) 김영삼-클린턴 정부 시기 이 전환과정에 대해서는, 역시비평 편집위원회 엮음, 《갈등하는 동맹: 한·미 관계 60년》, 구갑우, 안정식, "북한 위협의 상수화와 신자유주의의 본격화", 역사비평사, 2010 참조.

25) 1993~1994년 한국의 국방연구원(KIDA)과 미국의 랜드(RAND)연구소는 '21세기를 지향한 한·미 안보협력 방향 공동연구'를 진행했다. 한·미 동맹의 지역안보동맹으로의 전환을 권고하고 있는 이 보고서에서는 미래 한·미 동맹의 대안으로, ① 굳건한 한반도 방위동맹(robust peninsular alliance), ② 조정된 한반도 방위동맹(reconfigured peninsular alliance), ③ 지역안보동맹(regional security alliance), ④ 정치적 동맹(political alliance) 등을 제시했다.

26) 1996년 2월 북한은 새로운 평화보장체계의 수립을 위한 협상을 다시금 미국에 제안하면서, 평화협정 이전 단계로 정전협정을 대신할 잠정협정을 체결하자는 제안을 했다(〈로동신문〉, 1996년 2월 23일). 북한의 제안에 맞서 한·미는 남·북·미·중이 참여하는 4자회담을 제안했다. 1980년대 초 북한이 미국과는 평화를 남한과는 통일을 논의하기 위해 남·북·미 3자회담을 제안했을 때도, 한국과 미국은 남·북·미·중의 4자회담을 제안했었다(《Korea Journal》, 2009 여름, Koo Kab Woo, "Gone but Not Dead, Sprouting Not Yet Blossoming: Transitions in the System of Division, 1980~1997"). 4자회담은 수 차례의 예비회담을 거쳐 1997년 말에 본 회담이 개최되기도 했다. 4자회담에서는, '평화협정 분과위'와 '긴장완화 분과위'가 설치되었다. 4자회담에서 북한은 한반도 평화협정과 한·미 동맹의 유연화 및 해체를 연계했다.

27) 반면, 미·일 동맹은 1990년대 중반에 재조정 작업을 가속했다. 1996년 4월 미국과 일본은 '미·

일 신안보공동선언'을, 1997년에는 '신가이드라인'을 발표했다.

28) 〈*Foreign Affairs*〉, 1995.01~02, R. Haass, "Paradigm Lost"

29) 〈한국과 국제정치〉, 16: 2, 2000, 이혜정, "단극시대 미국패권전략의 이해"

30) 〈조선일보〉, 김영삼 대통령은 그의 회고록에서 평시작전통제권 환수로, "우리 군이 자주적 국방의 기틀을 마련하게 되었다"고 말하고 있다. 김영삼, 《민주주의를 위한 나의 투쟁: 김영삼 대통령 회고록 (상)》, 2001, p.370

31) 탈냉전·민주화 시대 한·미 동맹의 재편과 관련하여 김영삼 정부 시기 한·미연례안보협의회 성명에서 확인할 수 있는 것처럼, 방위비 분담이 쟁점 가운데 하나로 부상했다는 점도 기억할 필요가 있다. 이는 한·미 동맹에 대한 한·미의 '경제적 계산'이 시작되었음을 의미하는 것이기도 했다.

32) 북한과 미국의 말을 통한 공방은 2002년 초반부터 시작되었다. 2002년 1월 미국의 부시 대통령은 연두교서에서 이라크·이란·북한을 악의 축으로 규정했다. 이에 대해 북한은 1월 31일 외무성 대변인 성명을 통해 "이것은 사실상 우리에 대한 선전포고나 다름이 없다"고 응답했다. 3월 미국의 〈핵태세보고서(*Nuclear Posture Review*)〉에 북한이 핵선제공격의 대상 가운데 하나라는 보도가 나가자 북한은 그에 대응한 실질적 조치를 취할 수밖에 없다는 외무성 대변인 담화를 발표했다. 북·미공방은 2002년 10월 미국의 제임스 켈리 특사가 북한을 방문하여 외무성의 강성주, 김계관 부상을 만나 고농축우라늄(HEU)에 의한 북한의 핵무기개발 의혹을 제기하면서 정점에 올랐다. 2002년 10월의 사건을 계기로 이른바 제2차 북핵위기가 시작되었다.

33) 이수훈, 《조정기의 한·미 동맹》, 이근, "해외주둔미군재배치계획과 한·미 동맹의 미래"

34) 조성렬, 《한반도 평화체제》, p.305

35) 제35차 SCM 공동성명.

36) 이수훈, 《조정기의 한·미 동맹》, "조정기의 한·미 동맹: 2003~2008", p.8

37) 최종철, 〈주한·미군의 전략적 유연성과 한국의 전략적 대응 구상〉; 이수훈, 《조정기의 한·미 동맹》, 이수형, "노무현 정부의 동맹재조정정책: 배경, 과정, 결과"

38) 노무현 정부는 균형자론이 제기된 초기 "우리 군대는 스스로 작전권을 가진 자주군대로서 동북아시아의 균형자로서 동북아 지역의 평화를 굳건히 지켜낼 것이"라는 표현에서 볼 수 있듯이 군사력에 기초한 균형을 이야기했다. 그러나 시간이 흐르면서 균형자론은 외교정책의 전략적 기조로 설정되었다. 예를 들어 "우리 외교는 동북아 질서를 평화와 번영의 질서로 만들기 위해 역내 갈등과 충돌이 재연되지 않도록 균형자 역할을 수행할 것"이라는 표현이 바로 그것이다. 또한 "한·중·일은 숙명적 동반자로서 이 3자 간에 발생한 양자적 갈등 및 위험성을 우리

가 조절하고 균형을 잡는 게 동북아 균형자론의 핵심"이라는 표현에서 볼 수 있듯이, 참여정부의 동북아 균형자론은 동북아 지역에서 갈등과 분쟁을 예방하기 위해 적극적 역할을 표명하는 수준으로 진전되었다. 이후 '평화의 균형'이 이야기되면서, 한반도 및 동북아 평화를 위한 외교의 '전략적 비전'으로까지 격상되었고, 초기에 나타난 군사력에 기초한 균형에서 군사력은 물론 연성권력(soft power)까지 포함된 국력에 기초한 균형으로 그 의미가 확대되었다. 노무현 대통령의 발언은 노무현 정부 임기 말의 시점에 출간된 《참여정부 5년의 기록》 e-book을 참조.

39) 김기정, 〈전환기의 한·미 동맹〉, pp.375~376, 381~383

40) 〈역사비평〉, 81, 2007 겨울, 구갑우, "탈냉전·민주화시대의 대북정책과 남북관계: 평화연구의 시각"

41) 한·미 동맹 재조정의 제2계기에서 가장 큰 쟁점이 되었던 북핵문제와 전시작전통제권 환수는 다음 장에서 살펴볼 것이다.

42) 이수훈, 《조정기의 한·미 동맹》, 이상현, "한반도 평화체제와 한·미 동맹"

43) 이수훈, 《조정기의 한·미 동맹》, 이수형, "노무현 정부의 동맹재조정정책: 배경, 과정, 결과"

44) 한·미 동맹의 경제적 측면에 대해서는, 오승구 외, 《한·미 동맹의 미래와 한국의 선택》, 삼성경제연구소, 2005

45) 이 측면에서 미국의 힐러리 클린턴 국무장관은 2010년 10월의 연설은 주목의 대상이다. '아시아·태평양 지역에서의 미국의 적극적 관여(engagement)'이라는 제목을 달고 있는 이 연설은 다음과 같이 요약할 수 있다. 클린턴 국무장관은 미국의 아시아·태평양 정책의 주요 도구인 '동맹', '파트너십', '다자기구'와 관련하여, 일본, 한국, 호주, 태국·필리핀 순으로 동맹 관계를, 인도네시아, 베트남, 싱가포르, 말레이시아·뉴질랜드, 그리고 인도, 중국과의 파트너십 관계를, 그리고 ASEAN, APEC, 메콩강 하류구상, 태평양제도포럼(Pacific Island Forum) 순으로 다자기구를 언급했다. 클린턴 장관은 일본과의 동맹을 미국의 이 지역에 대한 관여의 초석으로, 한·미 동맹을 '이 지역과 세계의 안정과 안보의 핵심'으로, 베트남이 포함된 ASEAN을 '역내 지역구도 형성의 핵심 중추'로 묘사했다. 미·중 관계와 관련하여, 서로 적으로만 바라본다면 그 누구의 이해관계에도 부합하지 않는다고 말하고 있지만, 미국은 아시아·태평양 국가들과 협력하여 중국을 포위하려는 듯한 형국이다. 미국과 중국은 인도를 자기편으로 끌어들이기 위해 경쟁을 벌이고 있기도 하다. 이 연설은 중국의 입장에서 봉쇄로 읽힐 수도 있다.

46) 〈정세와 정책〉, 2010년 7월호, 이상현, "오바마 행정부의 국가안보전략"

47) 하영선 편저, 《한·미 동맹의 비전과 과제》, EAI, 2006, p.43

48) 조성렬, 《한반도 평화체제》, 푸른나무, 2007

49) 동맹해체의 길에 대해서는, 정욱식, 《21세기 한·미 동맹은 어디로》, 한울, 2008

50) 하영선, 《한·미 동맹》, p.25

51) 정치동맹에 대해서는, 이수훈, 《조정기의 한·미 동맹》, 이삼성, "한·미 동맹의 유연화를 위한 제언"

:: Part 7

1) Richard Haass 같은 학자는 '무극(non-polarity)의 시대'로 특징 지었다. 앞의 강윤희의 글 참조.

2) 조창범, 〈동아시아 시대 한국의 외교전략〉, 니어재단 세미나 발표, 2010.06.23

3) 김흥규, 〈변화하는 국제정치 구도 속 한국의 대응 전략〉

4) 이상현의 논문, p.20.

5) 〈중앙일보〉, 2010.07.22, 장달중, "차이나피버와 차이나 배싱"

6) 中曾根康弘, 《日本の 總理學》, PHP研究所, 2004, p.109

7) 〈가교외교의 구상: 한국 다자외교의 새로운 패러다임을 찾아서〉, 신각수

8) 가교외교에 동원될 수 있는 우리의 자산으로 ① 선진국과 개도국의 입장을 잘 이해할 수 있는 입장, ② 강대국들과 달리 전략적 야심의 부재, ③ 세계10위권 경제력을 바탕으로 한 가교역 할 수행능력, ④ 국제평화유지 분야의 충분한 자산, ⑤ 반도국가, 아·태지역의 중간적 위치, ⑥ 무역대국, 에너지수입대국 및 상당한 규모의 해외동포공동체를 통한 네트워크, ⑦ 동서양 문 화의 중간자적 위치와 종교적 포용성을 들고 있다. p.293.

9) 앞의 글, pp.297~298

10) 神余隆博, 《多極化世界の日本外交戰略》, 朝日新書, 2010 ,pp.157~158

11) 신각수, 앞의 글, pp.314~320

12) 조창범, 앞의 글. p.5

13) 神余 앞의 글, pp.69~70

14) 〈중앙일보〉, 2005. 6. 2, 마이클 아마코스트, "미국이 보는 균형자론"

15) 〈EAI 논평〉, 15호, 하영선, "연평도 위기 극복의 대북 복합 전략"

16) 하영선 편저, 《한·미 동맹의 비전과 과제》, EAI, 2006

17) 조창범, 앞의 글.

18) 이희옥, 〈니어재단 동아시아 시대 준비 세미나 자료집〉, "중국의 부상과 한국의 전략",
    2010.05.06, pp.19~20

19) Evans Revere, "A Dragon Fises: China's Ascendancy and the US-ROK Relationship"

20) 김흥규, 앞의 글.

21) 앞의 글.

22) 보다 자세한 내용은 〈외교〉, 제95호, 2010.10, 김흥규, "천안함 사태 이후 대 중국외교 과제"

23) Scott Snyder, "Precarious Balancing Act on the Korean Peninsula", 2010.12.20,
    Council on Foreign Relations.

24) 〈중앙일보〉, 2010.07.21, 장달중, "차이나 피버와 차이나 배싱"

25) 조창범, 앞의 글.

26) 김갑식, 〈동아시아 시대, 북한변화와 한반도 통일〉

27) 김갑식, 앞의 글.

28) 진창수, 〈동아시아 협력체제의 현재적 상황〉

29) 田中 均, 《外交의 力》, 日本經濟新聞社, 2009, pp.194~195

30) 진창수, 앞의 글.

동아시아 시대
한국의 외교·안보정책 준비를 위한
기본전략과 30대 정책과제

Ⅰ. 대미·대중정책

1. 연미화중(聯美和中)을 지향하는 한·미 동맹

- 한·미 동맹을 대중국 지렛대로 이용하는 전략적 사고에서 탈피 • 한·미 동맹을 통한 불안정한 한반도 질서에 대한 충분한 억지력 제공 • 주한·미군의 전략적 유연성이 중국에 위협이 되지 않도록 하는 정책의 추진

2. 동아시아 시대의 새로운 전략 환경에 대비하는 호혜적인 한·미 동맹 발전

- 한국과 미국의 공동이익 및 한반도 평화를 추구하는 한·미 동맹 • 새로운 안보여건을 고려한 한·미 협정의 개정(원자력 협정, 미사일 협정 등)

3. 전시작전통제권의 환수

- 2015년 12월 전시작전통제권 환수의 준수 • 전작권 환수 이후의 바람직한 한·미 협력방안 모색

4. 일관성 있는 대중정책 수립

- 정부 교체와 상관없이 인맥·정책기조 유지 • 중국 5세대 지도부와의 인맥 강화

5. 한·중 간 고위 전략대화 및 교류협력 강화

- 북한문제 포함 한반도 및 동북아 미래상에 대한 공감대, 상호신뢰 형성: 한·중 정부 간 교류협력 확대 • 한·중 1.5트랙 교류 확대: 한·중 전문가 공동위원회 강화

6. 한반도 평화와 통일에 대한 중국의 건설적 역할 유도

- 한·미 동맹 관계에 대한 중국의 불필요한 위협인식 해소 • 통일한국의 평화지향·연미화중 정책의 적극 홍보 • 중국의 대북정책 변화 유도

7. 중국의 부상에 대해 능동적 대처

- 중국 경제규모의 지속적 확대를 한국 경제 성장의 기회로 적극 활용 • 중국의 군사현대화 및 지역패권지향 움직임에도 내실 있는 대비

8. 대중 기술력 우위를 통한 한·중협력

- 중국이 세계로 나가는 데 한국을 넘어서 나가기 힘들다는 인식 부여 • 질적 분야에서 대중 기술격차 확대

9. 국제적 협조와 기여의 확대

• 우리의 국격(위엄과 명예) 제고 • 우리의 존재가치 각인

10. 복합적 외교 네트워크 강화

• 역내 다양한 3자 및 다자 네트워크 구축 • 양자적 관계를 강화하면서도 개별 강대국의 과도한 영향력 확대 억제

11. 중견국가로서 '가교외교'를 통한 국제사회의 공통이익에 기여

• 미·중, 일·중 간 갈등 영역에의 불필요한 연루를 피하면서 우리의 정책옵션 확대 • 우리의 능력에 맞는 '연결역할'을 통해 외교역량 확보

Ⅱ. 동아시아 지역협력정책

12. 동아시아 다자간 안보협력의 추구

• 외교지평의 확대와 다양화 추진 • 한·미 동맹과 동아시아 다자간 안보협력의 조화로운 발전

13. 북핵문제 6자회담 성공 시 동북아시아 다자간 안보협력으로 제도화

• 동아시아 평화의 촉진자 및 분쟁의 조정자로서 한국의 주도권 확보

14. EPA, FTA 등을 통한 지역경제연합체 형성

• 한·일 FTA, 한·중 FTA, 한·중·일 FTA 추진 • 3국의 FTA를 중심으로 아시아로의 외연 확대

15. 에너지, 환경, 보건, 의료 등 지역협력

• 지역 내 녹색기술협력 확대 • 지역 내 보건·의료협력 확대 • 다양한 형태의 환경협력체 확대

16. 인간안보 등 비전통적 안보에 대한 지역안보포럼

• 기아, 자연재해, 해적문제 등에 대한 지역협력 추진 • 지역 차원의 비전통적 안보에 대한 거버넌스 구축

17. 한·중·일 역사공동위원회 설치

• 역사와 영토문제를 의제로 상정하는 것이 3국 간의 신뢰회복에 기여 • 민간
차원에서 시작하여 정부 차원으로 발전

18. 차세대 인재교육 및 생산 분업 시스템 활성화

• 산업인재교류의 활성화를 위한 인재교류센터 설치 • 아시아 지역전문가 육
성을 위한 교육프로그램 개설 • 공동의 한자를 창안, 한·중·일 교육에 적용

Ⅲ. 한반도정책

19. 동북아 신질서를 예비하는 신 대북정책 추진

• 중국의 부상과 대북한 영향력 증대, 포스트-김정일 정세급변 가능성 등에 대
비한 전략적 고려 하에 획기적인 새로운 남북 관계 정립 • 한반도문제의 한반
도화 전략 추진 • 남북 관계의 특수성을 국제적 현실과 조화시키는 정책 추진
• 유화정책과 강경정책의 변증법적 발전

20. 한반도문제를 주도하기 위한 자주적 역량 강화

• 북한의 핵미사일 개발, 중국의 군사 대국화 등 새로운 전략 환경에 대응한
자위적 억지력 확보 방안 강구 • 한반도문제가 미·중 관계에 의해 결정되지
않도록 하는 우리의 주도적 역할 강화 • 미·중 및 한국이 공통의 이해를 가질
수 있는 부분에 대한 합의를 하고 이를 바탕으로 보다 구체적인 정책을 공동
으로 추진

21. 북핵문제 해결 및 한반도 평화체제의 구축

• 북핵문제 해결노력의 진전을 보아 한반도 평화체제 논의에 적극 대처 • 한
반도 평화체제에 대한 국제적 합의의 도출 • 한반도 및 동아시아 차원의 군축
과 군비통제

22. 한반도 경제공동체 추진

• 3대 남북경제협력사업의 확대 발전 • 남북 및 동북아 차원의 '점·선·면(點·
線·面)' 복합적 경협특구 건설 • 남북 및 동북아 역내 국가가 공동으로 시베
리아 에너지·철도 연계 및 연해주 개발사업 추진

23. 남북대화의 정례화·제도화

- 경제, 정치, 군사, 인도주의 분야 등 남북 간 협의채널 다양화 • 남북정상회담-총리회담-장관급회담-분야별 회담 등으로 제도화

24. 남북 간의 군사·안보현안에 관한 상설 대화 협의체 강구

- 항구적 평화체제 수립 시까지 기존 남북 간 합의 및 정전협정체제 존중-NLL문제, 공동어로 구역과 평화수역 설정 가능성 등 논의

25. DMZ 남북 공동 이용 추진

- 평화적·생태적·경제적 차원에서 DMZ 남북 공동 이용 • 남북 DMZ 공단, 지뢰제거 추진

26. GDP 1%의 남북협력기금 및 통일비용

- 막대한 통일비용 사전 비축 효과 • 통일비용 최소화를 위한 남북협력기금 확대

Ⅳ. 국내 기반강화정책

27. 한·미 동맹의 미래에 대한 국민적 합의의 도출
- 동아시아 시대에 부응하는 민관협력의 외교정책 거버넌스 모델의 창출

28. 중국 전문가 양성 시스템 구축
- 국책 및 민간 연구기관 확대 장려 및 지원 • 중국 유학 문호 확대 • 중국 연구기금 확대

29. 새로운 통일담론 형성
- 민족주의 담론의 한계 극복 • 열린 민족주의와 다문화주의를 통일담론에 적극 수용

30. 통일국민협약 추진
- 제도권·비제도권의 보수와 진보를 아우르는 통일국민협약 추진 • 통일·대북정책에 대한 최소한의 국민적 합의 도출 • 통일·대북정책의 정쟁화 탈피

| 집필진 소개 |

정덕구(鄭德龜)
NEAR재단 이사장
미국 위스콘신대학교 경영대학원 MBA
전 산업자원부 장관

장달중(張達重)
서울대학교 정치학과 교수
미국 캘리포니아대학교(버클리) 정치학 박사
전 캘리포니아대학교(버클리) 동아시아 연구소 객원연구원

강윤희(姜侖希)
국민대학교 국제학부 교수
영국 글라스고우대학교 지역학 박사
서울대학교 국제문제연구소 연구원

김흥규(金興圭)
성신여자대학교 정치외교학과 교수
미국 미시간대학교 정치학 박사
전 외교안보연구원 조교수

이상현(李相賢)
외교통상부 정책기획관
미국 일리노이주립대학교 정치학 박사
전 세종연구소 수석연구위원

진창수(陳昌洙)
세종연구소 일본연구센터장
일본 도쿄대학교 정치학 박사
전 미국 존스홉킨스대학교 객원연구원(visiting scholar)

김갑식(金甲植)
국회입법조사처 입법조사관
서울대학교 정치학 박사
북한대학원대학교 겸임교수

구갑우(具甲祐)
북한대학원대학교 부교수
서울대학교 정치학 박사
전 경남대 극동문제연구소 기획실장

NEAR 동아시아 시대 준비 보고서

미·중 사이에서 고뇌하는 한국의 외교·안보
연미화중으로 푼다

초판 1쇄 2011년 7월 15일
　　　2쇄 2011년 7월 25일

엮은이 NEAR재단
펴낸이 윤영걸　**담당PD** 이윤경　**펴낸곳** 매경출판(주)
등　록 2003년 4월 24일(No. 2-3759)
주　소 우)100-728 서울 중구 필동1가 30번지 매경미디어센터 9층
전　화 02)2000-2610(편집팀)　02)2000-2636(영업팀)
팩　스 02)2000-2609　**이메일** publish@mk.co.kr
인쇄 · 제본 (주)M-print　031)8071-0961

ISBN 978-89-7442-745-0

값 13,000원